국회 입법과정론

Legislative Process

김건오 저

머 리 말

필자는 26세에 입법고시에 합격하여 국회 행정사무관으로 임용된 후 30년간의 공직 생활 동안 한 가지 문제 의식을 꾸준히 품어 왔습니다. 이는 우리나라가 세계 최고 국가가 되는 데 걸맞은 세계 최고의 권한과 전문성 그리고 자율성을 갖춘 국회가 되기 위해서 어떤 노력이 필요한가 하는 것입니다. 이 책은 이러한 문제의식을 바탕으로 국회 개혁 방안을 모색하는 여정을 담고 있습니다.

문제의 해결 방안을 모색하기에 앞서 국회의 입법, 예산, 감사과정의 기본적인 내용을 이해하고자 하는 분들을 위해 제1편을 기획했습니다. 제1편 중 제1장은 입법과정의 이해, 제2장은 재정과정의 이해, 제3장은 결산심의, 국정감사 및 조사과정의 이해를 위해 알아야 할 내용을 설명하고 있습니다.

제2편은 미국, 영국, 독일, 프랑스, 일본 등 주요 선진국 의회의 입법, 예산, 감사 과정의 기본적인 내용을 설명했고, 우리나라 국회와 5개 주요 선진국 의회의 입법, 예산, 감사 과정을 비교·분석하여 세계 최고 수준의 민주적, 효율적, 생산적인 국회를 만들기 위한 입법권, 예산권, 감사권 관련 제도 개선 방안을 정리한 것입니다. 주요국의 입법례 분석을 중심으로, 제2편의 제1장은 국회 입법과정 개정논의에 대한 고찰을 통한 제도 개선 방안을, 제2장은 국회의 예산 편성·제안 및 증액 수정권에 대한 연구를 통한 제도

개선 방안을, 제3장은 국회의 결산 심의 및 감사권에 관한 연구를 통한 제도 개선 방안을 제시하였습니다.

필자가 이 연구를 시작하면서 겪은 어려움을 독자들이 보다 쉽게 해결해 나갈 수 있도록 필자의 현장 경험을 이 책에 담고자 노력했습니다. 선진국 의회에 대한 연구의 일환으로 영국 맨체스터 대학교에 교육 파견되어 2006년 박사학위를 취득했던 과정에서의 연구 경험과, 2010년부터 2012년까지 2년간 미국 RAND 연구소에 비지팅 펠로로 파견되어 단독 저자로 RAND 보고서를 발간했던 과정에서의 연구 경험이 이 책 곳곳에 녹아 있습니다. 우리나라 국회에 대한 연구에서는 국회사무처 의사국·법제실, 국회예산정책처, 국회입법조사처 등과 여러 위원회에서 수석전문위원·전문위원·입법조사관으로 근무하며 쌓은 입법, 예산, 감사, 그리고 회의 운영에 대한 경험이 적실성 있는 정책 대안을 제시하는 데 활용되었습니다.

또한, 이 책에는 국회의 3대 권한인 입법권·예산권·감사권과 관련된 주요 이슈들을 많이 담고자 노력했습니다. 제1편의 제1장 입법과정의 이해에서는 국회에 의한 행정입법의 통제를 다루었고, 제3장 감사과정의 이해에서는 결산심의 및 국정감사·국정조사 외에도 국회의 행정부 감독 수단으로 인사청문회 제도와 조사청문회 제도를 설명하였습니다.

제3편 에필로그에서는 미국의 재정건전화 입법과 그 시사점을 다루었습니다. 재정건전화 문제를 에필로그로 넣은 이유는 글로벌 경제 위기 등 외부 충격에 취약한 수출주도형 경제구조를 가진 우리나라에서 저출산·고령화 추세에 따른 사회복지 지출 증가와 미래 통일 비용 등을 고려할 때, 재정의 역할이 매우 중요하기 때문입니다. 이에 따라 미국의 재정건전화 입법을 검토하여 우리나라에 적합한 정책적 시사점을 도출함으로써 국회의 나아갈 방향을 모색하고자 하였습니다.

이 책의 많은 내용은 오랜 시간에 걸쳐 학술지 등에 발표한 논문들을 업데이트하고 수정·보완한 것입니다. 적실성이 있는 내용이 될 수 있도록 노력하였으나, 필자의 최신 국외 정보 취득에 한계가 있어 일부 내용에서 최신 자료를 사용하지 못한 점에 대해 양해를 구합니다.

천학비재한 필자가 용기를 내어 이 책을 내놓는 이유는 필자가 청춘을 바쳐 이루려고 노력해 왔고 남은 여생 동안 달성하고 싶은 목표인 세계 최고의 권한, 전문성, 자율성을 가진 국회를 만드는 일을 후학들이 이어받아 이루어 주기를 바라기 때문입니다. 이 책이 그 목표 달성에 도움이 되기를 기대합니다.

이 책을 발간할 수 있도록 많은 도움을 주신 국회의 선후배 및 동료 분들께 감사드립니다. 특히 이 책을 구성하는 여러 장을 학술지에 발표하고 책으로 발간하는 과정에서 리뷰해 준 최성찬 서기관, 허라윤 서기관, 이규민 서기관, 김정엽 사무관, 김영빈 사무관에게 깊이 감사드립니다. 그러나 이 책의 모든 흠결은 오로지 필자의 책임입니다. 이 책이 나오기까지 항상 제가 하고 싶은 일을 할 수 있도록 보살펴 주시고 격려해주신 양가 부모님께 감사드리며, 연구를 위해 가족과 함께하지 못한 시간을 이해해 준 아내 강미나와 아들 성훈, 성민에게 무한한 사랑과 감사의 마음을 전하고 싶습니다.

한강을 바라보며 여의도 국회 사무실에서

2024년 7월 8일

김건오

차례

제 1 편 국회 입법 · 재정 · 감사과정의 이해

제 2 편 국회의 입법 · 예산 · 감사권 관련 제도개선방안

제 3 편 에필로그: 미국 재정건전화 입법과 시사점

표 차례

그림 차례

제 1 편

국회 입법 · 재정 · 감사과정의 이해

제 1 장 입법과정의 이해

요 약

국회의 3대 권한은 입법권, 예산심의권, 그리고 감사권으로 이루어져 있다. 반면 주요 선진국에서는 예산법률주의에 따라 예산심의권을 입법권에 포함시킴으로 입법권과 감사권이 국회의 양대 권한이라 할 수 있다.

한편, 우리나라의 헌법 제40조에서는 입법권이 국회에 속한다고 규정하고 있으며, 제53조에서는 대통령의 거부권을 인정하여 재의 요구시 국회의 재적의원 과반수의 출석과 출석의원 3분의 2 이상의 찬성으로 의결해야 법률이 확정되도록 규정하고 있다. 이는 국회의 입법권에 대한 대통령의 견제를 가능하게 한다.

세계 각국 의회의 운영방식은 본회의 중심주의와 위원회 중심주의로 대별할 수 있다. 영국은 본회의 중심주의의 대표적인 예이며, 미국은 위원회 중심주의의 모범적인 예이고, 우리나라는 위원회 중심주의를 취하고 있다.

입법과정은 헌법 · 국회법 등에 규정된 절차에 따라 크게 법률안의 입안, 제출, 본회의 보고 및 위원회 회부, 위원회 심사, 본회의 심의 및 법률안 이송 그리고 공포의 단계를 거친다.

미국의 입법부 거부는 의회가 법률로 위임입법을 하면서 행정입법의 거부를 통해 행정입법을 무효화할 수 있는 권한을 스스로에게 부여하는 것을 말한다. 미국 의회와 같이 우리나라에서 국회에 의한 행정입법 통제를 인정할 것인가는 국회가 법률의 취지 또는 내용에 합치되지 않는다고 판단하는 행정입법의 무효화 또는 수정 · 변경을 요구할 수 있는 권한을 인정하는 법률안을 의결하고 대통령이 이에 대해 거부권을 행사하지 않아 법률로 공포될 수 있는가의 문제로 귀결된다. 결국 우리나라에서 미국과 같은 형태의 행정입법 통제를 인정할 것인가는 국회와 행정부 모두 행정입법 통제의 가치와 필요성을 공감하고 인정할 것인지 여부에 달려 있다.

제1절 입법과정의 의의

가. 국회의 입법권과 대통령의 거부권

국회의 3대 권한은 입법권, 예산심의권 및 감사권이라고 볼 수 있다. 주요 선진국의 경우 예산법률주의에 따라 예산심의권은 입법권에 포함되고 있어 입법권은 감사권과 함께 국회의 양대 권한이라 할 수 있다(김건오 2017: 60; 2021: 2). 우리나라 헌법은 제40조로 입법권은 국회에 속한다고 규정함과 동시에 제53조에서 대통령의 거부권을 인정하여 재의 요구시 재적의원 과반수의 출석과 출석의원 3분의 2이상의 찬성으로 의결해야 법률로 확정되도록 규정함으로써 국회의 입법권에 대한 대통령의 견제를 가능하게 하고 있다.

나. 입법의 개념

입법(legislation)은 법을 적립하는 작용으로, 실질적으로는 국가기관을 통한 일반적 추상적 법규범의 정립을, 형식적으로는 의회가 입법 절차에 따라 법률의 형식을 갖춘 법을 제정 하는 것은 의미한다(국회법제실 2019: 23). 입법의 첫 번째 단계에서는 정책적 관점에서 문제의 인식, 목적과 수단의 설정, 수단의 영향평가 등이 이루어진다. 입법의 두 번째 단계는 법률안을 실제적으로 입안 작성하는 법제(legislative drafting) 단계이다(전게서, 24-5).

다. 입법과정의 개념과 기능

입법과정(legislative process)은 법의 제정 및 개정 과정을 포괄하는 개념이고, 좁은 의미의 입법과정은 법률안이 국회에 제출되고 심사 의결된 후 정부로 이송되어 공포되는 과정을 의미한다(국회법제실 2019: 26-7). 입법과정의 기능으로 정책 결정 과정 및 정치 과정으로서의 기능, 민의의 수렴 기능, 갈등해결과 통합 기능 등을 들 수 있다(국회법제실 2019; 26-7; 임종훈 2012: 6-8). 이 같은 입법과정의 기능과 관련하여 Oleszek(2016)는 입법과정에 있어 다양한 참여자 간의 협상과 연합 형성(coalition building)의 중요성을 강조한다(11－40).

라. 입법과정의 법적 근거

국회 관련 법적 근거로 헌법 규정 외에도 「국회법」을 비롯하여 「국정감사 및 조사에 관한 법률」, 「국회에서의 증언·감정 등에 관한 법률」, 「인사청문회법」, 「국회의원의 보좌직원과 수당 등에 관한 법률」, 「국회사무처법」, 「국회예산정책처법」, 「국회입법조사처법」, 그리고 「국회법」이나 국회 관계 법규에서 위임한 각종 국회규칙 등이 포함된다.[1)]

「국회법」은 지방의회 운영의 근거법인 「지방자치법」의 지방의회 관련 부분의 모체가 될 뿐 아니라, 실제 지방의회의 운영과정에서 「지방자치법」이나 조례에서 흠결된 사항을 해석을 통하여 보완함에 있어서 「국회법」과 국회 선례가 매우 중요한 역할을 하고 있다.

제2절 입법 과정의 절차

세계 각국 의회의 운영방식은 위원회 중심주의와 본회의 중심주의로 대별될 수 있으며, 본회의 중심주의의 대표적인 예는 영국이고 위원회 중심주의의 모범적인 예는 미국이며, 우리나라는 위원회 중심주의를 취하고 있다.

---

1) 국회법의 조문을 해석함에 있어 헌법재판소의 결정례가 있다면 이를 기준으로 하여야 할 것이다. 이러한 결정례의 예로 국회법 제48조(위원의 선임 및 개선)제6항 중 "위원을 개선할 때 임시회의 경우에는 회기 중에 개선될 수 없고“ 부분을 해석함에 있어 헌법재판소는 국회의원과 국회의장 간의 권한쟁의 심판에서 “‘위원이 된(선임 또는 보임된) 임시회의 회기 중’에 개선되는 것을 금지하는 것이다”라고 보면서, 해당 조문의 입법과정에서 본회의 의결본에는 “임시회의 경우에는 ‘동일’ 회기 중 개선될 수 없고”라고 되어 있던 것을 국회의장의 법률안 정리(국회법 제97조) 과정에서 현행 조문과 같이 ‘회기 중’ 앞에 ‘동일’ 부분을 삭제하였는데, 국회의장의 법률안 정리본을 기준으로 삼아 본회의 의결본과 달리 해석한다면 “국회의장의 법률안 정리가 본회의에서 의결된 법률안의 실질적 내용에 변경을 초래한 것이 되므로, 헌법 및 국회법상 입법절차 위배 문제가 발생한다”고 보아 조문을 해석할 때에 국회의장의 법률안 정리본과 본회의 의결본이 다를 경우 본회의 의결본이 기준이 된다고 결정하였다(2020. 5. 27. 2019헌라1).

입법과정은 아래 [그림 1]에서 볼 수 있듯이 헌법 · 국회법 등에 규정된 절차에 따라 크게 법률안의 입안, 제출, 본회의 보고 및 위원회 회부, 위원회 심사, 본회의 심의 및 법률안 이송 그리고 공포의 단계를 거친다(국회법제실 2019: 26−36; 임종훈 2012: 109−117).

그림 1 **입법과정의 절차 개관**

* 자료: 국회사무처(2019)의 29쪽 그림을 토대로 재구성.

1. 법률안 입안

의원발의 법률안의 경우 국회의원은 입법 준비 단계에서 국회입법조사처 등의 지원을 받아 법안의 내용을 검토하고 관련 자료를 수집할 수 있고, 국회 법제실의 법제적 지원을 받아 법률안을 성안할 수 있으며, 이 과정에서 국회의원 주최 공청회 등을 개최하여 이해관계자의 의견을 수렴한다. 정부제출 법률안의 경우 관계기관 협의, 사전 영향평가, 입법예고, 규제개혁위원회의 심사, 법제처 심사, 차관회의, 국무회의 및 대통령 서명과 부서를 거쳐 국회에 제출된다(국회사무처 2019: 29−32; 김건오 2022: 63−4).

2. 법률안 제출

가. 10인 이상의 발의 요건

헌법 제52조는 국회의원과 정부는 법률안을 제출할 수 있다고 규정하고 있으며, 제89조제3호는 정부가 법률안을 제출할 때는 국무회의의 심의를 거치도록 하고 있다. 국회법 제79조에 따르면 의원은 10인 이상의 찬성으로 법안을 발의할 수 있다.

나. 발의 요건 완화 필요성

미국 의회에서는 의원이 다른 의원의 찬성을 요하지 않고 혼자서도 법안을 발의할 수 있는데(김건오 2022: 45), 신속한 입법 추진이 필요할 수 있음을 고려할 때 미국과 같이 의원 1인도 법안을 발의할 수 있도록 법안 발의 요건 완화를 검토할 필요가 있다고 본다(김건오 2022: 63).

다. 정부의 법률안 제출권 폐지 필요성

현행 헌법은 법률안 제출권을 국회의원 외에 정부에게도 주고 있는데, 국회의원 한 명도 법안을 발의할 수 있도록 국회법을 개정하는 것을 전제로 국무총리 또는 국무위원 겸직 여당 의원 등을 통해 법안을 제출할 수 있음을 고려하여 헌법 개정시 미국의 예에 따라 국회의원에게만 법률안 제출권을 줄 필요가 있다고 본다(김건오 2022: 42).

라. 법률안 비용추계제도

국회법 제79조의2는 예산 또는 기금상의 조치를 수반하는 법률안의 경우 의원발의 및 위원회 제안 법률안에 예산정책처의 비용추계서를 첨부하도록 하고, 정부제출 법률안의 경우에는 비용추계서와 이에 상응하는 재원조달방안에 관한 자료를 첨부하여야 한다고 규정한다. 이같이 법안에 비용추계서를 첨부하도록 하는 이유는 미국 의회에서 위원회 심사보고서에 비용추계서를 첨부하도록 하는 것과 같이 입법에 따른 의무지출 증가 등을 통제하여 재정건전화에 기여하고자 하는 것이다(김건오 2022: 45-6). 또한 조세지출에 대한 통제 취지에서 국회법 제79조의3에 따라 국회의원이나 위원회는 조세특례 관련 법안에 대한 조세특례평가 자료를 제출하도록 하고 있다.

3. 본회의 보고 및 위원회 회부

가. 상임위원회 회부

국회법 제81조제1항에 따르면 국회의장은 법률안이 발의되거나 제출되면 이를 의원에게 배부하고, 본회의에 보고한 후 소관 상임위원회에 회부한다. 다만, 한 개의 법안이 복수의 상임위원회와 관련되는 종합법안(omnibus bill)인 경우 관련위원회에 회부하여 소관 상임위원회에 의견제시를 할 수 있도록 하고 있고(국회법 제83조), 연석회의 제도(국회법 제63조) 및 전원위원회 제도(국회법 제63조의 2)를 두고 있다(국회법제실 2019: 34).

나. 법안의 소관 위원회 결정

국회법 제81조제2항은 법안이 어느 상임위원회의 소관에 속하는지 명백하지 아니할 때에는 국회운영위원회와 협의하여 상임위원회에 회부하되, 협의가 이루어지지 아니할 때에는 의장이 소관 상임위원회를 결정하도록 하고 있다. 그런데 실제 운영이 이루어지는 것을 보면, 운영위원회가 소관 상임위를 결정해주는 경우가 보통이나, 운영위도 판단하기 어려운 경우에 운영위원회 협의요청의 건은 운영위에 장기 계류되어 해당 법안은 상임위원회에 회부되지 못한 채 임기만료로 폐기되는 경우도 있다(국회사무처 2021b: 505-13).

한편 국회법 제82조제1항은 의장이 특히 필요하다고 인정하는 법안에 대해서는 본회의의 의결을 거쳐 특별위원회에 회부하도록 하고 있다. 이 같은 특위를 통한 법안 처리는 상임위원회의 권한을 약화시킨다는 측면이 있으나, 여야 지도부가 여야 합의가 가능한 법안에 대해 상임위원회의 법안처리가 지연될 경우 당지도부에 의해 구성된 특위를 통해 신속한 법안처리를 원할 경우에 선호된다.

다. 입법예고

위원장은 간사와 협의하여 회부된 법률안(체계 · 자구 심사를 위하여 법제사법위원회에 회부된 법률안은 제외)의 입법 취지와 주요 내용 등을 국회공보 또는 국회 인터넷 홈페이지 등에 게재하는 방법 등으로 입법예고하여야 한다(국회법 제82조의2).

4. 위원회 심사

가. 개관

소관 위원회는 제안자의 취지 설명과 전문위원의 검토보고를 들은 다음 법률안 전체에 대한 문제점과 당부에 관한 일반적 토론인 대체토론을 거친다. 대체토론이 끝나면 소위원회에 회부하여 심사 · 보고하도록 한다. 소위원회에서 심사를 마쳤을 때에는 소위원회 위원장은 그 심사 경과 및 결과를 위원회에 보고하며(국회법 제68조), 소위원장은 이를 전체회의에서 구두로 보고한다. 소위원회 심사결과 보고를 받은 위원회의 전체회의는 법률안을 조문별로 읽어가며 심사하는 축조심사를 하며, 축조심사는 위원회의 의결로 생략할 수 있으나 제정 및 전부개정법률안에 대해서는 그러하지 아니하다. 마지막으로 찬반토론을 거쳐 원안, 대안, 위원회안, 수정안으로 가결하거나 부결하는 표결을 한다(국회법 제58조). 부결은 폐기와 대안반영폐기를 포함하여 본회의에 부의하지 않기로 하는 것이다(국회사무처 2021a: 427).

나. 의안상정의 숙려기간과 자동상정

국회법 제59조는 의안이 위원회에 회부된 날부터 일부개정법안의 경우 15일, 제정 및 전부개정법률안의 경우 20일 등 일정한 기간이 경과하지 않으면 상정할 수 없도록 숙려기간을 두되, 긴급하고 불가피한 사유로 위원회의 의결이 있는 경우에는 그러하지 아니하도록 하고 있다. 또한 국회법 제59조의2는 의안이 위 제59조에 따른 일정한 기간이 경과한 후 30일이 경과한 날 이후 처음으로 개회되는 위원회에 자동 상정된 것으로 보고, 위원장이 간사와 합의한 경우에만 그러하지 아니하도록 하고 있다.

다. 전문위원 검토보고

국회법 제58조는 위원회가 안건을 심사함에 있어 반드시 전문위원의 검토보고를 듣도록 하고, 전문위원의 검토보고서는 특별한 사정이 없으면 해당 안건의 위원회 상정일로부터 48시간 전까지 소속위원에게 배부되도록 하고 있다.

라. 위원장의 권한

위원장은 위와 같은 법안의 상정 시기에 관한 규정과 전문위원의 검토보고에 소요되는 기간 등을 감안하여 법안이 상정되는 위원회의 의사일정과 개회일시를 간사와 협의하여 정한다(국회법 제49조제2항). 이와 같은 권한을 포함하여 국회법 제49조제1항에 따라 위원장은 위원회의 대표권, 의사정리권, 질서유지권, 사무감독권을 가진다(국회사무처 2021a: 226－9). 또한 국회법은 위원회에 관하여는 위원회에 관해 규정하고 있는 제5장에서 규정한 사항 외에 본회의에 관한 제6장(회의)과 제7장(회의록)의 규정을 준용하도록 하고 있다(제71조). 이에 따라 위원장은 의장이 의사일정의 변경(제77조), 발언의 허가(제99

조), 의제 외 발언의 금지(제102조), 질의 또는 토론의 종결(제108조), 표결의 선포(제110조) 등에서 갖는 의사정리권 등을 갖는 것으로 본다(전게서, 326－33). 미국 의회에서는 위원회가 법안이 본회의에 보고되는 것을 막을 수 있다는 의미에서 수문장 권한(*gate－keeping* power)을 갖는다고 설명된다(Shepsle and Weingast 1987; Kim 2012b: 58). 우리나라 상임위원장은 소수당 소속 상임위원장의 경우에서 볼 수 있듯이 다수당에 의해 소위에서 통과된 법안을 전체회의에 의사일정으로 포함시켜 상정하지 않는 등의 전략을 구사할 수 있다는 의미에서 앞의 수문장 권한과 유사한 권한을 갖는다고 볼 수 있다. 상임위원장이 이 같은 막강한 권한을 행사하여 법안 처리에 있어 핵심적 역할을 수행함에 따라 상임위원장 배분 문제등을 놓고 교섭단체간 미합의에 따른 지각 개원이 일반화되게 되었다. 제13대 국회(1988~1992)부터 여소야대 정국 속에서 교섭단체별 의석비율에 따라 위원장을 배분하기 시작하였고, 이후 개원 협상마다 어느 당에서 법사위원장, 운영위원장 등 선호하는 위원장을 맡을 것인가를 놓고 쟁점이 되어왔다(국회사무처 2021b: 447－8; 김건오 2022: 68). 참고로 미국 의회의 모든 위원회에서 다수당 위원이 위원장이 되고(Congress 2022; 김건오 2022: 44), 독일 의회는 하원 의사규칙 제12조에 따라 교섭단체 의석비율에 따라 상임위원장을 배분하고 있으며(김건오 2022: 54), 예산위원회 위원장은 전통적으로 제1야당 출신이 맡아 왔다(김건오 2017: 49).

마. 간사

간사는 위원회에 각 교섭단체별로 1명을 두게 되어 있으며, 법안이 본회의까지 통과되는 데 있어 간사의 역할이 막중하다. 상임위원장은 상설특위 위원장인 예결위 위원장이 예산안조정소위위원장이 되는 경우를 제외하고는 소위 위원이 되지 않는 것이 관례이다. 상임위원회 간사가 법안소위 위원장을 맡는 경우가 많으며 위원회에 2개의 법안소위를 두는 경우 한개의 소위원장을 겸하고, 자신이 법안소위원장이 아닌 법안소위의 경우 소위원회의 간사 역할을 수행하는 것이 일반적이다.

바. 간사의 위원장 직무대행

위원장이 사고가 있을 때에는 위원장이 지정하는 간사가 위원장의 직무를 대리한다(국회법 제50조제3항). 위원장이 위원회의 개회 또는 의사진행을 거부·기피하거나 국회법 제50조제3항에 따른 직무대리자를 지정하지 아니하여 위원회가 활동하기 어려울 때에는 위원장이 소속되지 아니한 교섭단체 소속의 간사 중에서 소속 의원 수가 많은 교섭단체 소속 간사의 순으로 위원장의 직무를 대행한다(국회법 제50조제5항). 통상 소수당 소속 위원장이 개회 또는 의사진행을 거부·기피하여 다수당 소속 간사가 국회법 제50조제5항에 따라 위원장의 직무를 대행하려고 시도할 경우 위원장은 이 같은 시도를 막기 위해 위원회 회의에 출석하여 의사를 진행하다가 정회 또는 산회를 선포하는 전략을 구사한다.

사. 법안소위

법안이 본회의를 통과하기 위해서는 위원회 전체회의 의결에 앞서 원칙적으로 상임위원회 법안소위원회 의결을 거쳐야만 한다. 상임위원회 위원정수가 30명 내외에 이르는 큰 상임위의 경우 효율적 심사가 어렵울 수 있어 10명 내외의 법안소위에서 효율적이고 심도있는 심사가 이루어진다(국회법제실 2019: 33). 대부분의 상임위원회는 2개 이상의 법안소위를 둔다. 국회법은 소위원회에 관하여는 이 법에서 다르게 정하거나 성질에 반하지 아니하는 한 위원회에 관한 규정을 적용한다고 규정함에 따라(제57조제8항) 위원장의 권한으로 설명한 의사정리권 등이 소위원회에서 소위원장의 권한으로 인정됨이 원칙이다. 이에 따라 법안의 처리 여부는 대부분 소위원장과 소위원회에서 간사 역할을 하는 위원들 간의 협의 결과에 따라 좌우되게 된다. 한편 대부분의 법안은 법안소위에 계류된 채 임기 말 폐기되게 된다.

아. 안건조정위원회

안건조정위원회 제도(제57조의2)를 살펴보면 이 제도는 여야 간 이견을 조정하기 힘든 안건에 대하여 제1교섭단체 소속 위원과 제1교섭단체에 속하지 아니하는 위원을 동수로 하여 조정위원회를 구성함으로써 논의의 장을 마련함하고 여야 간 타협을 통한 안건 처리를 도모하려는 취지에서 도입된 것이다(국회사무처 2021a: 258-9). 그러나 실제 여야 간 조정이 이루어진 사례는 찾기 힘들며, 조정이 쉽게 이루어지지 않은 이유는 다수파가 비교섭단체 위원 등 제1교섭단체 소속이 아닌 위원 중 다수파와 같은 입장을 가진 위원이 있다면 재적위원 2/3 이상의 찬성으로 가결을 관철하려 하였고, 소수파는 입법지연 수단으로 활용하려 하였기 때문인 것으로 보인다(임종훈 · 이정은 2021: 300-1; 김건오 2022: 67).

자. 안건 신속처리제도

안건 신속처리제도는 여 · 야 간 쟁점 안건이 처리되지 못하고 위원회에 장기간 계류되는 문제를 해소하려는 취지에서 도입된 것으로 신속처리대상안건으로 지정된 안건에 대하여는 일정 기간이 경과하면 자동으로 법제사법위원회로 회부 또는 본회의에 부의된 것으로 간주하여 다음 심사단계로 진행되도록 하는 제도이다(국회사무처 2021a: 415). 위원회에 회부된 안건을 신속처리대상안건으로 지정하려는 경우 안건의 소관 위원회 소속 위원은 소관 위원회 재적위원 과반수가 서명한 신속처리안건 지정동의를 소관 위원회 위원장에게 제출하여야 하며, 이 경우 위원장은 지체 없이 신속처리안건 지정동의를 무기명투표로 표결하되, 재적위원 5분의 3 이상의 찬성으로 의결한다. 위원회는 신속처리대상안건에 대한 심사를 그 지정일부터 180일 이내에 마쳐야 하며 기간 내에 심사를 마치지 아니하였을 때에는 그 기간이 끝난 다음 날에 법제사법위원회로 회부된 것으로 본다. 법제사법위원회는 회부된 것으로 보는 날부터 90일 이내에 심사를 마쳐야 하며 기간 내에 심사를 마치지 아니하였을 때에는 그 기간이 끝난 다음 날에 법제사법위원회에서 심사를 마치고 바로 본회의에 부의된 것으로 본다. 신속처리대상안건은 본회의에 부의된 것으로 보는 날부터 60일 이내에 본회의에 상정되어야 한다(국회법 제85조의2). 안건 신속처리제도에 대해서는 숙의에 필요한 위원회 심사기간을 보장하면서도 이 기간 내에 심사를 마치지 못하면 다음 단계로 진행되도록 하려는 취지와 달리 국회에서 처리된 신속처리대상안건들은 위원회에서 실제 실질적 논의가 이루어지지 않고 본회의에서 수정가결되는 문제가 나타남에 따라 위원회 심사 기간을 단축하자는 법안들이 발의된 바 있다(김건오 2022: 65−7).[2)]

5. 법제사법위원회의 체계 · 자구심사

가. 체계 · 자구심사의 의의

소관 위원회에서 법률안의 심사를 마쳤을 때에는 이를 법제사법위원회에 회부하여 체계와 자구에 대한 심사를 거쳐야 한다(국회법 제86조제1항). 여기서 '체계의 심사'란 위헌여부, 타법과의 저촉여부, 현행 법령체계와의 정합성 등을, '자구의 심사'란 법문 표현의 통일성, 적합성 등을 의미한다(국회사무처 2021a: 423).

나. 법사위 체계 · 자구 심사 지연 법안의 본회의 부의 절차

국회법 제86조제3항은 법률안의 소관 위원회의 의사에 반하여 법제사법위원회의 체계 · 자구심사의 지체에 따라 해당 법률안의 본회의 심의가 지연되는 문제를 해결하기 위하여 체계 · 자구심사 지연 법안의 본회의 부의 요구 제도를 규정하고 있다. 법사위에 의한 법안 심의 지연 문제는 법사위 체계 · 자구심사 폐지론 또는 비판론을 불러일으킨 바 있다(김건오 2022: 67−9). 법사위가 체계 · 자구심사 대상 법률안에 대하여 이유 없이 회부된 날부터 60일 이내에 심사를 마치지 아니하였을 때에는 심사대상 법률안의 소관 위원회 위원장은 간사와 협의하여 이의가 없는 경우에는 의장에게 그 법률안의 본회의 부의를 서면으로 요구할 수 있되, 이의가 있는 경우에는 그 법률안에 대한 본회의 부의 요구 여부를 무기명투표로 해당 위원회 재적위원 5분의 3 이상의 찬성으로 의결한다(국회법 제86조제3항).

---

2) 예를 들면 권은희 의원안(2018. 1. 15 발의)의 경우 상임위에서 180일 이내가 아니라 60일 이내, 법사위에서 90일 이내가 아니라 15일 이내에 각각 신속처리대상안건의 심사를 마치도록 규정하고 있다(김건오 2022: 67).

다. 체계 · 자구심사의 한계

법사위는 회부된 법률안에 대하여 체계와 자구의 심사 범위를 벗어나 심사하여서는 아니 된다(국회법 제86조제5항). 법사위 체계 · 자구심사의 범위와 관련하여 원칙적으로 회부된 법안의 실질적, 정책적 내용은 심사할 수 없으나, 헌법에 위반되는 내용 등 법체계에 반하는 법률안의 내용은 그것이 실질적, 정책적 내용이라도 심사 범위에 포함된다고 볼 수 있다.

라. 체계 · 자구심사 결과의 심사보고서 반영

법사위는 법률안의 체계 · 자구심사를 마친 후 그 심사결과를 소관 위원회에 통보하고, 소관 위원회는 체계 · 자구심사결과를 반영한 법률안 심사보고서를 작성하여 의장에게 제출하여야 한다(국회법 제66조).

6. 본회의 심의

가. 전원위원회

위원회의 심사를 거치거나 위원회가 제안한 의안 중 정부조직에 관한 법률안, 조세 또는 국민에게 부담을 주는 법률안 등에 관하여 재적의원 4분의 1 이상의 요구가 있는 경우에는 의원 전원으로 구성되는 전원위원회를 개회하여 심사할 수 있다. 다만, 의장은 주요 법안의 심의 등 필요하다고 인정하는 경우 각 교섭단체 대표의원의 동의를 받아 전원위원회를 개회하지 아니할 수 있다(국회법 제63조의2제1항). 실제 개회는 본회의에서 해당 의안에 대한 심사보고 또는 제안설명이 있는 후에 하게 된다(전원위원회의 운영에 관한 규칙 제5조제1항). 전원위원회는 본회의에 해당 의안에 대한 수정안만을 제출할 수 있어 본회의장에서 열리는 위원회의 성격을 가지므로 재적위원 5분의 1 이상의 출석으로 개회하고, 재적위원 4분의 1 이상의 출석과 출석위원 과반수의 찬성으로 의결하도록 의결정족수를 완화하고 있다(국회사무처 2021a: 289－92).

나. 본회의 안건 심의 절차

본회의는 안건을 심의할 때 위원회가 심사를 마치거나 제안한 법률안이 본회의에서 의제가 된 경우에는 위원장 또는 위원회의 소속 위원 중 위원장이 지명하는 위원의 심사보고를 듣거나(국회법 제67조) 제안설명을 들은 후 법률안에 대하여 질의 · 토론을 거쳐 표결하는 것을 원칙으로 한다(국회법 제93조).

다. 의장의 권한

국회의장은 국회를 대표하고 의사를 정리하며, 질서를 유지하고 사무를 감독한다(국회법 제10조). 의장의 의사정리권은 본회의 의사일정의 작성(국회법 제76조), 본회의 개의 · 회의중지 · 산회 그 밖에 의사에 관한 사항 등을 포함하며, 사무감독권은 본회의의 승인을 받아 국회사무총장을 임면하거나(국회법 제21조제3항), 운영위원회의 동의를 받아 국회도서관장, 예산정책처장, 입법조사처장을 임면(국회법 제22조 · 제22조의2 · 제22조의3)하는 등 국회사무에 대한 감독권을 갖는다(국회사무처 2021a: 57-64).

라. 교섭단체 대표의원 등과의 협의 또는 합의

국회법은 대화와 타협에 의한 원만한 국회 운영을 도모하려는 취지에서 의장의 권한 중 본회의 의사일정의 변경(국회법 제77조), 국무위원 등 대리출석 · 답변의 승인(국회법 제121조제4항) 등 일정한 사항에 대하여 각 교섭단체 대표의원과 협의를 하거나 법사위의 체계 · 자구 심사 지연 법안에 대한 본회의 부의(국회법 제86조제4항) 등 일정한 사항에 대하여 합의를 하도록 하고 있다. 또한 의장이 국회법 제76조제2항에 따른 회기 전체 의사일정을 작성할 때에는 국회운영위원회와 협의하되, 협의가 이루어지지 아니할 때에는 의장이 이를 결정하도록 하고 있다(국회법 제76조제3항). 협의는 합의와 달리 의견일치가 이루어지지 아니하는 경우 의장이 협의한 내용을 참작하여 최종적인 결정을 한다(국회사무처 2021a: 64-67).

마. 수정동의의 한계

본회의에서의 의안에 대한 수정동의는 30명 이상의 찬성 의원과 연서하여 미리 의장에게 제출하여야 하되, 예산안에 대한 수정동의는 의원 50명 이상의 찬성이 있어야 한다. 또한 원안에 대한 수정의 범위에 대한 제한으로 수정동의는 원안 또는 위원회에서 심사보고(국회법 제51조에 따라 위원회에서 제안하는 경우를 포함한다)한 안의 취지 및 내용과 직접 관련이 있어야 하되, 의장이 각 교섭단체 대표의원과 합의를 하는 경우에는 그러하지 아니하다(국회법 제95조). 따라서 원안의 취지 및 내용과 직접 관련성이 없이 원안의 내용을 변경하고자 하는 경우에는 수정동의를 제출할 것이 아니라 새로운 안을 제안하여야 한다(국회사무처 2021a: 459).

바. 무제한토론

무제한 토론은 본회의에 부의된 안건에 대하여 재적의원 3분의 1 이상의 요구가 있는 경우 의원은 본회의에서 시간의 제한을 받지 아니하고 토론할 수 있도록 한 것으로 본회의에서 안건을 최종적으로 의결하기 전에 소수의견을 개진할 수 있는 기회를 부여하고, 다수당과 소수당이 타협하도록 하여 안건이 합의를 통하여 처리되도록 유도하려는 취지에서 도입된 것이다(국회사무처 2021a: 507). 의원은 무제한토론을 실시하는 안건에 대하여 재적의원 3분의 1 이상의 서명으로 무제한토론의 종결동의를 의장에게 제출할 수 있다. 무제한토론의 종결동의는 동의가 제출된 때부터 24시간이 지난 후에 무기명투표로 표결하되 재적의원 5분의 3 이상의 찬성으로 의결한다(국회법 제106조의2). 현재까지 무제한 토론제도의 운용 사례를 살펴보면 앞에서 설명한 무제한 토론의 도입 취지는 달성되지 못하고 있는 것으로 보이며, 그 이유는 다수당이 회기를 짧게 결정하거나 단축하는 방법을 활용하거나 종결동의를 통해 무제한토론을 무력화시킬 수 있기 때문인 것으로 보인다(김건오 2022: 66-7).

사. 의안의 정리

본회의는 법률안 의결시 서로 어긋나는 조항 · 자구 · 숫자나 그 밖의 사항에 대한 정리가 필요할 때에는 의장에게 위임할 수 있다(국회법 제97조). 의장의 자구정리권은 국회에서 법률안 의결 후 정부로 이송하기 전에 법률안의 문제점을 바로 잡을 수 있는 마지막 기회를 제공한다. 본회의에서 법률안이 의결되면 의사국(의안과)에서 서로 저촉되는 조항 · 자구 · 숫자 등을 수정한 후 상임위원회 및 법제사법위원회 수석전문위원의 확인을 받게 된다. 의결된 법률안은 국회의장이 정부에 이송한다(국회법 제98조제1항).

7. 법률안 공포와 대통령의 재의 요구

대통령은 이송된 법률안을 15일 이내에 공포하여야 하나, 이의가 있을 경우 15일 이내에 이의서를 붙여 국회에 환부하고 그 재의(再議)를 요구할 수 있다. 국회가 폐회 중인 때에도 같다. 그러나 법률안의 일부에 대하여 또는 법률안을 수정하여 재의를 요구할 수 없다. 대통령으로부터 재의가 요구된 법률안은 국회에서 소관 위원회에 회부되지 않고 바로 본회의에 부의되어 무기명투표로 표결하며, 재적의원 과반수의 출석과 출석의원 3분의 2 이상의 찬성으로 재의결되면 그 법률안은 법률로서 확정된다. 대통령은 확정된 법률을 지체 없이 공포하여야 하며, 15일 이내에 공포나 재의 요구를 하지 아니하여 법률이 확정되거나 국회에서 재의결된 확정법률이 정부에 이송된 후 5일 이내에 대통령이 공포하지 아니할 때에는 국회의장이 이를 공포한다(헌법 제53조 및 국회법 제98조제3항).

제3절 행정입법에 대한 국회의 통제

가. 행정입법 국회 제출 및 검토제도

우리나라 헌법은 제40조에 따라 입법권은 국회에 속한다고 규정하면서도, 제75조에 따라 대통령은 법률에서 구체적으로 범위를 정하여 위임받은 사항과 법률을 집행하기 위하여 필요한 사항에 관하여 대통령령을 발할 수 있고, 제95조에 따라 국무총리 또는 행정각부의 장은 법률이나 대통령령의 위임 또는 직권으로 총리령 또는 부령을 발할 수 있다고 규정하고 있다. 이 행정입법에 대한 국회의 통제가 필요해짐에 따라 국회법 제98조의2제1항은 중앙행정기관의 장이 대통령령, 총리령, 부령, 훈령, 예규, 고시 등이 제 · 개정 또는 폐지시 10일 이내 국회 소관 상임위원회에 제출하도록 하고, 동조제3항은 상임위원회는 제출된 대통령령, 총리령 및 부령(이하 "대통령령등"이라 함)의 법률 위반 여부 등을 검토하여야 한다고 규정하고 있다. 상임위원회는 검토 결과 대통령 또는 총리령이 법률의 취지 또는 내용에 합치되지 아니한다고 판단되는 경우 처리 의견 등을 기재한 검토결과보고서를 의장에게 제출하고, 국회는 본회의 의결로 이를 처리하며 정부에 송부하면 정부는 송부받은 검토결과에 대한 처리 여부를 검토하고 그 처리결과(송부받은 검토결과에 따르지 못하는 경우 그 사유를 포함함)를 국회에 제출하여야 한다. 부령의 경우 상임위는 부령이 법률의 취지 또는 내용에 합치되지 아니한다고 판단되는 경우 중앙행정기관의 장에게 그 내용을 통보할 수 있다. 중앙행정기관의 장은 통보받은 내용에 대한 처리 계획과 그 결과를 상임위에 보고하여야 한다(동조제4항부터 제8항까지).

나. 행정입법 통제 강화 찬반론

행정입법에 대한 국회의 통제 강화 시도의 대표적 사례로 2015년 5월 박근혜 전 대통령의 거부권 행사를 가져왔던 국회법 개정 추진을 들 수 있으며, 최근까지 이 법안과 유사한 내용의 국회법개정안이 제출되고 있다. 행정입법에 대한 국회의 통제 강화 필요성을 주장했던 2015년 국회법개정안의 제안이유에서는 행정입법에 대한 국회 통제의 실효성을 제고하기 위해서는 위법한 대통령령등에 대하여 국회가 소관 중앙행정기관에 직접 수정,변경을 요구할 수 있도록 하기 위하여 상임위원회가 대통령령등이 법률의 취지 또는 내용에 합치되지 아니하다고 판단되는 경우 그 수정, 변경을 요구할 수 있도록 하고, 소관 행정기관의 장은 이를 처리하여 그 결과를 소관 상임위원회에 보고하도록 하려는 것임을 밝히고 있다.

반면 정부는 위 국회법개정안의 재의요구서에서 정부가 수정, 변경 요청받은 내용을 그대로 따라야 하는지, 아니면 수정, 변경 여부 및 그 내용을 독자적으로 판단할 수 있는 것인지 그 의미가 명확하지 않다면서, 정부는 요청받은 그대로 수정, 변경할 의무를 부담하는 것으로 해석될 가능성이 높아 국회 상임위에 의해 정부의 행정입법권을 침해하여 헌법에 위반될 소지가 크고, 특히 국회가 아닌 상임위원회가 수정, 변경 요청을 할 수 있도록 하는 것은 행정입법권 침해의 정도가 더욱 중하다는 입장이다. 그러면서 헌법 제107조 제2항에서 명령, 규칙이 법률에 위반되는 여부가 재판의 전제가 된 경우 대법원은 이를 최종적으로 심판할 권한을 가진다고 하여 구체적 규범통제 방식을 채택하고 있는데 개정안은 행정입법에 대한 심사권을 법원에 부여하고 있는 헌법에 위반될 소지가 크다고 주장한다.

다. 미국의 행정입법 통제제도

우리와 같은 대통령제를 채택하고 있는 미국의 경우 행정입법에 대한 의회의 통제가 입법부 거부(legislative veto)[3] 및 위원회 거부(committee veto)라는 형태로 인정되고 있으며, 권력분립의 원칙을 중시하는 미국에서 의회는 물론 행정부도 입법부 거부와 위원회 거부를 의회에 의한 행정부에 대한 입법 감사(legislative overdight)의 중요 수단으로 인정하고 있는 점을 참고할 필요가 있어 보인다(Oleszek et al 2016: 387−9). 미국의 입법부 거부란 의회가 법률 조문에 위임입법을 규정하면서 행정입법의 거부를 통해 행정입법을 무효화할 수 있는 권한을 의회 스스로에게 부여하는 것을 의미한다. 이 같은 입법부 거부

3) 박태우 · 강장석(2014)은 입법부 거부를 의회 거부권으로 번역하고 있다(29).

(legislative veto)에 대해 1983년 대법원의 위헌판결(Chadha ruling)이 있은 이후 의회는 이 판결에서 양원 중 하나의 원에 의해 거부될 수 있었던 점과 대통령에게 이송되지 않았던 점을 위헌의 논거로 들었던 것에 대응하여 공동결의안(joint resolutions)이 양원을 통과해야 하면서 대통령에 이송되므로 대법원 판결에 따른 합헌요건을 충족한다고 보아 공동결의안 형태로 현재까지 몇 개의 입법부 거부들을 대체하였고, 1983년부터 2009년 말까지 수백건의 입법부 거부들을 입법화하였다(Oleszek et al. 2016: 388; 김건오 2022: 49). 입법부 거부의 대표적인 입법례로 1996년 입법된 의회심사법(Congressional Review Act)을 들 수 있으며, 이 법에 따르면 새로이 제정되는 행정입법은 의회에 제출되어 양원에 의해 불승인 결의가 없으면 해당 행정입법이 발효된다(박태우 · 강장석: 2012; 한국법제연구원 2019: 39). 이에 비해 위원회 거부는 법률에서 위원회가 행정부의 조치를 인정하거나 불인정하는 권한을 부여하는 것이다. Oleszek et al.(2016)은 세출승인법에서 특정 행정기관이 해당 법률에 따라 재정이 지원되는 사업에 대한 평가는 양원 세출승인위원회에 사전 고지하고 승인을 얻지 않을 경우 할 수 없다라고 규정하는 것을 위원회 거부의 예로 들고 있다(387−8). Oleszek et al(2016)은 입법부 거부 및 위원회 거부가 의회와 행정부 모두 그 가치를 인식하기에 현재까지 중요한 감사 수단으로 남아있다고 평가한다(387−9).

라. 미국 행정입법의 통제제도의 시사점

미국의 입법부 거부는 의회가 법률로 위임입법을 하면서 행정입법의 거부를 통해 행정입법을 무효화할 수 있는 권한을 스스로에게 부여하는 것을 말한다. 미국 의회와 같이 우리나라에서 국회에 의한 행정입법 통제를 인정할 것인가는 국회가 법률의 취지 또는 내용에 합치되지 않는다고 판단하는 행정입법의 무효화 또는 수정 · 변경을 요구할 수 있는 권한을 인정하는 법률안을 의결하고 대통령이 이에 대해 거부권을 행사하지 않아 법률로 공포될 수 있는가의 문제로 귀결된다. 결국 우리나라에서 미국과 같은 형태의 행정입법 통제를 인정할 것인가는 국회와 행정부 모두 행정입법 통제의 가치와 필요성을 공감하고 인정할 것인지 여부에 달려 있다.

제 2 장 재정과정의 이해

요 약

재정과정은 예산과정과 결산과정을 포괄하는 개념이다. 예산과정은 정부의 예산안 편성, 국회의 예산안 심의 · 확정, 정부의 집행 과정으로 이루어지며, 결산과정은 정부의 결산보고서 작성, 감사원 결산 검사, 국회의 결산 심의 · 의결 과정으로 이루어진다.

우리나라 재정과정은 주요국과 비교시 세 가지의 특징을 갖는다. 첫째, 우리 헌법이 다른 주요국들이 채택하고 있는 예산법률주의가 아닌 일본과 같이 예산비법률주의를 채택함에 따라 예산이 법률안의 형식이 아니라 예산안의 형식으로 국회에서 심의 · 확정되고 있다. 둘째, 우리 헌법은 미국과 달리 의회의 예산법안 편성 · 제안권을 인정하지 않고, 대신 다른 주요국들처럼 정부에게 예산안 편성 · 제안권을 부여하고 있다. 셋째, 우리나라 헌법은 영국과 마찬가지로 의회의 예산 증액 수정권을 인정하지 않으며 국회는 정부의 동의 없이 정부 제출 지출예산 각항의 금액을 증액하거나 새 비목을 설치할 수 없다고 규정하고 있다. 이와는 대조적으로 미국, 독일, 일본 헌법은 증액 수정권을 인정하고 있으며, 프랑스는 정부가 정한 임무(mission)라고 하는 예산과목의 총액 내에서 예산 증액 수정권을 인정하고 있다.

우리나라 예산안 심의 과정의 네 가지 문제점으로 첫째, 예결위와 상임위 간의 역할 분담 미흡을 들 수 있다. 이로 인해 예결위의 거시적 예산심사와 상임위의 미시적 예산심사의 필요성이 지적된다.

둘째, 우리나라의 예산안 심의 기간은 다른 주요 선진국과 비교할 때 짧아 충실한 예산 심의에 제약이 되고 있다. 특히 국회선진화법에 따른 '예산안등의 본회의 자동 부의 제도'의 신설로 예결위 차원의 예산안에 대한 실질적 심의 기간이 한달 정도로 줄어들게 되었다.

셋째, 예산안등 본회의 자동부의에 따른 예결위 심사 기능의 약화 문제로 예산안이 본회의에 자동부의됨에 따라 심사 기간이 부족한 상황에서 당 대 당 협상에 따라 처리될 경우 예결위에서 논의되지 않은 증액 사업이 쪽지 예산으로 끼어들거나, 예결위에서 심사하는 것에 비해 전문성이 있고 공개적이며 심도 있는 심사가 어려워져 예산안 심사가 부실해질 수 있다는 우려가 있다.

끝으로 예산심의 지원을 위한 보좌조직의 미약을 들 수 있다.

제1절 재정과정의 의의

가. 재정의 개념

재정은 정부가 가계와 기업으로부터 조세를 징수하는 등의 수입 활동과 공공서비스의 제공 등을 위한 지출 활동을 말하며, 정부 부문의 경제활동을 통칭하는 것으로 화폐단위로 표시되는 정부의 수입 · 지출 활동을 의미한다(국회예산정책처 2023a: 2).

나. 재정의 기능

재정의 3대 기능은 첫째 자원 배분 기능으로 지원 배분의 효율성과 관련되며 공공재 공급이나 부담금 부과 등을 통해 자원을 효율적으로 배분하는 기능을 수행한다. 둘째 소득 분배 기능으로 소득 분배의 형평성과 관련되며 누진적 소득세제나 저소득층 지원을 통해 소득을 분배하는 기능을 수행한다. 셋째 경제 안정 및 성장 기능으로 경기 조절과 관련되며 물가안정, 고용 확대 그리고 성장동력 확충 등을 통해 경제를 안정시키고 성장시키는 기능을 수행한다(국회예산정책처 2023a: 2−3).

다. 재정의 구조: 중앙정부 재정과 지방정부 재정

재정의 운용 주체에 따라 중앙정부 재정과 지방정부 재정으로 구분되고, 지방정부 재정은 다시 일반재정과 교육재정으로 구분된다. 2023년 기준 중앙정부의 재정은 일반회계 1개, 특별회계 21개, 기금 61개로 구성되어 있다(국회예산정책처 2023a: 7−52). 지방재정은 운용 주체에 따라 일반지방자치단체(시 · 도, 시 · 군 · 구)의 재정(일반재정)과 교육자치단체(시 · 도교육청)의 재정(교육재정)으로 나뉜다. 일반행정에 관한 일반재정은 중앙정부의 재정구조와 같이 일반회계, 특별회계, 기금으로 구성되는 반면, 시 · 도교육청의 교육 자치를 관할하는 교육재정은 교육비특별회계와 기금으로 구성된다(국회예산정책처 2023b: 16−9).

라. 재정과정의 개념

재정과정은 예산과정과 결산과정을 포괄하는 개념이고, 예산과정은 정부의 예산안 편성, 국회의 예산안 심의 · 확정, 정부의 집행 과정으로 이루어지며, 결산과정은 정부의 결산보고서 작성, 감사원 결산 검사, 국회의 결산 심의 · 의결 과정으로 이루어진다. 재정과정은 해당 회계연도에 집행되는 예산이 전 회계연도에 정부가 예산안을 편성하여 국회에서 심의 · 확정되고, 다음 회계연도에 결산이 이루어져 3회계연도에 걸쳐 진행되는 과정이다(국회예산정책처 2023a: 126).

마. 재정과정의 법적 근거

재정과정과 관련된 법률 체계를 살펴보면 최상위에 헌법이 있으며 조세법률주의(제59조), 국회의 예산안 및 추가경정예산안 심의 · 확정권(제54조 및 제56조), 감사원의 결산 검사(제99조) 등을 내용으로 하는 재정민주주의를 천명하고 있다(국회예산정책처 2023a: 122−5). 그런데 우리 헌법은 다른 선진국과 비교할 때 특이하게 예산법률주의가 아닌 예산비법률주의를 채택하면서(제54조) 국회의 예산 증액 수정권을 인정하지 않아 국회가 정부의 동의 없이 정부 제출 지출예산 각항의 금액을 증액하거나 새 비목을 설치할 수 없다고 규정하고 있다(제57조)(김건오 2017: 55−59).

재정과정 관련 법률을 살펴보면 아래 표 1(우리나라의 예산 · 결산과정)에 정리되어 있듯이 첫째 국회법은 예산비법률주의에 따라 법률안과 구별되는 의안으로서의 예산안 그리고 결산의 심의절차 등(예산안 · 결산의 회부 및 심사에 관한 국회법 제84조 등)을 규정하고 있다. 둘째 국가재정법은 국가재정의 기본법으로 재정운용의 기본원칙, 예산의 편성 · 집행, 성과관리, 재정건전화 등을 규정하고 있다. 그 밖에 재정 지출 관련 법률로 보조금 관리에 관한 법률 등이 있고, 재정 수입 관련 법률인 국세기본법, 국세징수법 등이 있으며, 회계 · 감사 등에 관한 국가회계법, 감사원법 등이 있다(국회예산정책처 2023a: 123−5).

[표 1] 우리나라의 예산 · 결산과정(법적 근거 및 시한)

구분	과 정	내 용	법정시한	근거규정
예산과정	중기사업 계획서 제출	각 중앙관서의 장(기금관리주체)은 매년 1월 31일까지 당해 회계연도부터 5회계연도 이상의 신규사업 및 주요 계속사업에 대한 중기사업계획서를 작성하여 기획재정부 제출	매년 1월 31일	「국가재정법」 §28, §66①
	예산안편성 지침 통보	기획재정부는 매년 3월 31일까지 다음연도의 예산안편성지침(기금운용계획안 작성지침)을 각 중앙관서의 장(기금관리주체)에게 통보	매년 3월 31일	「국가재정법」 §29①, §66②
	예산요구서 작성 및 제출	각 중앙관서의 장(기금관리주체)은 예산안편성지침(기금운용계획안 작성지침)에 따라 그 소관에 속하는 다음연도의 세입세출예산 · 계속비 · 명시이월비 · 국고채무부담행위요구서(기금운용계획안)를 작성하여 매년 5월 31일까지 기획재정부에 제출	매년 5월 31일	「국가재정법」 §31①, §66⑤
	정부예산안 편성	기획재정부는 예산요구서에 따라 예산안을 편성(가금운용계획안을 마련)한 후 국무회의 심의 및 대통령 승인	-	「국가재정법」 §32, §66⑥
	예산안 국회제출	정부는 대통령의 승인을 얻은 예산안(가금운용계획안)을 회계연도개시 120일 전(9.3)까지 국회에 제출	회계연도 개시 120일 전 (매년 9월 3일)	「국가재정법」 §33,§68①
	예산안 본회의 보고	국회 본회의에서 예산안에 대한 정부의 시정연설	-	「국회법」 §84①
	상임위원회 예비심사	국회는 각 상임위원회에 예산안(가금운용계획안)을 회부하여 예비심사를 하고 그 결과를 의장에게 보고, 의장은 예산안(가금운용계획안)에 각 상임위원회의 예비심사 결과보고서를 첨부하여 예산결산특별위원회에 회부	의장이 심사기한을 지정 가능	「국회법」 §84①,②,⑥

	예산결산 특별위원회 종합 심사	예산결산특별위원회는 상임위원회의 심사결과를 존중하여 예산안(기금운용계획안)을 종합심사하고 본회의에 상정	–	「국회법」 §84③,⑤
	예산안 본회의 자동부의	위원회가 11월 30일까지 예산안 심사를 마치지 아니하면 그 다음 날에 위원회에서 심사를 마치고 바로 본회의에 부의된 것으로 봄	12월 1일에 부의 간주	「국회법」 §85조의3 ①,②
	본회의 심의 · 확정	본회의 부의→예결위원장 심사보고→토론→표결 · 확정	회계연도 개시 30일전 (매년 12월 2일)	「대한민국헌법」 §54② 「국회법」 §84조의2①
결산과정	출납정리 기한	출납정리기한(해당 회계연도 말일)이 지나면 각급 기관이 소관장부를 정리 · 마감한 후 이를 기획재정부장관에게 보고하고 기획재정부장관은 매년 2월 10일에 감사원장이 지정하는 감사위원 등이 참여한 가운데 직전 회계연도의 총세입부와 총세출부를 마감	다음연도 2월 10일	「국고금관리법」 §4의 2① 「국고금관리법 시행령」 §94③
	중앙관서 결산보고서 작성 및 제출	각 중앙관서의 장은 매 회계연도마다 일반회계 · 특별회계 및 기금을 통합한 중앙관서결산보고서를 작성하여 다음연도 2월 말일까지 기획재정부장관에게 제출	다음연도 2월 말일	「국가회계법」 §13② 「국가재정법」 §58①, §73
	국무회의 심의 및 대통령의 승인	기획재정부장관은 매 회계연도마다 중앙관서결산보고서를 통합하여 국가결산보고서를 작성하고 국무회의의 심의를 거친 후 대통령의 승인을 얻어 다음 연도 4월 10일까지 감사원에 제출	다음연도 4월 10일	「국가회계법」 §13② 「국가재정법」 §59
	감사원 결산 검사	감사원은 국가결산보고서를 검사하고 그 보고서를 다음연도 5월 20일까지 기획재정부장관에게 송부	다음연도 5월 20일	「대한민국헌법」 §99 「국가재정법」 §60
	국가결산 보고서의 국회제출	정부는 감사원의 검사를 거친 국가결산보고서 및 첨부서류를 다음연도 5월 31일까지 국회에 제출	다음연도 5월 31일	「국가재정법」 §61

결산과정	상임위원회 예비 심사	정부가 결산을 국회에 제출하면 국회는 각 상임위원회에 회부하여 예비심사를 하고 그 결과를 의장에게 보고, 의장은 각 상임위원회의 보고서를 첨부하여 예산결산특별위원회에 회부	의장이 심사기간을 지정 가능	「국회법」 §84①,②,⑥
	예산결산 특별위원회 종합 심사	예산결산특별위원회는 각 상임위원회의 심사내용을 참고하여 결산을 종합심사하고 본회의에 상정	–	「국회법」 §84②,③,⑤
	본회의 심의 • 의결	결산은 본회의의 심의를 거쳐 의결하며, 국회는 결산에 대한 심의 · 의결을 정기회 개회 전까지 완료, 심사결과 위법 · 부당한 사항이 있는 때에 국회의 본회의 의결 후 정부 또는 해당기관에 변상 및 징계조치 등 그 시정을 요구	정기회 개회 전	「국회법」 §84②,③ §128의2

자료: 국회예산정책처(2023a)의 128~9쪽 표를 토대로 재구성.

제2절 재정과정의 절차

1. 우리나라 재정과정의 세 가지 특징

우리나라 재정과정은 주요 5개국(미국, 독일, 영국, 프랑스, 일본)과 비교시 크게 세 가지의 특징을 갖는다. 첫째, 우리 헌법이 다른 주요국들이 채택하고 있는 예산법률주의가 아닌 일본과 같이 예산비법률주의를 채택함에 따라(제54조) 예산이 법률안의 형식이 아니라 예산안의 형식으로 국회에서 심의 · 확정되고 있다. 둘째, 우리 헌법은 미국과 같이 의회의 예산법안 편성 · 제안권을 인정하는 나라와 달리 다른 주요국들과 마찬가지로 정부의 예산안 편성 · 제안권을 인정하고 있다(제54조제2항). 셋째, 우리나라는 영국에서 의회의 예산 증액 수정권이 인정되지 않듯이 국회의 예산 증액 수정권을 인정하지 않아 국회가 정부의 동의 없이 정부 제출 지출예산 각항의 금액을 증액하거나 새 비목을 설치할 수 없다고 규정하고 있다(헌법 제57조). 반면에 미국, 독일, 일본 헌법이 증액 수정권을 인정하고 있고, 프랑스의 경우 정부가 정한 임무(mission)라고 하는 예산과목의 총액 내에서 예산 증액 수정권을 인정하고 있다(김건오 2017: 55−59).

2. 정부의 예산안 편성 및 국회 제출

정부의 예산안 편성과정은 아래 그림 2(정부의 예산안 편성과정)에서 보듯이 1월의 중기사업계획서 제출과정에서 시작되어 9월 3일까지 예산안을 국회에 제출하는 과정으로 마무리된다고 볼 수 있다.

가. 중기사업계획서 제출

각 중앙관서의 장은 매년 1월 31일까지 해당 회계연도부터 5회계연도 이상의 기간 동안의 신규사업 및 주요 계속사업에 대한 중기사업계획서를 기재부장관에게 제출하여야 한다(국가재정법 제28조).

나. 예산안편성지침의 통보

기재부장관은 국무회의 심의를 거쳐 대통령의 승인을 얻은 다음 연도 예산안편성지침을 매년 3월 31일까지 각 중앙관서의 장에게 통보하여야 하며, 국가재정운용계획과 예산편성을 연계하기 위하여 예산편성지침에 중앙관서별 지출한도를 포함하여 통보할 수 있다(국가재정법 제29조). 그런데 국가재정법 제30조에 따른 예산안편성지침의 국회 예결위 보고 의무에도 불구하고 이 중앙관서별 지출한도를 국회에 보고하지 않고 있어 국회가 상반기부터 재정총량에 대한 심사권을 행사하여 먼저 예결위가 거시적 예산심사를 한 후 상임위가 미시적 예산심사를 하는 양자간 역할 분담에 제약이 되고 있다(김건오 2007: 73－6; 국회예산정책처 2023a: 134－6).

다. 예산요구서 작성 · 제출

각 중앙관서의 장은 예산안편성지침에 따라 그 소관 예산요구서를 작성하여 매년 5월 31일까지 기재부장관에게 제출하여야 한다. 예산요구서에는 대통령령으로 정하는 바에 따라 예산의 편성 및 예산관리기법의 적용한 필요한 서류를 첨부하여야 함에 따라 세입세출예산 사업별설명서 및 각목명세서 등의 서류가 첨부된다(국가재정법 제31조 및 동법시행령 제10조).

라. 국가연구개발 예산안의 편성과정

국가연구개발 예산의 편성과정은 과학기술정보통신부(과학기술혁신본부)에서 예산 배분 · 조정안을 마련하여 국가과학기술자문회의의 심의를 거치는 주요 국가연구개발사업과 기획재정부에서 심의하는 일반 국가연구개발사업의 예산편성과정이 상이하다. 과학기술기본법 제12조의2에 근거하여 중앙행정기관의 장은 소관 기관의 다음다음 연도 국가연구개발사업의 투자우선순위에 대한 의견을 매년 10월 말까지, 국가연구개발사업 관련 중기사업계획서를 매년 1월 말까지 과기부장관에게 제출하여야 한다. 과기부장관은 국가연구개발 투자의 방향과 기준을 매년 3월 15일까지 기재부장관 및 관계 중앙행정기관의 장에게 알려야 하며, 관계 중앙행정기관의 장은 국가연구개발사업 관련 예산요구서를 매년 5월 말까지 과기부장관에 제출하여야 한다. 과기부장관은 제출된 자료와 국가연구개발사업의 조사 · 분석 · 평가와 연계하여 국가연구개발사업의 목표 및 추진방향, 주요 국가R&D 사업 예산의 배분 · 조정내역 등을 마련하고 국가과학기술자문회의의 심의를 거쳐 그 결과를 매년 6월 말까지 기재부장관에게 알려야 한다. 기재부장관은 정부 재정규모 조정 등 특별한 경우를 제외하고는 과학기술자문회의의 심의 결과를 반영하여 최종 예산을 편성하여야 한다(국회예산정책처 2023a: 165－6).

마. 예산안의 국회 제출

기재부장관은 예산요구서에 따라 예산안을 편성하여 국무회의의 심의를 거친 후 대통령의 승인을 얻어야 하며, 정부는 이 승인을 얻은 예산안을 회계연도 개시 120일 전(9월 3일)까지 국회에 제출하여야 한다(국가재정법 제32조 · 제33조).

그림 2 정부의 예산안 편성과정

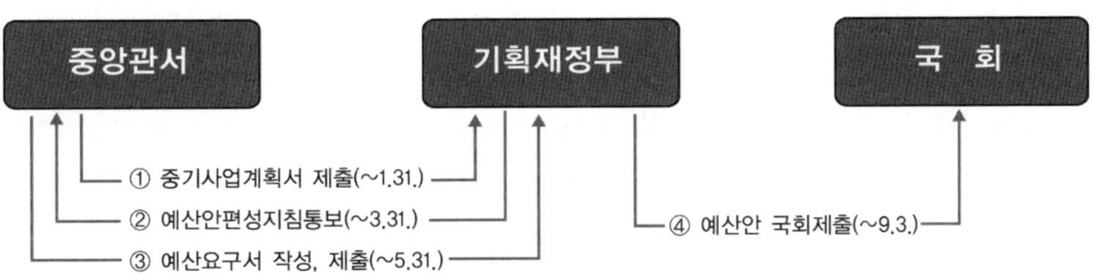

자료: 국회예산정책처(2023a)의 135쪽 그림.

3. 국회의 예산안 심의

가. 정부의 예산안 제출

국회의 예산안 심의 절차는 그림 3(국회의 예산안 심의절차)에서 볼 수 있듯이 국가재정법 제33조에 따라 정부가 예산안을 회계연도 개시 120일 전(9월 3

일)까지 국회에 제출함으로써 시작된다. 헌법 제54조제2항은 회계연도 90일 전까지 제출하여야 한다고 규정하고 있음에도 불구하고 국회의 충분한 심의기간 확보 필요성 주장에 따라 9월 3일까지 제출하도록 국가재정법에서 규정한 것이다. 의장은 제출된 예산안을 소관 상임위원회에 회부한다(국회법 제84조제1항).

나. 정부의 시정연설

예산안이 국회에 제출되면 본회의에서 정부의 시정연설을 듣는데(국회법 제84조제1항), 이는 예산안 심의절차의 필수과정이다. 2013년부터는 매년 대통령이 시정연설을 하고 있다. 시정연설의 시기는 시정연설을 듣기 전이라도 소관 상임위에 예산안을 회부할 수 있으므로 상임위에 예산안이 회부되어 있는 상태에서 국회의 본회의 일정을 고려하여 결정한다.

다. 상임위원회의 예비심사

소관 상임위원회는 회부된 예산안에 대한 예비심사를 하여 그 결과를 의장에게 보고한다(국회법 제84조제1항). 예비심사 절차는 일반 의안의 심사 절차와 같으며, 예산안 상정, 제안설명, 전문위원 검토보고, 대체토론, 예산심사소위원회 심사, 찬반토론, 의결의 순서를 거친다(국회법 제58조). 상임위의 예비심사의 예산결산특별위원회의 종합심사와의 관계를 살펴보면, 상임위의 예비심사는 예결위의 본심사에 앞선 예비적인 성격을 가지므로 예비심사결과는 예결위를 구속하지 못한다(국회예산정책처 2023a: 207). 이 같은 예비심사의 한계를 보완하기 위해 국회법 제84조제5항에 따라 예결위는 소관 상임위 예비심사 내용을 존중하여야 하며, 소관 상임위에서 삭감한 세출예산 각 항의 금액을 증가하게 하거나 새 비목을 설치할 경우에는 소관 상임위의 동의를 받아야 하되, 새 비목의 설치에 대한 동의 요청이 소관 상임위에 회부된 때부터 72시간 이내에 동의 여부가 예결위에 통지되지 아니한 경우 소관 상임위가 동의한 것으로 본다. 이 같은 규정은 상임위의 예비심사권과 예결위의 종합심사권 간에 균형을 이루려는 취지에 따른 것이다(국회사무처 2021a: 397). 그러나

이 규정은 국회법 제105조의2제10항에 따른 예산안등의 본회의 자동부의 제도에 따라 예산안이 예결위에서 의결되지 못한채 본회의에 자동부의되는 것이 관례화됨에 따라 그 의미가 퇴색되게 되었다. 의장은 예산안을 상임위에 회부시 심사기간을 정할 수 있으며, 상임위가 이유 없이 그 기간 내에 심사를 마치지 아니하면 바로 예결위에 예산안을 회부할 수 있다(국회법 제84조제6항).

라. 예산결산특별위원회의 종합심사

예산결산특별위원회는 상설 특별위원회로 위원수는 50명이고, 위원의 임기는 1년이다(국회법 제45조). 의장은 예산안에 대한 소관 상임위의 예비심사보고가 있으면 예산안에 예비심사보고서를 첨부하여 예결위에 회부하고 심사가 끝나면 본회의에 부의한다. 예결위의 종합심사는 제안설명, 전문위원 검토보고, 종합정책질의, 부별 심사 또는 분과위원회 심사, 예산안등조정소위원회 심사 및 찬반토론을 거쳐 표결한다. 종합정책질의는 국무위원 전원을 대상으로 하며 위원장이 간사와 협의하여 각 교섭단체별 질의시간 할당 등의 방법으로 그 기간을 정한다(국회법 제84조제2항 및 제3항). 실제 분과위원회 심사 대신 부별 심사로 운영되는데, 통상 경제부처와 비경제부처로 나누어 이루어지는 부별 심사도 예결위 위원 전체가 참여하여 국무위원을 대상으로 진행되므로 예결위의 실질적 예산안 심사는 11~15명 정도의 위원으로 구성되고 예결위원장이 소위원장이 되는 예산안등조정소위원회에서 이루어진다. 소위 국회선진화법으로 불리는 국회법 개정(2012. 5. 25 개정)에 따라 '예산안등의 본회의 자동 부의 제도'가 신설되어 2014. 5월 30일부터 시행됨에 따라 예산안등과 세입예산안 부수 법안에 대해 11월 30일까지 위원회 심사를 바치지 아니힌 때에는 그 다음 날에 위원회에서 심사를 마치고 바로 본회의에 부의된 것으로 본다(국회법 제85조의3).

마. 본회의 심의 · 의결

의장은 예결위원장으로부터 예산안 심사보고서가 제출되면 이를 본회의에 상정하고, 본회의는 예결위원장의 심사보고를 듣고 질의 · 토론을 거치며, 헌법 제57조가 국회가 정부의 동의 없이 정부 제출 지출예산 각항의 금액을 증가하거나 새 비목을 설치할 수 없다고 규정함에 따라 예산안 증액 및 새 비목 설치 동의를 거친 후 표결하며, 헌법 제54조에 따라 국회는 회계연도 개시 30일 전까지(12월 2일까지) 예산안을 의결하여야 한다. 다만, 예산안등의 본회의 자동 부의에 따라 위원회가 예산안등과 세입예산안 부수 법안을 11월 30일까지 심사를 마치지 아니하여 그 다음 날에 위원회 심사를 마치고 바로 본회의에 부의된 것으로 보는 경우에는 본회의는 정부의 제안설명을 듣고 질의 · 토론을 거쳐 표결하되, 본회의에서 예산안에 대한 수정동의는 의원 50인 이상의 찬성으로 가능함에 따라 정부원안에 대한 수정동의를 거쳐 예산안을 의결하는 것이 관례화되었다. 또한 헌법 제54조에 따라 예산안을 12월 2일까지 의결하여야 한다는 규정도 통상 지켜지지 않고 있다. 예산은 법률과 달리 대통령에 의한 공포를 효력발생 요건으로 하지 않으며 대통령의 거부권도 인정되지 않아 국회 본회의 의결로 예산은 확정된다. 국회가 예산안을 심의 · 의결하면서 관례적으로 부대의견을 채택하고 있으며 이는 우리나라가 예산비법률주의를 채택함에 따라 예산사업의 집행에 있어 집행시기 및 집행조건 등을 부대의견의 내용으로 채택할 필요성에 따른 것으로 국회의 의결을 거친 만큼 실질적 구속력을 갖는다(국회사무처 2021a: 398; 국회예산정책처 2023a: 208－9).

그림 3 국회의 예산안 심의절차

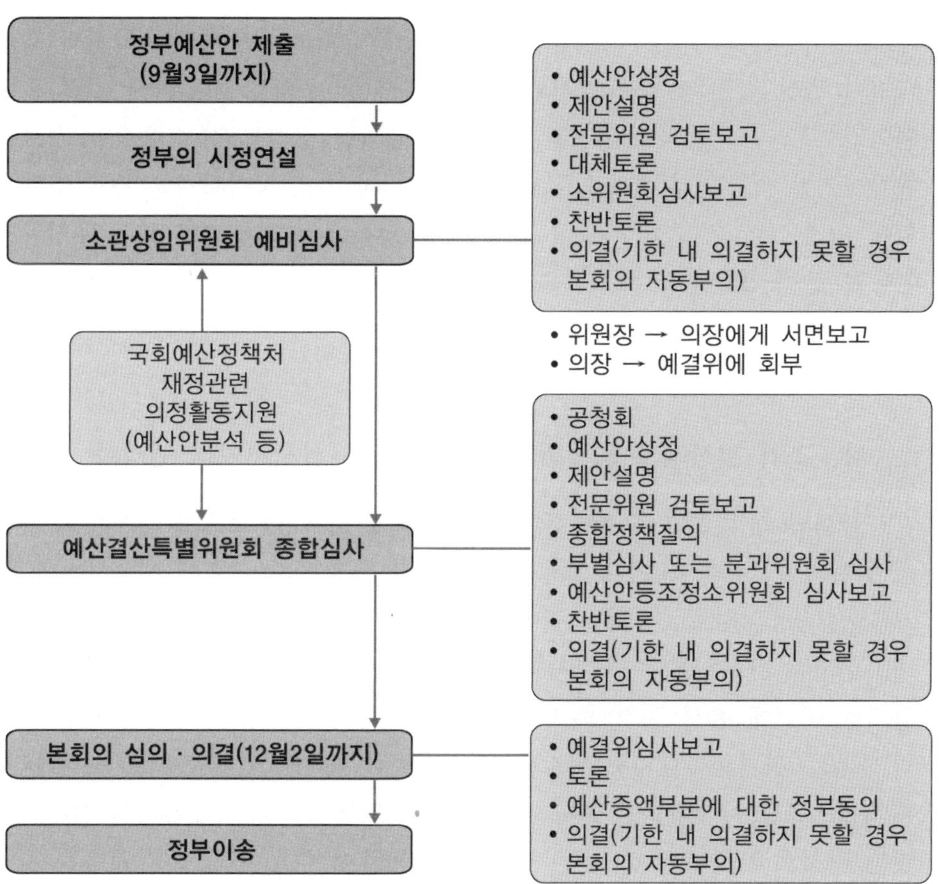

자료: 국회예산정책처(2023a)의 206쪽 그림.

4. 국회의 결산 심의와 국정감사

가. 결산 심의와 국정감사 결과의 예산안 심의에의 환류

정부의 예산 집행에 대한 국회의 결산 심의 및 국정감사에 관한 설명은 제3장에서 자세히 다루므로 이 장에서는 생략하되, 이 장에서는 국회의 재정과정이 결산 심의 및 국정감사와 국회의 예산안 심의로 이루어진 일련의 순환과정으로 결산 심의와 국정감사 과정이 예산안 심의 과정에 유용한 정보를 환류시키는 역할을 수행함을 설명한다. 결산 심의 및 국정감사는 재정 집행에 있어 위법 또는 부당한 사항이 있을 경우 정부에 시정을 요구하는 재정통제 기능과 함께 재정운용 분석 결과를 다음 연도 예산안 편성에 반영하는 환류 기능을 가진다(국회예산정책처 2023a: 286).

나. 조기 결산제도 도입과 조기 국정감사 실시시기의 법정화

국회법 개정(2003. 2. 4)과 국가재정법 제정(2006. 10. 4)으로 정부는 감사원의 검사를 거친 국가결산보고서를 매년 5월 31일까지 국회에 제출하여야 하고(국가재정법 제61조), 국회는 결산에 대한 심의 · 의결을 정기회 개회(매년 9월 1일) 전까지 완료하여야 한다(국회법 제128조의2). 또한 국정감사는 매년 정기회 집회일 이전에 감사 시작일부터 30일 이내의 기간을 정하여 실시하되, 본회의 의결로 정기회 기간 중에 감사를 실시할 수 있다(국정감사 및 조사에 관한 법률 제2조). 이같이 9월 1일 전까지 결산 심사를 완료하고 국정감사를 실시하는 것을 원칙으로 하도록 한 것은 정기회 기간 중에 이루어질 경우 예산안과 법률안 등 주요 안건을 충실하게 심의하는 데 어려움이 있다는 지적에 따른 것이다(국회사무처 2021a: 713). 비록 실제 국회 결산 심의가 9월 이후까지 이어지는 경우가 많고, 결산 심의가 완료된 이후에 국정감사를 10월 경에 실시하는 경우가 보통이지만 당초 입법 취지는 결산심사를 통하여 국정감사에 필요한 정보를 획득하고 다시 국정감사를 통해 확보한 정보를 예산안 심사에 반영하려는 것이었다(국회사무처 2021a: 395).

제3절 우리나라 예산안 심의과정의 문제점과 개선방향[4)]

우리나라 예산안 심의과정의 문제점 중에서 재정준칙과 그 이행 강제수단이 충실하게 입법화되지 못하고 있는 문제, 구체적으로 미국과 같이 예산결의안 채택 절차와 그 이행강제수단 입법화, 미국의 2010년 PAYGO법 및 2011년 예산통제법(Budget Control Act of 2011)을 모델로 한 PAYGO 원칙의 적용과 재량지출의 한도 설정(Limits on Discretionary Spending) 및 그 이행 강제수단으로 강제삭감(sequestration) 절차의 입법화 필요성에 대한 설명(김건오 2011: 96－9; 김건오 2012: 102－3; 김건오 2021: 19－34)은 뒷 장들에서 자세히 설명하므로 이 절에서는 생략하고 다음 네 가지 문제점들만 설명한다.

1. 예결위와 상임위 간의 역할 분담 미흡

예산편성단계에서의 역할 분담[5)]과 달리 예산안 심의단계에서는 예산결산특별위원회와 상임위원회 간에 역할 분담이 이루어지지 않고 매년 중복심사가 반복되고 있다. 이런 문제점을 해결하기 위해서는 예결위가 미국의 예산위원회와 같이 예산의 총액배분에 관한 기능을 수행하고 미시적인 소관별 세부사업 심사는 상임위에서 맡는 방향으로 역할분담을 할 필요가 있다는 지적이 제기되고 있다(국경복 2006). 미국에서 1974년 의회예산법을 제정하여 예산위원회를 설치한 것은 예산결의안을 통해 재정적자의 규모에 대해 의결함으로써 재정적자가 감소하는 효과가 있기를 기대했기 때문이다(Schick, 2000: 20). 예결위가 거시적인 예산심사 기능을 전담하도록 예산심사시스템을 변경함으로써 기대되는 효과 중의 하나는 예결위가 예산의 수호자(guardian)로서 재정

4) 이 절은 필자가 2007년 12월 의정논총 제2권 제2호에 게재한 “재정개혁 입법의 현황과 과제: 영국과 미국의 재정개혁의 시사점을 중심으로” 중 일부를 수정 · 보완한 것임.

5) OECD 국가들의 예산개혁 동향을 살펴보면 선진국에 있어 총액배분·자율편성 (Top－Down) 방식의 채택이 일반적 경향이다 (Blöndal, 2002). 국가재정법도 이러한 추세에 맞추어 기획재정부장관은 각 중앙관서의 장에게 3월 말까지 예산안편성지침과 함께 중앙관서별 지출한도를 통보할 수 있도록 하는 총액배분·자율편성제도를 도입하였다(제29조).

의 건전성 유지에 보다 관심을 두게 될 것이라는 점이다.

가. 예결위의 거시적 예산심사의 필요성

미국 의회 예산심의과정을 살펴보면 미국 헌법에 흐르고 있는 권력분립(Separation of Powers)과 견제와 균형(Checks and Balances)의 원칙이 예산과정에도 반영되어 있음을 알 수 있다. 미국 상하원에는 예산위원회, 세출위원회, 수권위원회, 세입위원회라는 4가지 유형의 위원회가 예산과정에서 기능을 분담하고 있다. 예산위원회는 예산을 거시적인 차원에서 총괄해 전체규모 및 위원회별 할당액 등을 정해주고 세출위원회는 주로 재량적 지출에 관한 지출승인법을 소관으로 하며, 수권위원회(상임위원회)는 의무지출에 관한 법안을 소관으로 한다 (Schick, 2000: 32). 이렇게 분업의 원칙에 더 철저한 예산심사를 통해 각 심사 주체들 간에 견제와 균형이 추구되고 어느 한 위원회에 지나치게 권한이 집중되는 것을 막고 있다. 비록 심의절차가 복잡해지다 보니 조정에 시간이 더 소요되지만 보다 전문성 있는 예산심의가 가능하게 된다.

우리나라의 예결위는 미국의 예산위원회와 세출위원회의 기능을 동시에 수행하고 있어 예결위에 예산권한이 집중되어 있다. 예결위가 미국의 예산위원회와 같이 예산의 총액배분에 관한 기능만을 수행하게 되면 예결위의 핵심적 업무는 예산결의안을 제안하는 것이 될 것이다. 미국의 경우 예산결의안에는 예산총괄사항, 기능별 할당 그리고 선택적으로 조정지침이 포함된다. 예산총괄사항으로는 단년도가 아닌 10년 (또는 그 미만) 동안에 걸친 총수입 수준과 매 회계연도마다 수정되어야 할 총수입의 수준, 신규예산권한의 수준 및 지출 수준, 적자 또는 흑자 수준 및 공공 채무 수준이 규정된다. 기능별 할당은 20개의 기능별로 총 신규 예산 수권, 지출, 대부 및 대부보증이 다년도에 걸쳐 할당된 수준을 보여준다. 예결위가 예산의 총액배분에 관한 기능만을 수행하게 될 경우 미국의 예와 같이 우리의 예산결의안에도 예산총괄사항으로 10년(또는 그 미만)에 걸친 총수입, 총지출, 적자 또는 흑자 및 공공 채무의 수준과 위원회별 총지출, 재량지출 및 의무지출의 수준을 규정하는 방안을 검토할 필요가 있다.

미국의 예산위원회는 의회예산법 제302조에 따라 예산결의안의 기능별 할당을 주로 재량지출을 소관으로 하는 세출위원회와 의무지출을 소관으로 하는 수권위원회(상임위원회) 별로 할당한다.[6] 양원에서 지출승인법이 심의될 때 의회예산법 제302조에 따른 할당액을 초과하는 세출법안을 위원회가 보고한 경우 본회의에서 의사진행상의 이의제기(point of order)가 있을 수 있다.

미국 의회에 있어 조정(reconciliation)은 재량지출 외에 의무지출과 세입을 규정하고 있는 기존 법률들을 예산결의안에 따른 수준에 맞추도록 개정하는데 사용되는 절차이다. 조정과정은 예산결의안 속에 조정지침을 포함해 제안하는 일과 이 지침에 따라 소관 상임위가 제안한 법안들을 통합한 조정법안을 입법화하는 일을 포함한다.

미국의 상·하원의 예산위원회는 상임위원회이지만 예산결의안과 조정법안(reconciliation bills)만을 소관 의안으로 하고 있다. 조정법안에 있어 예산위원회의 역할은 조정지침에 따라 소관 위원회가 제안한 법안들을 내용 수정이 없이 하나의 또는 수개의 통합법안으로 만드는 것이다.[7] 예결위가 예산결의안을 채택하고 조정지침을 통해 소관 상임위에 의무지출 관련 법 및 세법을 개정하도록 유도하는 거시적인 예산심사기능만을 수행하는 예산의 총액배분·자율심사 (Top–Down) 방식으로 바꾸는 방안을 검토할 필요가 있으며,[8] 이 경우 예결위를 상임위로 할 것인가 아니면 상설특위로 할 것인가 하는 문제는 크게 중요하지 않다고 본다.

---

6) 세출위원회는 모든 재량지출액의 할당과 함께 매년의 지출승인법에 의해 자금이 공급되는 자격지출액에 대한 할당도 받게 된다. 세출위원회는 할당받은 예산자원을 13개의 세출소위에 다시 할당하는 데 이를 제302조(b) 할당(Section 302(b) Allocations)이라고 한다(Schick, 2000: 206).

7) 우리의 경우 예산결산특별위원회를 소관 부처의 법률안 심사권 등을 가진 상임위원회가 아닌 특정 의안만을 처리하는 상설 특별위원회로 운영하는 것과 비슷한 맥락이라 하겠다.

8) 그 방안을 구체적으로 살펴보면, 예결위가 조정지침을 어긴 위원회의 재량지출을 강제 삭감한 예산안(예산법률주의를 채택할 경우 지출승인법안)을 본회의에 보고토록 한다. 미국 의회에 있어 조정(reconciliation) 절차와 같이 우리의 경우도 예산결의안에 의무지출 법률 및 세법을 개정할 필요가 있을 경우 소관 상임위에 대한 조정지침을 포함시킨다. 만약 상임위에서 조정지침을 지키지 않을 경우에는 예결위에서 의장에게 이를 보고하여 예결위의 조정지침에 따른 법안이 본회의에서 의결될 수 있도록 조치한다. 이 같은 방안을 통해 예결위가 거시적인 예산심사 기능만을 전담하여 예산결의안을 통해 10년 정도의 재정적자 규모를 의결함으로써 재정규율이 강화되는 효과가 기대된다.

나. 상임위의 미시적 예산심사의 필요성

예산의 총액배분 · 자율심사 (Top-Down) 방식으로 예산안심사시스템을 바꿀 경우 상임위원회는 예결위가 예산결의안에 정한 위원회별 할당 지출한도 범위 내에서 소관 세부사업에 대한 심사를 통해 미시적인 조정을 하게 된다. 이 경우 우리나라의 상임위원회는 미국에서 재량지출에 있어 세출위 소위원회와 의무지출에 있어 수권위원회가 가지는 권한을 동시에 가지게 된다. 상임위가 세부사업에 대한 실질적 결정권을 가짐에 따라 상임위의 권한이 대폭 강화되고 과거 예결위 예산안조정소위원회 위원들 중심에서 모든 상임위 위원들로 실질적 결정 과정에의 참여자가 확대됨으로써 의원들의 참여민주주의의 요구에 부응할 수 있을 것으로 기대된다. 아울러 상임위 위원들이 입법 및 결산 심의 · 감사 활동을 통해 배양한 전문지식을 세부사업의 심의에 활용할 수 있게 되어 보다 전문성 있는 예산심의가 이루어질 것으로 보인다.

또한 뒷 장에서 설명하는 바와 같이 국회가 예산결의안의 의결절차를 법정화하면서 예산결의안에 상임위원회별 지출할당액을 정하고 위반시 이의제기 절차를 통해 지출할당액 준수의 이행을 강제할 경우 상임위 예산안 심사과정의 문제점으로 지적되어온 증액 위주 심사 관행을 개선할 수 있을 것으로 기대된다(김건오 2011:97).

2. 예산안 심의 기간의 부족

우리나라의 예산안 심의기간은 다른 주요 선진국과 비교할 때 짧아 충실한 예산 심의에 제약이 되고 있다. 우리 헌법은 예산안 심의기간을 2개월로 규정하고 있으나,[9] 국가재정법은 예산안 심의기간이 너무 짧다는 지적을 반영하여 3개월로 규정하고 있다.[10] 그런데 예산안이 9월 3일까지 제출된 후에도 국회는 통상적으로 결산 심의 및 국정감사가 끝난 후인 11월이 되어서야 본격적인 예산안 심의를 시작한다.[11] 한편 국회선진화법에 따른 '예산안등의

---

9) 헌법 제54조제2항은 정부는 예산안을 회계연도 개시 90일 전까지 국회에 제출하고, 국회는 회계연도 30일 전까지 의결하여야 한다고 규정한다.

10) 국가재정법 제33조는 정부가 예산안을 회계연도 개시 120일 전(9월 3일)까지 국회에 제출하여야 한다고 규정한다.

본회의 자동 부의 제도'의 신설로 예결위의 종합심사 기간이 11월 30일까지만 주어지게 되는데(국회법 제85조의3), 이 법 개정 전에 예결위는 예산안을 실제로 12월 말일까지 심사할 수 있었음을 고려할 때 본회의 차원이 아닌 예결위 차원의 예산안에 대한 실질적 심의기간은 한달 정도로 줄어들게 되었다.

이 같은 우리의 예산안 심의기간을 주요국과 비교해 보면, 미국이 8개월, 독일이 4.5개월, 프랑스 3개월, 영국이 세입법안 기준 1개월 및 세출법안 기준 약 4개월, 일본이 2.5개월인 점과 대비된다(김건오 2017: 56-7).

이 같은 짧은 예산안 심의기간을 확대하기 위하여 정부가 중앙관서별 지출한도를 포함하여 통보할 수 있는 예산편성지침 통보 시점인 4월 말에 국가재정운용계획을 국회에 제출하도록 하고, 국회는 7월 말까지 예산안 결의안을 의결토록 하여 실질적인 예산안 심사가 5월부터 시작되도록 하는 방안을 검토할 필요가 있어 보인다. 미국의 의회예산법(The Congressional Budget and Impoundment Control Act of 1974)은 예산결의안을 회계연도가 개시되는 10월 1일로부터 5개월 반 전인 4월 15일까지 채택하도록 규정하고 있다. 국회도 회계연도가 개시되는 1월 1일부터 5개월 전인 7월 말까지 예산결의안을 의결하도록 함으로써 이후 12월 2일까지 4개월의 충분한 심의기간을 확보할 수 있게 된다. 이 경우 정부는 국회의 예산결의안을 반영하여 예산안을 편성한 후 9월 3일까지 제출하는 시점 기준 1개월의 기간을 확보할 수 있다(김건오 2011: 97).

3. 예산안등 본회의 자동부의에 따른 예결위 심사 기능의 약화

예산안등 본회의 자동 부의제도(국회법 제85조의3)가 2014년 5월 30일부터 시행된 이후 2015년도 예산안부터 2025년도 예산안까지 예결위에서 예산안등이 본회의에 자동 부의되지 않고 정상적으로 의결된 사례가 단 한 차례도 없다. 이같이 예산안등이 예결위에서 의결되지 못한 채 본회의에 자동부의되는 것은 우리 국회의 기본 운영 원칙이 본회의중심주의가 아닌 위원회중심주의라는 점에 반하는 것으로(국회사무처 2021a: 158) 다음과 같은 문제가 있다.

---

11) 2023년의 경우 2023년 국정감사기간은 10월 10일부터 10월 27일까지 이었고, 예산안 정부 시정연설은 10월 31일이었으며, 이에 따라 상임위 예비심사는 시정연설 이후인 11월에 시작되었다.

국회법 제45조는 국회의 재정권한을 강화하기 위해 상설 특별위원회인 예산결산특별위원회가 예산안 및 결산 등에 대한 전문성이 있는 실질적 심사 전담기구의 역할을 수행하도록 하고 있다(국회사무처 2021a: 201). 예산안등 본회의 자동 부의제도가 신설되기 이전에는 12월 말일까지 심사가 계속되더라도 예결위의 심사가 끝난 후 예산안을 본회의에 부의하여 처리해 왔다(국회법 제84조). 그런데 예산안등 본회의 자동 부의제도 시행 이후에는 앞에서 지적한 심사기간 부족 상황 속에서 예산안 증액 및 새 비목 설치에 정부의 동의가 필요함에 따라(헌법 제57조) 정부가 소극적으로 예결위 심사에 임하거나 여야 간 입장차가 큰 경우 등의 이유로 예결위의 증액심사가 개시되지 못하는 문제가 발생하고 있다. 이에 따라 국회가 본회의가 아니라 예결위라는 제도적 틀 아래에서 예산안을 심사할 수 있도록 제도 개선이 필요하다는 의견이 제시되고 있다.[12] 예산안이 본회의에 자동부의됨에 따라 심사 기간 부족 속에서 당 대 당 협상 차원에서 처리될 경우 예결위에서 논의되지 않은 증액 사업이 쪽지 예산('pork-barrel' projects)으로 끼어들거나, 예결위에서 심사하는 것에 비해 전문성이 있고 공개적이며 심도있는 심사가 어려워져 예산안 심사가 부실해질 수 있다는 우려가 있다(박기영 2014: 534).

4. 예산심의 지원을 위한 보좌조직의 미약

미국 의회예산법은 의회예산처(CBO)로 하여금 지출승인법안을 제외한 위원회로부터 보고되는 모든 공법안에 대하여 5년간의 비용추계를 하도록 하고 있다. 법안의 비용추계(scoring)는 직접지출, 수입 그리고 재량적 수권의 변동을 보여준다. 비용추계는 특히 자격지출의 예산상의 효과를 측정하는 데에 중요하다.[13]

---

12) 보다 자세한 설명은 2024년 3월 서삼석 예결위원장의 다음 신문 인터뷰 기사 참조: <https://biz.heraldcorp.com/view.php?ud=20231127000418, 접속: 2024. 3. 29.>

13) 우리의 경우 「국회법」 제79조의2의 규정과 국회규칙인 「의안의 비용추계 등에 관한 규칙」에 의해 법안에 예산정책처의 비용추계서 또는 예산정책처에 대한 추계요구서를 첨부하도록 하고 있으나, 의원발의 또는 위원회 제안 법안의 경우 발의 또는 제안자의 인식 부족 등의 이유로 잘 지켜지지 않고 있다. 의원입법의 경우 최소한 위원회에서 통과된 법률안의 심사보고서와 위원회대안 및 위원회안에는 법률안비용추계서를 반드시 첨부하도록 할 필요가 있다고 본다. 예산정책처의 법안비용추계 지원인력의 부족으로 모든 의원입법 법률안에 비용추계서를 첨부하는 것이 어렵다면 현실적인 대안으로 최소한

미국 의회예산처는 보통 매년 향후 10년(또는 그 미만)에 걸친 수입지출균형 규칙 하에서 의무지출 입법의 비용추계뿐만 아니라 예산결의안을 준비하거나 조정(reconciliation) 절차에 활용하기 위하여 필요한 '재정 기준선 전망(baseline projection)'[14]을 하고 있다 (Schick, 2007: 324). 또한 미국 의회예산법은 양원의 예산위원회로 하여금 입법의 재정영향점검(scorekeeping) 보고서를 내도록 규정하고 있고 이에 따라 예산위원회는 의회예산처의 보고서를 속기록에 첨부한다. 법안의 비용추계가 특정 법안과 관련되는 데 비해 의회예산처의 재정영향점검 보고서에는 심의중인 법안이 아닌 의회에서 통과된 입법의 예산상의 전체적인 영향에 관한 내용이 담긴다. 보고서에는 해당연도 또는 5년간의 의회 통과 입법에 의한 예산 수권, 지출, 수입, 흑자 또는 적자, 공공채무, 예산외의 사회보장제도(Social Security) 지출과 수입의 수준에 미치는 영향에 대한 점검이 제시된다. 이 보고서는 예산결의안 위반 등을 이유로 한 법안 심의 중의 의사진행상의 이의제기(point of order)에 활용된다 (Schick, 2000).

우리의 경우도 국회 예산정책처에서 재정영향점검 보고서를 통해 입법이 재정에 미치는 영향을 점검해 예결위에 보고함으로써 예결위가 상임위 및 본회의에 계류 중인 법안의 처리가 예산결의안의 한도를 위반하는 결과를 가져올 것으로 예상되는 경우 필요한 조치를 취할 수 있게 하는 방안을 검토할 필요가 있다.

그런데 법안 비용추계, 재정 기준선 전망, 재정영향점검이 원활하게 이루어지려면 국회 예산정책처의 보좌 인력의 보강이 필요함에도 불구하고 예산정책처는 현재 138명(2024년 기준)에 그치고 있는 실정이며, 미국 의회예산처(CBO)의 직원은 대략 270명(2024년 기준)에 이르고 있는 것과 비교된다.

미국 의회조사처는 입법현안에 대한 분석자료의 제공 및 위원회 및 의원들로부터의 각종 질의에 대한 답변제공 등의 업무를 수행한다. 재정지출 결정의 기본전제로서 현안에 대한 분석정보를 제공하는 의회조사처 보고서(CRS Report)는 의회의 정책결정에 영향을 미친다. 미국 의회조사처의 직원이 약

위원회에서 통과시키기로 한 법안만이라도 비용추계서를 첨부하는 방안을 검토할 필요가 있어 보인다. 이렇게 이루어진 법안 비용추계의 결과를 반영하여 위원회에서 의결한 후 비용추계서를 심사보고서, 위원회안 또는 위원회대안에 첨부하는 방안을 검토할 필요가 있어 보인다.

14) 재정 기준선 전망은 현재의 정책이 변화하지 않는다고 가정하면서 가정된 경제상황이나 참여율들 하에서 수입, 지출 등의 변화를 전망하는 것을 말한다 (Schick, 2007: 66–69).

600명(2022년 기준)인데 비해, 국회입법조사처의 경우 정원 126명(2024년 기준)에 그치고 있어 그 기능을 제대로 수행하기에는 인력이 부족한 실정이다.

또한 우리의 경우 감사원은 행정부에 소속되어 있고 감사평가처와 같은 독립감사기관이 국회에 없어 독립감사기관에 의한 국회 보고 원칙이 지켜지고 있지 않다. 따라서 헌법개정을 통해 감사원을 국회 소속으로 하거나(김건오 2021), 미국의 정부책임처(GAO)를 모델로 한 국회 소속 가칭 '감사평가처'를 신설하여 결산 심의 지원, 기관운영 감사, 사업평가 등을 수행하는 방안을 검토할 필요가 있다고 본다. 감사평가처가 신설되면 위원회는 감사평가처에 감사 및 사업평가(program evaluation)[15]를 요구하고 그 결과 보고서를 활용할 수 있다. 이렇게 하는 것은 의회민주주의 및 재정민주주의의 취지에 비추어 볼 때 이러한 기능을 헌법이 배타적으로 감사원에 전속시킨 것으로 볼 수 없으므로 위헌성 문제는 없다고 본다. 감사평가처의 신설에 따른 비용은 미국 정부책임처가 홈페이지에서 자신들의 활동으로부터 나오는 측정될 수 있는 금전적 가치가 2010년부터 2022년 3월까지의 기간 동안 5,520억 달러라고 밝히고 있는 데서 알 수 있듯이[16] 감사평가처의 신설에 따른 편익보다 적을 것으로 보인다.

이렇게 미국 의회의 예산과정에 있어 세 개의 입법보좌기구(의회예산처(CBO), 정부책임처(GAO) 그리고 의회조사처(CRS))가 행정부에 의존하지 않고 독자적인 재정정보에 입각한 의회의 예산심의가 가능하도록 보좌하고 있다(Schick, 2000: 32). 또한 미국 의회의 경우 이 세 입법보좌조직 외에도 상 · 하원에 각각 설치된 법제실(OLC)이 법제지원 업무를 담당하고, 위원회 및 소위원회 보좌진이 위원회 활동을 지원한다(Kim 2006: 41-43). 미국의 이 입법보좌기구들이 다소 중복되는 업무영역을 가진 것처럼 보이기도 하지만 각각 주요 관심 분야를 달리하면서 의회의 예산심의에 있어 없어서는 안 될 보좌조직으로 기능하듯이 우리도 예산정책처, 입법조사처, 국회 소속 감사원(개헌이 어려울 경우 감사평가처), 법제실 그리고 위원회 전문위원실을 보강 또는 신설함

---

15) 사업평가에 대한 보다 자세한 설명은 Oleszek(2004: 303) 참조.

16) GAO는 "2022 ANNUAL REPORT: Additional Opportunities to Reduce Fragmentation, Overlap, and Duplication and Achieve Billions of Dollars in Financial Benefits"에서 위와 같이 밝혔다. 보다 자세한 내용은 다음 참고. <https://files.gao.gov/reports/GAO-22-105301/index.html, 접속 2024. 3. 26.>

으로써 더 이상 행정부의 경제전망이나 사업평가에 의존하지 않는 예산심의가 가능해지도록 하고, 자체의 경제전망, 사업 분석 및 지출의 우선순위 등에 입각한 예산안을 가질 수 있도록 할 필요가 있다고 본다(김건오 2008: 64).

또한 미국 의회는 앞에서 지적한 입법보좌기구와 별도로 1968년 우드로 윌슨 센터(WWICS, Woodrow Wilson International Center for Scholars)를 씽크탱크로 설립하여 재정지원을 통해 냉전사, 안보, 환경변화 등을 연구하게 하고 있다. 또한 미국 의회는 미국의 당면 현안인 국제분쟁의 해결 등에 관한 의회 차원의 중장기적 연구와 교육을 위해 1984년 미국평화연구원(USIP, United States Institute of Peace)을 설립하여 재정지원을 하고 있으며, 미국평화연구원은 300명 이상의 직원을 가지고 있다.[17] 한편 우리 국회는 미국의 우드로 윌슨 센터와 평화연구원을 롤 모델로 하여 국회미래연구원을 2018년 설립하여 미래 환경의 변화를 예측·분석하고 국가 중장기 발전전략을 도출함으로써 국회의 정책역량을 강화하고자 노력하고 있다(국회미래연구원법 제1조). 그러나 국회미래연구원의 직원은 23명, 예산은 42억 6,600만원(2024년 기준)에 그치고 있어 인력과 예산의 보강이 필요하다고 본다(김건오 2008: 64).

---

17) 미국평화연구원에 대한 보다 자세한 내용은 다음 참고. <https://www.usip.org/about, 접속 2024. 3. 26.>

제 3 장 결산 심의와 국정감사 및 조사과정의 이해

요 약

이 장에서는 국회의 광의의 감사권에 포함되는 결산 심의권과 국정감사권 및 조사권을 설명한다.

국회의 결산 심의 과정은 국회법 제84조에 따라 상임위원회 예비심사, 예산결산특별위원회의 종합심사(결산심사소위원회 심사 포함), 국회법 제128조의2에 따라 정기국회 개회 전까지 결산의 심의기한을 갖는 본회의 심의 · 의결 절차로 이루어진다. 국회의 결산 시정요구 제도의 실효성을 제고하기 위해서는 정부가 제출한 조치결과에 대한 국회의 심사를 강화할 필요가 있다.

국정감사의 일반적 진행절차는 위원장 또는 반장의 국정감사의 선언, 위원장 또는 반장의 인사, 증인 선서, 피감사기관장의 인사 및 간부 소개, 보고 청취, 질의 또는 답변(또는 신문 또는 증언), 위원장 또는 반장의 국정감사 결과 강평, 위원장 또는 반장의 국정감사 종료 선언의 순으로 진행된다. 국정감사의 실효성을 확보하기 위해서는 불출석 등의 죄 · 국회모욕의 죄 · 위증 등의 죄에 대한 고발 규정을 적극적으로 활용할 필요가 있다고 본다.

아울러 미국 의회의 주요 행정부 감독 수단으로 조사청문회와 상원의 고위공직자 인준 제도를 들 수 있으며, 이러한 견해를 바탕으로 우리나라 국회의 행정부 감독 수단인 인사청문회와 조사청문회 제도를 설명한다.

우리나라 인사청문회 제도의 개선방안으로 헌법 개정을 통한 국회 동의를 요하는 인사청문 대상 확대, 법률 개정을 통한 인사청문 대상 직위의 확대, 공직후보자를 국회증언감정법 상 증인으로 법제화하는 것 등이 있다. 또한 우리나라도 미국 의회를 모델로 하여 위원회가 보다 적극적으로 조사청문회를 개최함으로써 조사청문회가 대표적인 행정부 감독 수단이 되게 할 필요가 있다.

제1절 결산 심의와 국정감사 및 조사과정의 의의

Oleszeck et al.(2016)은 미국 의회의 3대 기능을 설명하면서 대표(Representation), 입법(Lawmaking), 감사(Oversight)를 들 정도로 감사 기능을 중시하고 있는데(p. 383), 우리나라에서는 국회의 3대 권한으로 일컬어지는 입법권, 예산심의권 및 감사권 중 앞의 두 권한에 비해 결산심의권을 포함하는 감사권은 국회의 권한으로서 상대적으로 관심을 덜 받는 측면이 있다(김건오 2021: 2). 미국 학자들은 의회의 감사권을 의회의 근본적인 권한으로 보면서 의회의 광의의 감사권 속에 의회의 입법권, 재정권 및 조사권 등이 포함된다고 본다(김건오 2021: 16−7). 이 같은 견해에 따라 이 절에서는 국회의 광의의 감사권에 포함되는 결산 심의권과 국정감사권 및 조사권을 설명하고자 한다.

1. 결산 심의과정의 의의

가. 결산 및 결산 심의과정의 개념

결산은 한 회계연도의 기금을 포함한 국가의 세입 및 세출예산의 집행실적을 검토하여 확정적 계수로 표시하는 행위를 말한다. 결산의 특징으로 정치성을 들 수 있으며, 위법 · 부당한 지출을 취소하거나 무효로 할 수는 없으나 정치적 책임을 물을 수 있다. 이에 따라 국회는 정부의 결산이 위법하거나 부당하다고 인정할 경우 탄핵소추, 국무총리나 국무위원에 대한 해임건의 등을 할 수 있다. 결산의 또 다른 특징으로 책임 해제를 들 수 있으며, 결산은 공식적으로 집행의 책임을 확인하고 해제하는 과정이나, 관계 공무원의 위법행위에 따른 변상책임, 형사책임, 징계책임까지 해제하는 것이 아니다(박기영 2014: 637−8; 성낙인 2020: 503). 결산과정은 제2장 재정과정에서 설명한 바와 같이 정부의 결산보고서 작성, 감사원 결산 검사, 국회의 결산 심의 · 의결, 결산 심의 결과의 후속조치 과정으로 이루어진다. 국회의 결산 심의는 국회가 의도한 대로 정부가 예산을 집행했는 지를 규명하고, 결산상의 흑자 · 적자 여부를 확인하며, 결산의 결과를 차기 예산에 반영하는 데 의의가 있다(배득종 · 유승원

2014: 299).

나. 결산 심의의 기능

결산 심의는 예산 집행에 대하여 사후적 심의를 통해 적법성 또는 타당성을 확인하여 위법하거나 부당한 사항이 있는 경우 정부 또는 해당 기관에 시정을 요구하는 재정통제기능을 수행한다. 또한 재정운용 분석 결과를 다음 연도 예산안 편성에 반영하는 환류 기능을 수행한다(국회예산정책처 2023a: 285-6). 미국 의회의 정부책임처(GAO)의 감사의 중점이 1920년대 이후 준법감사 및 재무감사에서 성과감사로 이동하였듯이(김건오 2021: 16), 우리 국회의 결산 심의의 중점도 종전의 집행실적 점검 위주에서 성과보고서와 발생주의 · 복식부기 회계제도에 따른 재무재표를 바탕으로 한 성과 중심 심의로 전환되고 있다(국회예산정책처 2023a: 286).

다. 결산의 법적 근거

정부의 결산과정은 국가재정법, 국가회계법, 국고금관리법 등에서 규정하고 있다. 헌법 제99조는 감사원이 세입 · 세출의 결산을 매년 검사하여 대통령과 차년도국회에 그 결과를 보고하여야 한다고만 규정하고 있을 뿐 정부가 결산을 국회에 제출할 의무나 결산이 국회의 심의 대상이 된다는 규정은 두고 있지 않으나, 국가재정법은 정부의 결산 제출 의무 규정을 두고 있고(제61조), 국회법 제84조는 결산을 국회의 심의 대상으로 하면서 그 절차를 규정하고 있다(김건오 2021: 32; 국회예산정책처 2023a: 277-86).

2. 국정감사 및 조사과정의 의의

가. 국정감사 및 국정조사의 개념 및 차이점

국정감사권 또는 국정조사권이란 국회가 입법권, 재정권, 국정통제권 등을 유효적절하게 행사하기 위하여 국정전반에 대하여 감사 또는 국정의 특정 사안에 관한 조사를 할 수 있는 권한을 말한다(국회사무처 2021a: 701).

국정감사 및 조사에 관한 법률(이하 "국감국조법" 이라 한다)에 따라 국정감사는 국정전반에 대하여 정기적으로 실시하는 데 비해(국감국조법 제2조제1항), 국정조사는 특정한 국정사안에 대하여 부정기적으로 실시한다. 국정감사는 매년 정기회 집회일 이전에 감사시작일로부터 30일 이내의 기간을 정하여 감사를 실시하되, 본회의 의결로 정기회 기간 중에 실시할 수 있으며, 국정감사는 상임위원장이 국회운영위원회와 협의하여 작성한 국정감사계획서에 따라 한다(국감국조법 제2조). 반면, 국정조사는 재적의원 4분의 1 이상 요구가 있을 때에 국정조사계획서를 본회의에서 승인함으써 실시한다(국감국조법 제3조). 실시 주체는 국정감사가 상임위원회인데 비해(국감국조법 제2조제1항) 국정조사는 특별위원회 또는 상임위원회이라는 점에서(국감국조법 제3조제1항) 차이점이 있다(국회사무처 2021a: 701－3).

나. 국정감사 · 조사제도의 연혁

국정감사제도는 1948년 제헌헌법에서 도입되었고, 국정조사제도는 헌법에 명문규정은 없었지만 같은 해 국회법이 조사라는 용어를 사용함으로써 국정조사를 규정함에 따라 국정감사와 국정조사는 명확한 구별 없이 국회의 결의에 의해 비정기적으로 실시되었으며, 1953년 국정감사법이 제정되었다(국회사무처 2021c: 5). 이러한 국정감사 · 조사제도는 1972년 제7차 개정헌법에 의해 폐지되었으며, 1975년 국회법에서 국정조사제도를 다시 규정하였고, 1980년 제8차 개정헌법에서 국정조사제도만을 부활시켰다. 1987년 제9차 개정헌법에서 국정감사 · 조사제도를 둘 다 명문화하였고, 1988년 국회법 및 「국정감사 및 조사에 관한 법률」에서 국정감사 · 조사제도를 규정하였으며, 현재까지 법률 개정을 통해 양 제도를 보완해 오고 있다(국회사무처 2021a: 703－4).

다. 국정감사 · 조사의 법적 근거

국정감사 · 조사의 법률적 체계를 살펴보면, 최상위의 헌법 제61조제1항은 "국회는 국정을 감사하거나 특정한 국정사안에 대하여 조사할 수 있으며" 라고 하여 국정감사 · 조사를 헌법에 명문화하고 있고, 제2항에서 "국정감사 및 조사에 관한 절차 기타 필요한 사항을 법률로 정한다"고 규정하고 있다. 이 법률로의 위임에 따라 국회법 제127조는 국정감사와 국정조사에 관하여 이 법에서 정한 것을 제외하고는 국감국조법에서 정하는 바에 따르도록 하고 있고, 제128조 및 제129조는 각각 보고 · 서류 등의 제출 및 증인 · 감정인 또는 참고인의 출석 요구에 관한 기본적인 사항을 규정하고 있다. 국정감사 · 조사에 관한 일반법이라 할 수 있는 국감국조법은 국정감사 및 조사의 절차 그 밖의 필요한 사항을 규정하고 있다.

또한 국회법 제129조는 본회의나 위원회는 그 의결로 국정감사나 국정조사를 위하여 증인, 감정인 또는 참고인의 출석을 요구할 수 있다고 규정하면서 증언, 감정 등에 관한 절차는 다른 법률에서 정하는 바에 따른다고 규정함으로써 국회에서의 증언 · 감정 등에 관한 법률(이하 "국회증언감정법"이라 한다)의 입법근거를 제시하고 있다. 이에 따라 국회증언감정법은 국정감사나 국정조사와 관련하여 하는 보고와 서류제출의 요구, 증언 · 감정 등에 관한 절차와 의무이행확보수단 등을 규정하고 있다. 이 밖에 국회법 제169조, 국감국조법 제18조, 국회증언감정법 제17조에서는 각각 그 시행에 필요한 사항 등을 국회규칙으로 정할 수 있도록 규정하고 있으며, 현재 국정감사 · 조사와 관련된 규칙으로 국회에서의 증인등 비용지급에 관한 규칙이 있다(국회사무처 2021a: 710).

제2절 결산과 국정감사 및 조사과정의 절차

1. 결산 과정의 절차

가. 정부의 결산 과정

정부의 결산과정은 출납사무의 완결, 각 중앙관서의 결산보고서 등의 작성 및 제출, 기획재정부의 국가결산보고서 작성 및 국무회의 심의, 감사원의 결산 검사, 국가결산보고서의 국회 제출 등으로 이루어진다.

출납사무의 완결은 국고금관리법 제4조의2에 따라 한 회계연도에 속하는 세입세출의 출납에 관한 사무를 다음 연도 2월 10일까지 완결하여야 하는 것을 말한다. 각 중앙관서의 장은 국가재정법 제58조에 따라 중앙관서결산보고서를 2월 말까지 기재부장관에게 제출하여야 한다. 기재부는 국가재정법 제59조에 따라 각 중앙관서결산보고서를 통합하여 국가결산보고서를 작성한 후 국무회의 심의를 거쳐 대통령의 승인을 받아 4월 10일까지 감사원에 제출하여야 한다. 감사원은 국가재정법 제60조에 따라 국가결산보고서를 검사하고 그 보고서를 5월 20일까지 기재부장관에게 송부하여야 한다. 끝으로 정부는 국가재정법 제61조에 따라 감사원의 검사를 거친 국가결산보고서를 5월 31일까지 국회에 제출하여야 한다.

나. 국회의 결산 심의 과정

앞장에서 설명했듯이 국회법은 정기회 기간 중 예산안과 법률안의 충실한 심의가 이루어질 수 있도록 조기 결산제도 도입을 통해 정부로 하여금 국가결산보고서를 매년 5월 31일까지 국회에 제출하도록 하고, 국회는 결산에 대한 심의 · 의결을 정기회 개회(매년 9월 1일) 전까지 완료하도록 하였으나(제128조의2), 실제 국회의 결산 심의는 9월 이후까지 이어지는 경우가 많았다.

국회의 결산 심의 절차는 국회법에 규정되어 있으며 전반적인 절차는 제2장에서 설명한 예산안 심의절차와 유사하므로 여기에서는 예산안 심의절차와의 차이점을 중심으로 살펴본다. 국회의 결산 심의 과정은 국회법 제84조에 따라 상임위원회 예비심사, 예산결산특별위원회의 종합심사(결산심사소위원회 심사 포함), 국회법 제128조의2에 따라 정기국회 개회 전까지 결산의 심의기한을 갖는 본회의 심의 · 의결 절차로 이루어진다. 예산안 심의 절차와 비교해 보면, 예산안이 제출되면 정부의 시정연설 절차가 있는 반면 결산에 대해서는 시정연설 절차가 없으며, 예산안의 예결위 소위심사는 예산안등조정소위원회의 소관인데 비해, 결산의 예결위 소위심사는 결산심사소위원회 소관이라는 점에서 예산안 심의과정과 차이가 있다.

다. 결산 심의 결과의 후속조치

국회법은 결산의 심사 결과 위법하거나 부당한 사항이 있는 경우에 국회가 본회의 의결 후 정부 또는 해당 기관에 변상 및 징계조치 등 그 시정을 요구하고, 정부 또는 해당 기관은 시정 요구를 받은 사항을 지체 없이 처리하여 그 결과를 국회에 보고하여 한다고 규정한다(제84조제2항 후단). 이 규정은 결산 심사권의 실효성을 확보하기 위하여 2003년 국회법 개정을 통해 결산 심사 결과에 따른 시정요구권을 신설한 것이다. 여기서 위법이란 예산집행에 있어 관련 법규를 위반한 것을 의미하고, 부당한 사항이란 부적절한 예산집행, 회계처리의 오류 및 집행부진 등을 의미한다(국회사무처 2021a: 400－1). 국회는 실제 시정요구를 변상 · 징계 · 시정 · 주의 · 제도개선의 5가지 유형으로 구분하여 운영하고 있다. 아울러 국회는 결산 의결 시 시정 요구 외에 부대의견을 별도로 채택하고 있다(국회예산정책처 2023a:286－8).

국회는 결산 심사 결과 감사원에 대한 감사 요구제도가 필요할 경우 국회법 제127조의2에 따라 의결로 감사원에 대하여 감사원법에 따른 감사원의 직무 범위에 속하는 사항 중 사안을 특정하여 감사를 요구할 수 있다. 이 경우 감사원은 감사 요구를 받은 날부터 3개월 이내에 감사 결과를 국회에 보고하여야 한다.

한편 국회의 결산 시정요구 제도의 실효성을 제고하기 위해서는 정부가 제출한 조치결과에 대한 국회의 심사를 강화할 필요가 있다. 국회의 결산 심사 결과에 따른 거듭된 시정요구에도 불구하고 정부가 조치결과 보고서를 제출한 후에도 조치가 완료되지 않거나 미흡한 사항에 대해 심사하여 추가 조치

사항을 지속적으로 보고하도록 할 필요가 있다(국회예산정책처 2023a:289－90).

2. 국정감사 및 조사과정의 절차

가. 국정감사과정의 절차

1) 국정감사 준비단계에서의 절차

가) 국정감사 시기 결정

국정감사 시기의 결정은 국감국조법 제2조1항에 따라 매년 정기회 집회일 이전에 국감 시작일로부터 30일 이내의 기간을 정하여 감사를 실시하여야 하나, 본회의 의결로 정기회 기간 중에 감사를 실시할 수 있다. 실제는 정기회 중 결산 심의 종료 후 국감을 실시하는 것이 관례화되어 있고, 정기회 기간 중 국감 실시를 위하여 본회의에서 '정기회 기간 중 국정감사 실시의 건'을 의결하고 있다.

나) 국정감사계획서 작성

위와 같이 정기회 기간 중 국감 실시가 결정되면, 국정감사는 상임위원장이 국회운영위원회와 협의하여 작성한 감사계획서에 따라 한다(국감국조법 제2조제2항). 구체적으로 살펴보면, 정기회 중 국정감사 일정에 관한 교섭단체 간 협의가 이루어지고 난 후 상임위원회별로 국정감사계획서안을 작성한다(국회사무처 2021c: 44). 상임위원장이 감사목적, 감사대상기관, 감사반의 편성, 감사 일정 및 장소, 감사 요령 등 국정감사에 필요한 사항을 기재한 국정감사계획서안 초안을 작성하여 상임위원회 간사와 협의하여 국정감사계획서안을 마련하면 국회운영위원회에 계획서 작성을 위한 협의를 요청한다. 국회운영위원회는 상임위원회 간에 감사대상기관이나 감사일정의 중복 등 특별한 사정이 있는 때에는 이를 조정할 수 있다(국감국조법 제2조제2항). 국회운영위원회는 복수의 상임위 간 감사대상기관의 중복이 있는 경우 소관 상임위에 우선권을 주어 조정하며, 이 협의 · 조정 결과에 이의가 있는 경우 재협의하고 재협의 결과에도 이의가 있는 경우 각 교섭단체 대표의원이 해당 상임위원장과 협의하여 결정한다(국회사무처 2021a: 717). 국회운영위원회와의 협의 · 조정 후 상임위원회가 이를 반영하면 국정감사계획서는 확정된다.

다) 본회의 의결을 요하는 국정감사대상기관의 본회의 승인

감사대상기관 중 본회의 의결을 요구하는 기관이 있는 경우에는 본회의의 승인으로 국정감사계획서가 확정된다(국감국조법 제7조제4호). 국감국조법 제7조는 국정감사의 대상기관을 제1호부터 제3호까지 규정하고 있으며, 제1호로 정부조직법 그 밖의 법률에 따라 설치된 국가기관, 제2호로 자치단체 중 특별시 · 광역시 · 도로 하되 그 감사범위는 국가위임사무와 국가가 보조금 등 예산을 지원하는 사업, 제3호로 공공기관의 운영에 관한 법률 제4조에 따른 공공기관을 들고 있다. 국감국조법 제1호부터 제3호까지 외의 지방행정기관, 지방자치단체, 감사원법에 따른 감사원의 감사대상기관이 본회의 승인 대상기관이며 각 상임위원회는 "본회의 의결을 요하는 국정감사대상기관 승인의 건"을 의결하여 의장에게 제출하고, 본회의에서 이를 의결한다.

라) 국정감사계획서의 통지

국정감사계획서가 확정되면 상임위원회는 감사대상기관에 이를 통지하여야 한다(국감국조법 제2조제4항). 상임위원회는 감사계획서의 감사대상기관이나 감사일정 등을 변경하는 경우에는 그 내용을 감사실시일 7일 전까지 감사대상기관에 통지하여야 한다(국감국조법 제2조제5항).

마) 보고 · 서류등의 제출 · 증인 등의 출석 요구

위원회(소위원회 또는 반을 포함한다)는 국정감사 또는 조사를 위하여 그 의결로 보고 · 서류등의 제출 · 증인 등의 출석을 요구할 수 있다. 다만, 위원회가 감사 또는 조사와 관련된 서류등의 제출 요구를 하는 경우에는 재적위원 3분의 1 이상의 요구로 할 수 있다(국감국조법 제10조제1항). 이 요구서에는 보고할 사항이나 제출할 서류등 또는 증인 등의 출석할 일시 및 장소와 요구에 따르지 아니하는 경우의 법률상 제재에 관한 사항을 기재하고, 증인과 참고인의 경우에는 신문할 요지를 첨부하여야 한다(국회증언감정법 제5조제4항). 요구서는 늦어도 보고 또는 서류등의 제출요구일이나 증인 등의 출석요구일 7일 전에 송달되어야 한다(국회증언감정법 제5조제5항).

2) 국정감사 실시단계에서의 절차

가) 회의형식에 의한 국정감사의 진행 방법

국정감사는 회의진행 형식으로 이루어지나 일반적인 위원회 회의로 보지 않으며 회의차수에 포함되지 아니한다. 따라서 상임위원회는 국감 중에 미처 요구하지 못한 보고사항, 서류, 증인 등이 발견되어 추가로 위원회의 의결이 필요할 경우 국정감사를 중지한 후 위원회를 별도로 개회하여 의결할 수 있다(국회사무처 2021a: 744－5).

나) 국정감사의 진행절차

국정감사의 일반적 진행절차는 위원장 또는 반장의 국정감사의 선언, 위원장 또는 반장의 인사, 증인 선서, 피감사기관장의 인사 및 간부 소개, 보고 청취, 질의 또는 답변(또는 신문 또는 증언), 위원장 또는 반장의 국정감사 결과 강평, 위원장 또는 반장의 국정감사 종료 선언의 순으로 진행된다.

다) 국정감사의 한계

국정감사는 개인의 사생활을 침해하거나 계속 중인 재판 또는 수사 중인 사건의 소추에 관여할 목적으로 행사되어서는 아니된다(국감국조법 제8조).

라) 보고 · 서류등 제출 · 증언 등의 의무

위원회 또는 반이 국정감사를 위하여 그 의결로 보고나 서류등의 제출을 요구하거나, 증인 · 감정인 · 참고인으로서 출석이나 감정의 요구를 받은 때에는 국회증언감정법에 특별한 규정이 있는 경우를 제외하고는 다른 법률의 규정에도 불구하고 누구든지 이에 따라야 한다(국감국조법 제10조제4항 · 국회증언감정법 제2조).

마) 증인에 대한 동행명령

국정감사나 국정조사를 위한 위원회는 증인이 정당한 이유 없이 출석하지 아니하는 때에는 그 의결로 해당 증인에 대하여 지정한 장소까지 동행할 것을 명령할 수 있다(국회증언감정법 제6조). 동행명령의 거부 시에는 국회모욕죄에 해당되어 고발의 대상이 된다(국회증언감정법 제13조제2항). 국정감사나 국정조사를 위한 위원회만 증인에 대한 동행명령 제도를 활용할 수 있으며, 국회에서의 안건심의를 위한 조사청문회, 입법청문회, 현안질의 등에서 국회증언감정법에 따라 출석요구를 받은 증인이 정당한 이유 없이 출석하지 아니한 때에는 동행명령제도를 활용할 수 없다는 점을 유의하여야 한다.

바) 검증의 실시

위원회는 국정감사를 위하여 필요한 경우 그 의결로 검증을 할 수 있다. 검증이란 국정감사와 관련된 문서나 서류 등에 대한 조사, 현장조사, 관계인 면담 등을 통하여 사실 확인과 증거 수집을 하는 것이다(국회사무처 2021a: 795). 검증 의결이 있는 경우 위원장은 해당 기관의 장에게 검증실시통보고서를 발부하되, 그 통보서는 늦어도 검증실시일 3일 전에 송달되어야 한다(국회증언감정법 제10조).

사) 국정감사를 위한 청문회의 개최

위원회(소위원회 또는 반을 포함)는 국정감사를 위하여 청문회를 열 수 있으며, 출석요구한 증인 · 감정인 · 참고인의 증언 · 진술의 청취와 증거의 조사 · 채택을 할 수 있다(국회법 제65조제1항 · 국감국조법 제10조3항 · 국회증언감정법 제15조). 청문회는 위원회 회의와 같아 의사정족수가 필요하고 위원회(소위원회 또는 반을 포함)의 의결을 거쳐 개회하고 개회 5일 전에 안건 · 일시 · 장소 · 증인 등 필요한 사항을 공고하여야 한다(국회법 제65조제3항). 청문회가 일반 회의와 다른 점은 신문이나 조사가 청문회의 목적 안에서만 가능하다는 것이다(국회사무처 2021a: 743-4).

아) 불출석 등 · 국회모욕 · 위증 등의 죄에 대한 고발

국정감사의 실효성을 확보하기 위해서는 불출석 등 · 국회모욕 · 위증 등의 죄에 대한 고발 규정을 적극적으로 활용할 필요가 있다고 본다(김건오 2021: 33). 국회증언감정법 제12조는 불출석 등의 죄로 정당한 이유 없이 출석하지 아니한 증인, 고의로 출석요구서의 수령을 회피한 증인, 보고 또는 서류 제출 요구를 거절한 자, 선서 또는 증언이나 감정을 거부한 증인이나 감정인, 정당한 이유 없이 증인 · 감정인 · 참고인의 출석을 방해하거나 검증을 방해한 자는 3년 이하의 징역 또는 1천만원 이상 3천만 이하의 벌금에 처한다. 또한 동법 제13조는 국회모욕의 죄로 증인이 위원회에 출석하여 증언함에 있어 폭행 · 협박, 그 밖의 모욕적인 언행으로 국회의 권위를 훼손한 때에는 5년 이하의 징역 또는 1천만원 이상 5천만원 이하의 벌금에 처하며, 증인이 동행명령을 거부하거나 고의로 동행명령장의 수령을 회피한 때, 제3자로 하여금 동행명령장의 집행을 방해하도록 한 때에는 5년 이하의 징역에 처한다. 그리고 동법 제14조는 위증 등의 죄로 선서한 증인 또는 감정인이 허위의 진술(서면답변을 포함한다)이나 감정시 1년 이상 10년 이하의 징역에 처하되, 범죄가 발각되기 전에 자백하였을 때에는 그 형을 감경 또는 면제할 수 있는데, 자백은 국감 종료 전에 하여야 한다. 위원회는 이상의 죄를 범하였다고 인정한 때에는 위원장의 명의로 고발하여야 한다(국회증언감정법 제15조).

3) 국정감사 결과 처리단계에서의 절차

가) 국정감사결과보고서의 작성 · 제출

감사를 마쳤을 때에는 위원회는 지체 없이 그 감사보고서를 작성하여 의장에게 제출하여야 한다. 이 보고서에는 증인 채택 현황 및 증인신문 결과를 포함한 감사 경과와 결과 및 처리의견을 기재하고 그 중요근거서류를 첨부하여야 한다(국감국조법 제15조). 상임위원회는 국정감사결과보고서의 처리의견에 중점을 두어 보고서를 작성하게 된다. 처리의견은 시정요구사항과 처리요구사항으로 나뉜다. 시정요구사항은 국회가 감사 결과 위법하거나 부당한 사항이 있는 때에는 그 정도에 따라 정부 또는 해당 기관에 변상, 징계조치, 제도개선, 예산조정 등 시정을 요구하는 사항을 말하며, 처리요구사항은 정부 또는 해당 기관에서 처리함이 타당하다고 인정되는 사항으로 정부 또는 해당 기관에 이송하는 사항을 말한다(국감국조법 제16조제2항).

나) 국정감사결과보고서의 본회의 의결 및 이송

결과보고서가 제출되면 의장은 지체 없이 본회의에 보고하고 본회의에 상정하여 의결한다. 국회가 본회의 의결로 감사결과를 처리하는 경우에는 감사 종료 후 90일 이내에 의결하여야 한다. 본회의 의결은 결과보고서의 채택 여부를 결정하는 것으로 이를 수정하여 의결하는 것은 불가능하다. 국회는 국정감사결과보고서에 포함된 시정요구사항과 처리요구사항을 정부 또는 해당 기관에 이송한다(국감국조법 제16조제1항 · 제2항).

다) 정부 등의 국정감사 처리결과보고

정부 또는 해당 기관은 시정요구를 받거나 이송받은 사항을 지체 없이 처리하고 그 결과를 국회에 보고하여야 한다. 국회는 이 처리결과보고에 대하여 적절한 조치를 취할 수 있다(국감국조법 제16조제3항 · 제4항).

그림 4 **국정감사 절차도**

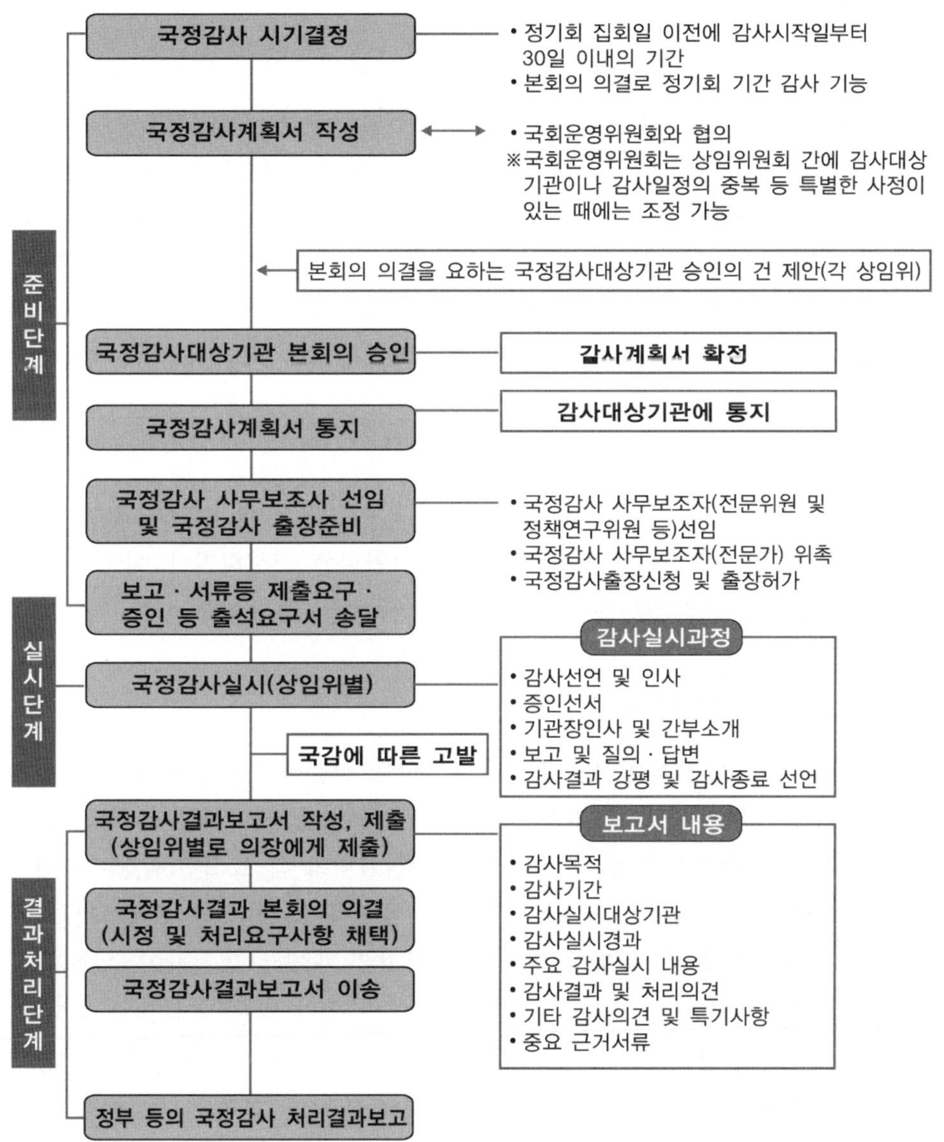

* 자료: 국회사무처(2021)의 27쪽 그림을 토대로 재구성.

나. 국정조사과정의 절차

1) 국정조사 요구와 집회 공고 또는 본회의 재개

국정조사의 실시를 위하여는 재적의원 4분의 1 이상의 요구가 있어야 한다. 이 조사 요구는 조사의 목적, 조사할 사안의 범위와 조사를 할 위원회 등을 기재하여 요구의원이 연서한 서면으로 하여야 한다(국감국조법 제3조제1항 · 제2항). 국회가 폐회 또는 휴회 중일 때에는 국정조사 요구서에 따라 국회의 집회 또는 재개의 요구가 있는 것으로 본다. 이에 따라 의장은 폐회 중에 있으면 임시회의 집회공고를 하여야 하고, 휴회 중에 있으면 국회는 회의를 재개한다(동법 제3조제3항 · 국회법 제8조제2항).

2) 본회의 보고 및 국정조사위원회 확정

의장은 조사요구서가 제출되면 지체 없이 본회의에 보고하고 각 교섭단체 대표의원과 협의하여 조사를 할 특별위원회를 구성하거나 해당 상임위원회에 회부하여 조사위원회를 확정한다(국감국조법 제3조제3항).

3) 조사위원회의 구성

상임위가 아닌 특별위원회가 국정조사를 실시하는 경우 특위는 교섭단체 의석 수의 비율에 따라 구성하여야 하나, 조사에 참여하기를 거부하는 교섭단체의 의원은 제외할 수 있다. 특위에 위원장 1명과 각 교섭단체별로 간사 1명을 호선하며, 조사위의 위원장이 사고가 있거나 그 직무를 수행하기를 거부 또는 기피하여 조사위원회가 활동하기 어려운 때에는 위원장이 소속되지 아니하는 교섭단체 소속 간사 중에서 소속 의원 수가 많은 교섭단체 소속인 간사 순으로 위원장의 직무를 대행한다(국감국조법 제4조). 관련하여 국정감사의 경우 국감국조법 제4조제3항에서 국정조사위원회의 경우는 직무대행에 대해 규정하고 있은데 비해 감사위원회에 관해서는 이 같은 규정이 없으나, 국정감사에도 국회법 제50조의 규정을 준용하여 위원장이 사고가 있거나 그 직무를 수행하기를 거부 또는 기피하여 감사위원회가 활동하기 어려운 때에는 위원장이 소속하지 아니하는 교섭단체 소속의 간사 중에서 소속 의원 수가 많은 교섭단체 소속인 간사 순으로 위원장의 직무를 대행한다고 보고 있으며, 이에 따른 선례들이 존재한다(국회사무처 2021b: 765-6).

4) 국정조사계획서 작성 · 제출 및 본회의 승인

조사위원회는 조사의 목적, 조사할 사안의 범위와 조사방법, 조사에 필요한 기간 및 소요경비 등을 기재한 조사계획서를 본회의에 제출하여 승인을 받아 조사를 한다. 본회의는 이 조사계획서를 검토한 다음 의결로써 이를 승인하거나 반려하며, 조사위원회는 조사계획서가 반려된 경우에는 이를 그대로 본회의에 다시 제출할 수 없다(국감국조법 제3조제4항 내지 제6항).

5) 관계 행정기관에 대한 지원요청

국정조사 기간 및 자료의 부족 등으로 인하여 조사가 추가로 필요하다고 인정되는 경우나 사전조사가 필요한 경우에는 본회의 또는 위원회 의결로 감사원 등 관계 행정기관의 장에게 인력, 시설, 장비 등의 지원을 요청할 수 있으며, 이 경우 관계 행정기관의 장은 특별한 사유가 없으면 이에 따라야 한다(국감국조법 제15조의2).

6) 국정조사의 실시 및 국정조사결과 처리

국정조사는 관계기관의 보고, 증인신문, 검증 등으로 이루어진다. 국정조사의 실시 및 국정조사결과 처리의 일반적인 절차는 국정감사에 준하며, 증거의 채택 또는 증거의 조사를 위하여 주로 청문회가 개최된다(국회사무처 2021c: 28-31).

제3절 그 밖의 감독 수단의 이해

Oleszek et al.(2016)은 미국 의회의 주요한 행정부에 대한 감독 수단으로 청문회, 행정입법 검토제도, 상원의 고위 공직자 인준 제도 등을 설명하고 있다(384–402). 이 감독 수단 중 행정입법 검토제도는 앞장에서 설명하였으므로 생략하고, 이 절에서는 정부 감독 수단으로서의 인사청문회와 조사청문회 제도에 대해 설명한다.

1. 인사청문회

가. 미국 상원의 고위 공직자 인준 제도와 평가

1) 미국 상원의 고위 공직자 인준 제도의 의의

미국 헌법 제2조제2항은 대통령이 상원의 권고와 동의(Advice and Consent)를 얻어 고위 공직자를 임명하도록 규정하고 있다.[18] 상원은 매년 몇 백명(a few hundred)의 고위직 지명자에 대해 조사(investigations)와 청문회(public hearings)를 실시한다.[19] 상원은 이 중 대부분을 인준하지만 작은 수의 지명자에 대해서는 인준 여부를 다툰다. 대법관은 종신직이기에 보통 더 엄격

18) 대통령은 대사, 그 밖의 공사 및 영사, 연방대법원 법관 그리고 그 임명에 관하여 이 헌법에 특별한 규정이 없으나 이후에 법률로 정하는 그 밖의 모든 합중국 공무원을 지명하고 상원의 권고와 동의를 얻어 임명한다. 다만, 연방의회는 적당하다고 인정되는 하급 공무원 임명권을 법률에 의하여 대통령에게 단독으로 또는 법원에 또는 각 부처 장관에게 부여할수 있다(헌법재판연구원 2018: 31).

19) 상원의 인준을 요구하는 대통령 지명 직위와 소관 상원 상임위 명단에 관한 자세한 목록 자료는 David and Greene(2021) 참고. 이 자료에 따르더라도 정확한 인준을 요하는 직위의 수는 파악하기 어려운데, 특정된 직위 수가 대략 2,000개가 넘고, 이 외에도 수가 특정되지 않고 복수로만 표시된 직위들이 있기 때문이다. 이 자료에서 부처 기준 인준 대상 직급은 장관(Secretary), 부장관(Deputy Secretary), 차관(Under Secretary) 및 차관보(Assistant Secretary)이다. Rybicki(2023)는 상원의 인준 대상 공직자 수와 관련하여 상원은 2년의 의회 임기 동안 약 65,000명의 군 관련 인준과 약 2,000명의 민간인 지명자에 대한 인준을 하지만 이들에 대한 인준은 통상적인 절차에 따라 인준이 이루어지고, 앞에서 설명한 몇 백명의 고위공직자에 대해서만 세밀한 심사가 이루어진다고 설명한다(1–2). 전자의 통상적인 절차로 일상적인 서류심사가 이루어지는 데 비해, 후자의 세밀한 심사로 조사와 청문회가 실시된다.

한 심사가 이루어지며, 행정부 직위 중 정책결정 직위 지명자들도 더 자세한 심사를 받게 된다.

2) 상원의 고위 공직자 인준안 심의 절차

상원의 고위 공직자 인준에 있어서 미국 의회가 입법과정 등에서 위원회 중심주의에 따르듯이 위원회가 조사와 청문회에 있어 중심적인 역할을 한다. 상원 의사규칙 제31조는 인준안은 소관 위원회에 회부되는 것이 원칙임을 규정하고 있고, 상원 의사규칙 제25조는 인준안에 대한 위원회 소관을 규정하고 있다. 위원회는 보통 공식 청문회 전에 또는 청문회를 갈음하여 지명자에 대한 정보를 수집한다. 심사 위원회는 다음 네 가지의 선택권을 갖는데, 상원 본회의에 호의적으로, 비호의적으로 또는 권고 없이 심사 결과를 보고하거나 아무런 조치를 취하지 않는 것이다. 위원회가 드러내 놓고 지명자를 거부하기보다는 아무런 조치를 취하지 않는 것이 보다 일반적이다(Rybicki 2023).

상원 본회의에서의 인준안 심의절차에 있어 상원은 필리버스터의 예외를 인정하여 소수파의 토론권을 보호하면서도 다수결로 결정할 필요성을 충족시키려고 노력하고 있다. 상원은 2013년과 2017년에 각각 새로운 상원 선례(precedent)를 만들어 내는 방법을 통해 인준안에 대한 필리버스터를 종료시키는 클로쳐에 대해서는 상원의원 2/3가 아닌 단순다수결로 결정하게 된다(Oleszek et al. 2016: 313－16; 김건오 2022: 47－8). 상원은 다시 2019년에 의사규칙 제22조를 재해석하여 클로쳐가 적용된 후 인준안 심의 최대 시간을 30시간에서 2시간으로 줄였고, 이를 부의 장관과 같은 21개 고위 행정부 인준과 연방대법원 및 연방항소법원을 제외한 사법부 인준에 적용한다(Rybicki 2023).

3) 미국 상원의 고위 공직자 인준 제도에 대한 평가

미국 상원의 인준권에 대해서는 대통령의 인사권에 있어 남용과 독선을 방지하는 순기능을 수행한다는 평가와 함께 소수당이 대통령의 인사를 지연시키면서 당파적으로 이용한다는 비판이 있고, 지명자의 프라이버시가 지나치게 침해된다는 우려도 있다.

미국 상원이 대부분의 지명자에 대하여 인준을 해주는 이유에 대해서는 상원 내에서 행정부의 직위에 대한 충원은 대통령의 권한으로 인식하는 경향이 있다고 설명된다(Rybicki 2023: 1–2). Oleszek et al.(2016)은 일반적으로 상원이 대통령에게 각료 선정에 있어 넓은 자유를 주면서도 지명자에 대해 면밀히 조사하며, 최근에는 인준 과정에서 재정적 또는 건강상 문제 등 모든 것에 대한 정보를 수집하면서 지명자의 자질, 독립성, 정책 선호를 검증하는 경향이 점차 증가하고 있음을 지적한다(397–8). 그는 인준 과정에서 인사 지연의 문제가 있음에도 불구하고 위원회가 인준 청문회를 통해 후보자의 정책 방향에 대해 기록하고 약속을 받는 과정을 통해 그것이 확인되지 않거나 약속을 받아내지 못하면 인준안을 통과시키지 않겠다고 대놓고 말하지는 않지만 명백하게 위협함으로써 원하는 약속을 받아낸다고 설명한다(397–8).

나. 우리나라 인사청문회 제도와 개선 방안

1) 우리나라 인사청문회 제도의 의의

가) 인사청문회 제도의 개념

인사청문회는 헌법 및 국회법에 따라 국회의 임명동의나 선출을 요하는 공직후보자 등의 자질 등을 심사 또는 인사청문을 하기 위하여 당사자로부터 진술 등을 청취하고 필요할 경우 증인 · 감정인 · 참고인으로부터의 증언 · 진술의 청취, 기타 증거의 채택을 행하는 제도를 말한다(국회사무처 2021a: 809).

나) 인사청문회의 기능

인사청문회는 대통령의 인사권의 남용을 견제하고 통제하며, 공직후보자가 해당 직위에 적합한 인물인지 검증하고, 국민에게 정보를 제공하여 국민의 알권리를 충족시키는 기능을 수행한다(이현출 외 2010; 국회사무처 2021a: 809).

다) 인사청문회 제도의 법적 근거

헌법은 대통령이 대법원장 · 헌법재판소장 · 국무총리 · 감사원장 및 대법관 등에 대하여 국회의 동의를 얻어 임명하도록 규정한다. 2000년 6월 이전에는 임명동의안에 대해 인사청문 없이 본회의 의결만을 거쳤으나, 그 이후로는 국회법 개정에 따라 임명동의안과 국회에서 선출하는 헌법재판소 재판관 및 중앙선거관리위원회 위원 선출안 등의 경우 인사청문을 거치게 되었고 이를 위한 절차법으로서 인사청문회법이 제정(2000.6.23.)되었다.

이후 국회법 제46조의3, 제65조의2 및 공직후보자의 임명절차로 국회 인사청문을 거치도록 하는 개별법률의 개정에 따라 인사청문의 대상은 계속 확대되어 국가정보원장 · 국세청장 · 검찰총장 · 경찰청장 · 국무위원 · 대통령과 대법원장이 임명 또는 지명하는 헌재재판관 및 선관위원 · 합동참모의장, 대통령당선인이 요청한 국무위원후보자 · 방통위원장 · 공정위원장 · 금융위원장 · 국가인권위원장 · 한은 총재 · 특별감찰관 · 한국방송공사 사장 및 고위공직자범죄수사처장 등이 추가되었다(국회사무처 2021a: 811－3).

또한 위원회는 그 의결 또는 재적위원 3분의 1 이상의 요구로 공직후보자의 인사청문과 직접 관련된 자료의 제출을 국가기관 등에 요구할 수 있다(인사청문회법 제12조제1항).

그 밖에 인사청문회법 제19조는 이 법에서 정하지 아니한 사항은 국회법, 국정감사조사법, 국회증언감정법을 준용하도록 하고 있다.

인사청문회 실시와 관련하여 국회증언감정법 제15조제1항 단서에 따라[20] 재적위원 3분의 1 이상 연서에 따라 그 위원의 이름으로 국회증언감정법 제12조에 규정한 서류제출을 거절한 자를 고발한 선례를 살펴보면, 2023년 9월 26일 과학기술정보방송통신위원회 위원 9인은 국가정보원, 방송통신위원회 등 13개 기관을 국회증언감정법 위반 혐의로 동법 제15조제1항 단서에 따라 고발하였다.

2) 인사청문회의 절차

가) 임명동의안등의 회부, 인사청문회의 실시 주체 및 실시 방법 등

의장은 임명동의안등이 제출된 때에는 즉시 본회의에 보고하고 위원회에 회부한다(인사청문회법 제6조제1항). 인사청문회법 제4조에 따라 인사청문특별위원회, 소관 상임위원회 또는 「국회법」 제65조의2제3항에 따른 특별위원회

20) 다만, 청문회의 경우에는 재적위원 3분의 1 이상의 연서에 따라 그 위원의 이름으로 고발할 수 있다.

의 임명동의안등에 대한 심사 또는 인사청문은 인사청문회를 열어 공직후보자를 출석하게 하여 질의를 행하고, 답변과 의견을 청취하는 방식으로 한다. 위원회는 필요한 경우 증인 · 감정인 또는 참고인으로부터 증언 · 진술을 청취하는 등 증거조사를 할 수 있으며, 이를 위해 위원회는 통상 인사청문회 실시계획서 채택의 건과 함께 자료제출 요구의 건 및 증인 · 참고인 출석 요구의 건을 같이 의결한다.

나) 위원회의 활동기간 등

위원회는 임명동의안등이 회부된 날부터 15일 이내에 인사청문회를 마치되, 인사청문회의 기간은 3일이내로 한다. 위원회는 임명동의안등에 대한 인사청문회를 마친 날부터 3일 이내에 심사경과보고서 또는 인사청문경과보고서를 의장에게 제출하여야 하며, 위원회가 정당한 이유없이 위 기간내에 임명동의안등(국회법 제65조의2제2항의 규정에 따른 인사청문요청안은 제외)에 대한 심사 또는 인사청문을 마치지 아니한 때에는 의장은 이를 바로 본회의에 부의할 수 있다(인사청문회법 제9조).

다) 인사청문회의 진행순서

인사청문회는 출석한 공직후보자의 선서와 10분 이내의 모두발언을 청취한 후 위원의 질의와 공직후보자의 답변 · 의견 청취 그리고 증인 · 감정인 또는 참고인의 증언 · 진술 청취 및 신문의 순서로 진행한다(인사청문회법 제7조).

라) 국회의 임명동의안등의 처리기간 등

국회는 임명동의안등이 제출된 날부터 20일 이내에 그 심사 또는 인사청문을 마쳐야 하며, 부득이한 사유로 위 기간 이내에 헌법재판소 재판관등의 후보자에 대한 인사청문회를 마치지 못하여 국회가 인사청문경과보고서를 송부하지 못한 경우에 대통령 · 대통령당선인 또는 대법원장은 위 기간의 다음날부터 10일 이내의 범위에서 기간을 정하여 인사청문경과보고서를 송부하여 줄 것을 국회에 요청할 수 있고, 위 기간 이내에 헌법재판소재판관등의 후보자에 대한 인사청문경과보고서를 국회가 송부하지 아니한 경우에 대통령 또는 대법원장은 헌법재판소재판관등으로 임명 또는 지명할 수 있다(인사청문회법 제6조).

마) 위원장의 보고 및 의장의 인사청문경과보고서의 송부

위원장은 위원회에서 심사 또는 인사청문을 마친 임명동의안등에 대한 위원회의 심사경과 또는 인사청문경과를 본회의에 보고한다. 의장은 본회의의 의결을 요하지 않고 인사청문을 거치기만 하면 되는 국회법 제65조의2제2항의 규정에 의한 공직후보자에 대한 인사청문경과가 본회의에 보고되면 지체 없이 인사청문경과보고서를 대통령 · 대통령당선인 또는 대법원장에게 송부하여야 한다(인사청문회법 제11조).

3) 우리나라 인사청문회 제도의 문제점과 개선방안

가) 헌법 개정을 통한 국회 동의를 요하는 인사청문 대상 확대

우리나라 헌법과 법원조직법은 대통령의 임명에 동의를 요하는 대상으로 국무총리(후보자 포함), 감사원장, 대법원장, 대법관(13인), 헌법재판소장 등 총 17개의 직위를 규정하고 있다. 여기에 더해 국회 선출 대상 헌재재판관 3인과 중앙선관위위원 3인 등 6개의 직위를 제외하면 국회의 인사청문 대상 직위 중 대통령의 임명 또는 대법원장의 지명에 국회의 동의를 요하는 직위는 없다. 앞에서 설명한 바와 같이 미국 상원이 매년 몇 백명의 고위직 지명자에 대한 인사청문회를 실시하여 동의 여부를 결정하고 있음과 비교된다. 현행 법령에 따르면 국회가 인사청문 결과 공직후보자에 대한 부적격 의견을 담아 보고서를 대통령에게 송부하여도 대통령이 이에 따를 법적 의무가 없고 임명을 강행할 수 있어 인사권을 견제하는 데에 한계가 있다. 국회 인사청문회가 대통령의 인사권에 대한 견제 기능을 제대로 수행하도록 하기 위해서는 미국 헌법을 참고하여 법률로 정하는 고위직 공무원에 대해서는 임명이나 지명에 국회의 동의를 요하도록 헌법을 개정할 필요가 있다고 본다.

나) 법률 개정을 통한 인사청문 대상 직위의 확대

대통령의 고위 공직후보자의 임명에 국회의 동의를 요하도록 하기 위해서는 헌법 개정이 필요한데, 현실적으로 헌법 개정의 어려움을 고려할 필요가 있다. 따라서 헌법이 개정되기 전에라도 국회법과 개별 법률의 개정을 통해 공직후보자의 임명절차로 국가 주요 정책을 결정하는 직위에 있는 고위공직자에 대하여 국회 인사청문을 거치도록 인사청문 대상을 확대할 필요가 있다. 앞에서 살펴본 바와 같이 미국의 경우 상원의 인준을 요하는 대통령 지명 직위에는 부처의 경우 장관(Secretary)은 물론 부장관(Deputy Secretary), 차관(Under Secretary) 및 차관보(Assistant Secretary)가 포함되고, 우리나라의 금융감독원과 유사한 미국 증권거래위원회(Securities and Exchange Commission)의 5인의 위원이 인준 대상이 되는 등 독립 위원회 위원도 인준 대상에 포함된다(David and Greene 2021). 우리나라도 미국 상원을 모델로 하여 국회법과 개별 법률의 개정을 통해 국회의 인사청문 대상에 주요 정책을 결정하는 행정부의 정무직 차관급 고위공직자와 금융감독원장 등 독립기관의 장 등을 포함시키는 방안을 검토할 필요가 있다고 본다(이현출 외 2010: 4-5).

다) 공직후보자를 국회증언감정법 상 증인으로 법제화

인사청문회 과정에서 공직후보자의 허위 진술 문제가 반복됨에도 공직후보자가 증인이 아니므로 국회증언감정법에 따라 위증 등의 죄 등으로 고발할 수 없어 국회 인사청문회가 제대로 기능을 수행하지 못하는 문제가 있다. 현행 인사청문회법에 따르면 인사청문회법 제2조제1호의 공직후보자는 국회증언감정법에 따른 증인이 아님에 따라 인사청문회법 제7조제2항에 따른 선서에는 국회증언감정법 제7조 및 제8조에 따른 증인의 선서의 내용과 달리 만일 진술이나 서면답변에 거짓이 있으면 위증의 벌을 받기로 맹세한다는 내용이 없다. 이에 따라 공직후보자에 대해서는 국회증언감정법 제12조에 따라 증언을 거부한 경우 불출석 등의 죄로 고발하거나 제14조에 따라 허위의 진술(서면답변을 포함)을 한 것에 대해 위증 등의 죄로 고발할 수 없다.

미국 상원에서 인준 청문회의 대상이 되는 지명자는 청문회에서 선서한 경우 연방법전 제18장 제1621조(18 U.S.C. §1621)에 따라 위증죄(perjury)로, 인준 청문회와 관련된 서면질문에 대한 답변과 같이 선서하지 않은 증인의 허위진술에 대해서는 연방법전 제18장 제1001조(18 U.S.C. §1001)에 따라 허위진술죄(false statement)로 처벌될 수 있다.[21] 또한 증인이 선서가 요구됨에도 선서를 거부할 경우 연방법전 제2장 제192조(2 U.S.C. §192)에 따른 의회모욕죄(contempt of Congress)로 처벌될 수 있다(최정인 2014; 김건오 2021: 19).

우리나라도 미국 상원을 모델로 하여 인사청문회에 있어 공직후보자의 허위진술 문제가 반복되지 않도록 인사청문회법을 개정하여 공직후보자를 국회증언감정법에 따른 증인으로 불출석 등의 죄, 국회모욕의 죄 및 위증 등의 죄를 범할 경우 고발할 수 있도록 하는 방안을 검토할 필요가 있다고 본다.

2. 조사청문회

가. 조사청문회의 의의와 법적 근거

1) 조사청문회의 의의

국회법 제65조제1항은 위원회(소위원회 포함)는 중요한 안건의 심사와 국정감사 및 국정조사에 필요한 경우 증인 · 감정인 · 참고인으로부 증언 · 진술을 청취하고 증거를 채택하기 위하여 위원회 의결로 청문회를 열 수 있다고 규정한다. 관련하여 국감국조법 제10조제3항은 위원회(소위원회 또는 반을 포함)는 국정감사 또는 조사를 위하여 청문회를 열 수 있다고 규정한다. 중요한 안건인지 여부는 위원회가 결정하며 안건에는 법률안, 예산안, 결산, 진상파악의 건과 같은 각종 의안이 포함될 수 있다. 법률안 심사를 위한 입법청문회도 개최된 적이 있으나(국회사무처 2021b: 336), 국회의 감독 수단으로서의 조사청문회는 위원회에서 주로 '진상조사의 건'을 안건으로 하여 '진상조사청문회' 또는 현안과 관련하여 '○○○ 관련 청문회'와 같은 안건명으로 개최되었다. 따라서 이 책에서는 인사청문회와는 구별되는 개념으로 조사청문회를 법률안, 예산안, 결산, 진상파악의 건과 같은 중요한 안건의 심사를 위한 조사청문회와 국정감사와 국정조사를 위한 조사청문회를 포함하는 개념으로 설명한다.

21) 두 죄의 법정형은 모두 250,000 달러 이하의 벌금 또는 5년 이하의 징역 혹은 벌금과 징역의 병과형이다(최정인 2014).

관련하여 조사청문회와 유사한 목적으로 활용되는 위원회의 '현안질의'는 청문회 형식은 아니지만 위원회 회의라는 점과 국회증언감정법 제5조에 따른 증인 등의 출석요구 규정과 동법 제15조에 따른 불출석 등의 죄, 국회모욕의 죄 및 위증 등의 죄에 대한 고발 규정에 따라 현안질의의 실효성을 확보한다는 점에서 조사청문회와 유사하다. 그러나 양자는 위원회의 의결로 현안질의나 조사청문회를 열 수 있음에 비해 국회법 제65조제2항에 따라 법률안 심사를 위한 청문회는 재적위원 3분의 1 이상의 요구로 개회할 수 있다는 점에서 차이가 있다. 또한 현안질의의 경우 위원회의 의결에 따라 고발하여야 하나(국회증언감정법 제15조제1항), 청문회의 경우 재적위원 3분의 1 이상의 연서에 따라 그 위원의 이름으로 고발할 수 있다는 점(국회증언감정법 제15조제1항 단서)에서 차이가 있다.

2) 조사청문회의 법적 근거 및 진행 방법 등

위원회(소위원회 포함)는 중요한 안건의 심사와 국정감사 · 조사에 필요한 경우 위원회 의결로 청문회를 열 수 있되, 법률안의 심사를 위한 청문회의 경우 재적위원 3분의 1 이상의 요구로 개회할 수 있다(국회법 제65조). 청문회는 주관하는 위원회 회의이므로 재적위원 5분의 1 이상의 출석이라는 의사정족수가 필요하고(국회법 제54조), 청문회를 실시하는 위원회는 안건과 관련된 보고나 서류등의 제출을 요구하고, 증인 · 감정인 · 참고인의 출석을 요구하여 증언 · 진술 청취 및 신문을 하며, 검증 등을 행할 수 있다(국회사무처 2021a: 298−303).

청문회를 국회법 제64조에 따른 공청회나 일반 위원회 회의와 비교해 보면, 청문회의 경우 증인 · 감정인에 대하여 원칙적으로 출석 · 선서 및 증언을 강제할 수 있고 위증 등에 대하여 고발할 수 있으나, 공청회 등은 진술인에 대하여 이를 강제하지 못한다는 차이가 있다. 또한 위원회는 그 의결로 안건의 심의 또는 국정감사 · 조사와 직접 관련된 보고 또는 서류 등의 제출을 정부 등에 요구할 수 있다. 다만 위원회가 청문회, 국정감사 또는 국정조사와 관련된 서류등의 제출요구시 의결 또는 재적위원 3분의 1 이상 요구로 할 수 있다(국회법 제128조제1항 및 국감국조법 제10조제1항). 아울러 국회증언감정법 제15조는 위원회는 증인 · 감정인 등이 제12조 불출석 등의 죄, 제13조 국회모욕의 죄, 제14조 위증 등의 죄를 범하였다고 인정한 때에는 고발하여야 하되, 다만 청문회의 경우에는 재적위원 3분의 1 이상의 연서에 따라 그 위원의 이름으로 고발할 수 있다고 규정한다. 위원회는 증인 등을 출석시켜 증언을 청취할 수 있으나(국회법 제129조 · 국감국조법 제10조 · 국회증언감정법 제5조), 이 경우의 증언 청취는 회의의 한 부분에 그친다. 반면, 청문회는 증인 · 참고인 등에 대한 신문과 증언 청취가 회의의 전 과정을 구성함에 따라 국회법 제65조제3항은 위원회(소위원회 포함)는 청문회 개회 5일 전에 안건 · 일시 · 장소 · 증인 등 필요한 사항을 공고하여야 한다고 별도 규정을 두고 있다.

나. 미국 의회의 조사청문회

Oleszeck et al.(2016)은 미국 의회의 가장 전통적인 감사기능 수행 수단으로 청문회(hearings)와 조사(investigations)를 들고 있다. 조사는 보통 청문회의 형식으로 이루어지며, 미국 의회(하원, 상원 및 위원회 포함)는 조사청문회(investigative hearings)를 실시함에 있어 앞에서 설명한 상원의 인준 청문회(nomination hearings)와 동일하게 불출석이나 위증 등에 대한 제재수단을 정립하고 있다. 양원 의사규칙은 위원회가 증인의 증언을 강제할 수 있는 소환장(Subpoena)을 발부하거나 자료제출을 강제할 수 있는 권한을 주고 있다. 만약 소환장에 따르지 않는 경우 연방법전 제2장 제192조(2 U.S.C. §192)에 따른 의회모욕죄(contempt of Congress)로 소환될 수 있으며 형사법 또는 민사상 범칙금(Civil Penalty)에 처해질 수 있다. 또한 청문회에서 선서한 경우 연방법전 제18장 제1621조(18 U.S.C. §1621)에 따라 위증죄(perjury)로, 청문회와 관련된 서면질문에 대한 답변과 같이 선서하지 않은 증인의 허위진술에 대해서는 연방법전 제18장 제1001조(18 U.S.C. §1001)에 따라 허위진술죄(false statement)로 처벌될 수 있다(최정인 2014; Oleszeck et al. 2016: 385－7; 김건오 2021:18－9). Oleszeck et al.(2016)은 비록 과도한 청문회와 조사가 행정부 정책과정을 교착시킬 수 도 있지만, 이 수단의 사려 깊은 사용은 보다 즉각적으로 대응하는 정부를 유지하게 하고, 의회에 새로운 입법 정보를 제공하며 국민의 알권리를 충족시키는 데 도움을 준다고 설명한다(387).

다. 우리나라에서 조사청문회의 적극적 활용 필요

국회사무처(2021b)가 발간한 국회선례집에 따르면 제13대 국회(1988-1992) 이후 2021년 3월 까지 국회법 제65조제1항에 따라 중요한 안건의 심사에 필요한 경우 위원회 의결로 청문회를 실시한 사례는 입법청문회를 실시한 사례 3건을 제외하면 안건 기준으로 22건(국정조사특별위원회 및 인사청문회 제외)에 그치고 있다(334-6). 중요한 안건의 심사를 위해 청문회를 개최한 사례가 이같이 적다는 것은 그 동안 국회가 조사청문회를 열어 국회증언감정법에 따라 증인 · 감정인 · 참고인으로부터 증언 · 진술을 청취하고 증거를 채택하는 것을 강제할 수 있는 감독 수단을 미국 의회에 비해 적극적으로 활용하지 않았다는 것을 보여준다. 아울러 위 국회선례집에 따르면 위 기간 동안 청문회와 관련하여 고발 건수는 6건에 그치고 있다. 구체적으로 살펴보면, 청문회에 증인으로 출석요구를 하였는데 불출석하여 상임위와 국정조사특위가 각각 1건씩 고발하였고, 국회증언감정법 제15조 단서에서 청문회의 경우에는 재적위원 3분의 1 이상의 연서에 따라 그 위원의 이름으로 고발할 수 있다고 규정하고 있음에 따라 상임위와 국정조사특위의 위원들이 각각 2건씩 위증죄로 고발한 사례가 있다.

우리나라에서도 미국 의회를 모델로 하여 위원회가 보다 적극적으로 조사청문회를 개최함으로써 조사청문회가 국회의 행정부 감독 기능 수행에 있어 대표적인 수단이 되게 할 필요가 있다고 본다. 또한 위원회가 조사청문회를 통해 제대로 감독기능을 수행하는 것을 어렵게 하는 범죄행위에 대해 적극적으로 대처할 필요가 있다고 본다(국회사무처 2021a: 802). 구체적으로 국회증언감정법에 따라 청문회에 정당한 이유 없이 불출석한 증인, 보고 또는 서류 제출 요구를 거절한 자, 선서 또는 증언 등을 거부한 증인 등에 대한 불출석 등의 죄, 증언함에 있어 모욕적인 언행으로 국회의 권위를 훼손한 자 등에 대한 국회모욕의 죄 및 증인 등이 허위의 진술(서면답변 포함) 등을 한 것에 대한 위증 등의 죄에 대한 고발을 보다 적극적으로 할 필요가 있다고 본다. 이 같은 방안은 국회의 법률안 심사, 예 · 결산 심사, 국정 감사 및 조사 그리고 현안에 대한 진상조사 등에 있어 정부의 책임성과 국회의 입법정보 획득의 실효성을 제고하고, 국민의 알권리를 확대할 수 있을 것으로 기대된다(김건오 2021:33).

제2편

국회의 입법 · 예산 · 감사권 관련 제도개선방안

제 1 장 국회 입법과정 개정논의에 관한 고찰: 주요국 입법과정 분석을 중심으로[1)]

요 약

본 장의 목적은 미국, 프랑스, 영국, 독일 및 일본의 입법과정 분석과 국회 입법과정 개정논의의 검토를 통해 도출된 정책적 시사점을 바탕으로 국회 입법과정 개정의 기본방향을 민주성과 효율성의 조화 및 전문성 제고로 보면서 구체적인 국회 입법과정에 관한 헌법 및 국회법개정안을 제시하는 것이다.

입법과정 관련 헌법개정안으로 통일 준비와 지역 대표성 강화를 위해 양원제를 도입할 필요가 있다. 또한 정부 내의 심도 있는 검토를 거쳐 제출되는 정부의 법률안 제출권 제도의 장점 등을 고려할 때 정부의 법률안 제출권 유지론도 상당한 설득력을 갖는다고 보이나, 정부의 법안 제출권 폐지 시 국회법 제79조에 따라 10명 이상의 의원이 법안을 발의할 수 있도록 한 국회법을 미국과 같이 의원이 한 명일지라도 법안을 발의할 수 있도록 개정하여 법안 발의요건을 동시에 완화할 필요가 있다고 보며 이 같은 개정을 전제로, 우리나라는 미국과 달리 의원내각제적 요소로 국회법 제29조에 따라 의원이 국무총리 또는 국무위원을 겸직할 수 있도록 하고 있어 국무총리 또는 국무위원을 겸직하는 의원을 통해 법안을 어렵지 않게 제출할 수 있는 점을 고려할 필요가 있다고 본다. 또한 정부가 법안제안권을 갖지 않아도 여당 의원을 통해 법안을 제출할 수 있고 야당 위원장 등의 명의로 발의되는 것이 협치라는 관점에서 바람직해 보이므로 정부의 법안제출권을 폐지하는 것을 적극적으로 검토할 필요가 있다고 본다.

입법과정 관련 국회법개정안으로 독일의 원로회의를 모델로 하는 현안조정기구를 도입하고, 상임위원회의 법안심사보고서에 규제 영향 보고서와 지자체로의 재원 없는 사무 위임에 대한 비용추계서 등 입법영향평가서를 첨부하도록 하면서 국회 소속 입법보좌조직이 입법영향평가를 지원하도록 할 필요가 있다. 또한 국회법 개정사항은 아니나, 의원발의법안에 대한 정부의 통일된 조정의견을 국회에 제출하도록 하고, 이를 위해 국회와 정부 간 협력방안을 마련할 필요가 있다.

이 같은 개정안은 대통령의 권한을 분산하고 국회의 입법권을 강화해 줄 것으로 기대된다. 또한 민주성과 효율성의 조화를 추구함으로써 분점정부 하의 입법 교착 문제를 해결하고, 복잡 · 다양한 입법수요에 대응하여 입법과정의 전문성을 제고하는 데 기여할 것으로 기대된다.

---

1) 이 글은 필자가 2022년 법제처 법제(통권 제698호)에 게재한 “국회 입법과정 개정논의에 관한 고찰: 주요국 입법과정 분석을 중심으로” 중 일부를 수정 · 보완한 것임.

제1절 문제의 제기

2022년 7월 제헌절 기념사에서 국회의장은 국민통합형 개헌의 필요성을 주장하며 여야에 헌법개정특별위원회 구성을 촉구하였고, 의장 직속 개헌자문위원회를 구성하겠다고 밝혔으며 이에 따라 2023년 1월 국회의장 직속 헌법개정자문위원회가 출범하여 국회 차원의 개헌 논의가 이루어졌고, 그 결과 2024년 4월 국회의장이 개헌절차법 제정안을 발의하였다. 그동안 국회는 2009년 헌법연구자문위원회, 2014년 국회헌법개정자문위원회, 2018년 국회헌법개정특별위원회와 그 자문위원회를 구성하여 입법과정에 대한 헌법개정안을 논의한 바 있다. 정부도 2018년 대통령 제안 헌법개정안에서 제58조로 예산법률주의를 규정하고, 제55조제2항으로 정부가 국회의원 10명 이상의 동의를 받아 법률안을 제출할 수 있다고 규정하는 등 논의의 진전이 있었다. 그리고 2022년 7월 국회의장은 취임 인사말에서 독일 의회를 모델로 하는 현안조정회의를 제도화하겠다고 밝혔는데, 분점정부(divided government) 하에서 발생하기 쉬운 입법 교착(gridlock) 문제에 대한 해결책으로 입법과정에 있어 다수결주의와 협의주의 간의 조화가 필요하다는 관점에서 제안했던 것으로 보인다. 또한 4차 산업혁명 시대에 복잡하고 다양한 입법수요에 대응하여 입법과정의 전문성이 요구되고 있다.

국회 입법과정에 관한 헌법개정안의 쟁점은 크게 두 가지로 나눌 수 있다. 첫째, 양원제 도입 여부, 둘째, 정부의 법률안 제출권 폐지 여부이다. 이 분야에 관한 국회법개정안의 쟁점은 크게 네 가지로 나눌 수 있다. 첫째, 국회선진화법 개정 문제, 둘째, 법사위 체계 · 자구 심사제도 개정 문제, 셋째, 독일 원로회의와 같은 현안조정기구 도입 여부, 넷째 법안심사보고서에 입법영향평가서 첨부 여부이다. 이 밖에 국회법 개정사항은 아니나, 의원발의법안에 대한 정부의 통일된 조정의견 제출 문제도 쟁점으로 볼 수 있다.

본 장의 연구 주제는 위 쟁점들에 대한 미국, 프랑스, 영국, 독일, 일본 등 주요 5개국의 입법과정에 대한 분석 · 평가 및 국회 입법과정 개정논의의 검토를 통하여 도출된 정책적 시사점을 바탕으로 국회 입법과정 개정의 기본 방향을 민주성과 효율성의 조화 및 전문성 제고로 보면서 구체적인 국회 입법과정에 관한 헌법 및 국회법개정안을 제안하는 것이다.

본 장은 입법과정에 관한 최신 각국 법령 및 운영실태를 분석하기 위한 각국 의회 홈페이지 정보분석과 국내외 선행연구 검토를 통해 제2절, 제3절, 제4절에서 각각 우리나라가 속해 있는 대통령제 국가의 전형인 미국, 의원내각제 국가의 예로 영국, 독일, 일본 그리고 이원정부제 국가의 대표적 모델인 프랑스의 입법과정을 분석하고, 우리나라의 입법과정 개정에 갖는 함의를 중심으로 평가해 본다. 제5절에서는 우리나라 국회 입법과정 개정논의를 검토하고 그 개정방향을 모색해 본다. 제6절에서는 결론으로 바람직한 국회 입법과정에 관한 헌법 및 국회법개정안을 제안한다.

제2절 대통령제 국가인 미국의 입법과정 분석 및 평가

1. 미국의 입법과정 분석

이 절에서는 우리나라도 속해 있는 대통령제 국가의 대표적 예인 미국의 입법과정을 분석함으로써 우리나라의 입법과정 개정논의에 갖는 시사점을 도출해 보고자 한다.

미국 헌법 제1조제1항은 모든 입법권은 상원과 하원으로 구성된 의회에 속한다고 규정하고 있다.[2] 양원은 근본적으로 동등한 입법권을 갖되, 예외적으로 세입법안은 하원에서 먼저 발의 및 심의되어야 하며(헌법 제1조제7항), 관행에 따라 세출승인법안(appropriation bills)도 마찬가지이다. 반면에 헌법 제2조제2항에 따라 상원은 조약 비준 동의권과 대통령의 고위공직자 임명에 대한 인준권을 갖는다. 그러나 입법을 위해서는 대통령에게 이송하기 전에 양원이 항상 동일한 하나의 법안에 동의하여야 한다(Sullivan 2007: 11; Congress 2022).

2) 이 조항은 인구비례에 따른 다수결주의와 주(states)의 이익 간의 균형을 추구하였던 '대타협(Great Compromise)'의 결과물이었다(Congress 2022).

미국 의회는 위원회중심주의(committee-oriented) 의회의 대표적 예이다.[3] 의회의 분권화된 권력구조는 수많은 전문화된 위원회들과 중앙 당지도부로 특징지어지며(Smith and Deering 1984; Oleszek et al. 2016: 18-25),[4] 위원장이 여전히 입법과정에서 주요한 직위인 것은 의회가 기본적으로 위원회를 통해 기능을 수행하기 때문이다(Oleszek et al. 2016: 121).[5] 하원의 다수당 지도부는 본회의 심의 대상 안건을 결정할 수 있는 특권을 갖고 있는 반면 상원의 다수당 지도부는 일반적으로 본회의 법안 처리를 위해서 소수당 지도부 및 모든 상원의원들과 협상을 벌여야 한다(Congress 2022).

법안 발의권자와 관련하여 양원의 의원은 한 명일지라도 법안을 발의할 수 있으며, 대통령이나 장관 등 다른 사람의 제안으로 발의할 경우 '요청에 의해(by request)'라는 표현을 넣어 발의한다(Sullivan 2007: 8). 헌법 제2조제3항은 대통령에게 법안 제출권은 부여하지 않으면서도, 대통령으로 하여금 의회에 연두교서(State of the Union)를 통해 연방의 상황에 관한 정보를 보고하고 필요한 법안을 심사해 줄 것을 권고하도록 하고 있다. 이에 따라 대통령은 의회에 매년 연두교서 외에 예산안(budget) 메시지와 경제 보고서(budget report)를 제출하고 수십건의 법안 초안들을 전달한다(Oleszek et al. 2016: 35).

법안의 회부와 관련하여 법안이 발의되면 위원회에 회부되며, 의장은 복수 위원회에 공동 소관 법안을 회부할 수 있되, 특별한 경우가 아니면 의장은 복수 위원회 회부 법안에 대한 주관 위원회(primary committee)를 지정해야 한다. 의장은 보통 주관 위원회가 심사 보고한 후에 법안을 회부받은 다른 위원회들에 심사기한을 설정한다(Sullivan 2007: 10-11).[6]

---

3) 이런 유형의 의회에서 본회의 심의는 대체로 위원회 심사를 추인하는 기능을 수행한다(Kim 2012b: 39; 임종훈 2012: 31-2).

4) 미국 의회의 양대 축은 위원회와 정당으로 볼 수 있는데, 약 1940년대부터 1970년대까지 위원회 정부(committee government) 시대에 위원장 선출에 있어 선임우선제(seniority system)는 다수당에 대한 하원 위원회의 자주권의 버팀목 역할을 했으며, 1970년대와 1980년대에는 소위원회가 위원회의 자리를 대체하였다(Cox and McCubbins 1993; Kim 2012b: 49). Oleszek et al.(2016)에 따르면 최근에는 위원장을 양당의 의원총회(caucus 또는 conference)에서 비밀투표로 선출하도록 당규가 변경되었으며(p. 119), 하원 의장의 권한을 강화하려는 노력들이 이어졌다(pp. 15-17).

5) 모든 위원회에서 다수당 위원이 위원장이 되는데, 위원장은 보통 소수당의 최고 선임인 간사(ranking member)와 밀접하게 일한다(Congress 2022).

6) 법안을 회부받은 다른 위원회들의 수정의견도 전원위원회에 제출된다(임종훈 2012: 239).

위원회 청문회(hearing) 및 자료제출과 관련하여, 위원회는 법안이 회부되면 의회 소속 정부책임처(GAO) 외에도 부처와 기관들의 의견을 구하는데, 이들의 의견을 담은 보고서는 대통령의 정책과 일치하는 가를 확인하기 위해 먼저 대통령 소속 관리예산처(OMB)에 제출된 후 위원회에 제출된다. 자료나 증인요구에 관한 소환장은 전체 위원회나 소위원회의 출석 과반수의 의결로 발부될 수 있다(Sullivan 2007: 11－2). 위원회로 회부된 법안은 보통 소위원회로 다시 회부되고, 소위는 통상 청문회를 개최하며, 위원장은 청문회를 개최할 권한을 갖는다(Oleszek et al. 2016: 121).[7] 소위원회에서는 청문회 후 법안에 대해 토론하며 수정안을 제안하고 심사하는 축조심사(markup)를 거쳐 전체 위원회에 심사보고를 한다(Oleszek et al. 2016: 127). 전체 위원회는 소위 심사 절차를 반복하거나 심사 결과를 난순히 인준하는 절차를 거치며, 법안을 본회의에 심사보고할 것인가를 결정하기 위해 표결을 실시한다(Sullivan 2007: 14－5; Oleszek et al. 2016: 117).

위원회 보고와 관련하여, 가결된 법안은 위원회 스탭이 작성하는 위원회 보고서(committee report)와 함께 본회의에 제출된다. 위원회 보고서에는 법안의 취지, 수정내역, 수정안, 소수의견 등과 함께 상하원 의사규칙에 따라 위원회가 실시하는 법안의 5년간 비용추계(단 의회예산처(CBO)에 의한 비용추계 등이 제출된 경우에는 생략 가능하다)와 법률의 제 · 개정에 따라 늘어나는 행정업무(Paperwork)의 양에 대한 평가 등의 내용을 담은 규제영향보고서(regulatory impact statement) 등이 포함되어야 한다(Oleszek et al. 2016: 383; 김건오 2021: 18). 또한 하원 의사규칙에 따라 연방정부가 지방정부로 재정지원 없이 위임(unfunded mandates)하는 것에 대한 의회예산처의 비용추계, 쪽지예산(earmarks) 및 조세특례의 목록 등이 포함되어야 한다.[8]

하원 본회의 심의와 관련하여 하원은 상원과 비교하여 운영 방식이 다수결주의(majority rule)를 강조하고, 본회의 토론에 있어 더 신속성을 가지며, 다수당 지도부는 본회의 진행과 관련해 보통 위원회 지도부 등 주요 의원들과

---

7) 소수당 위원들도 청문회 중 최소 하루를 할애받아 법안에 대한 증언을 듣기 위해 그들이 원하는 증인들을 부를 수 있다(Sullivan 2007: 14).

8) 위원회 심사보고서에 이러한 내용을 담지 않은 법안에 대해서는 본회의에서 의사규칙을 위반하고 있다고 주장하는 의사진행상 이의제기(points of order)가 문제될 수 있다.(Sullivan 2007: 16－7).

만 협의한다. 하원의장은 재량적인 발언권 부여 권한(recognition authority)을 갖는 등 그 권한이 막강하다(Oleszek et al. 2016: 27–8). 하원은 본회의에 보고된 법안이 부의되는 네 가지의 의안목록을 갖는다.[9] 이 의안목록들 중 주요 법안에 해당하는 유니온 의안목록에 있는 모든 법안들은 하원 의사규칙에 따라 신속한 심의를 위해 의사정족수(quorum)가 100명인 전원위원회(Committee of the Whole)에서 먼저 심사되어야 한다. 소수당 대비 다수당 위원 비율이 다른 위원회에 비해 큰 규칙위원회(Rules Committee)[10]가 전원위원회 심사를 허용하는 규칙(rule)을 보고하고 본회의가 이를 채택하면 본회의가 전원위원회로 전환된다(Sullivan 2007: 26). 전원위원회에서는 대체토론(general debate) 후 제2독회(second reading)에서 축조심사를 하며, 전원위원회는 채택한 수정안과 함께 의안을 본회의에 보고하면서 다시 본회의로 전환된다. 본회의에서는 제3독회로 제명을 부른 후 재회부 동의안(motion to recommit) 심의를 거쳐[11] 전원위원회에서 채택된 수정안과 법안을 표결하게 되며 가결된 법안은 상원으로 이송된다(Sullivan 2007: 27–30).

상원의 본회의 심의와 관련하여 하원과 비교할 때 상원의 운영 방식은 전통과 관례에 따라 소수자 권리(minority rights)와 개별의원의 존중을 강조하고 대부분 만장일치(unanimous consent)로 운영된다.[12] 상원 의사규칙 제22조

9) 세입, 지출승인, 지출 등을 수반하는 법안은 유니온 의안목록(Union Calendar)에, 재정 관련이 아닌 공적 법안, 헌법개정안 등은 하우스 의안목록(House Calendar)에, 사적 성격의 법안은 사법안 의안목록(Private Calendar)에, 위원회의 해임 절차에 따른 법안은 위원회심사배제 의안목록(Discharge Calendar)에 부의된다(Sullivan 2007: 19; Oleszek et al. 2016: 148; 임재주 2012: 240–1). 유니온 의안목록이나 하우스 의안목록에 부의된 비쟁점 법안들의 신속한 심의를 위해 의사규칙 정지(suspension of the rule) 절차를 통해 본회의에 바로 상정하는 방법이 광범위하게 사용된다. 의사규칙 정지 동의안은 재적 과반수의 출석과 출석의원 3분의 2 이상의 찬성으로 가결된다. 제112대와 제113대 의회(2011–2014)에서 본회의에서 심사된 75%의 법안들이 이 의사규칙 정지 절차를 거쳤다. 그러나 주요 법안들은 아래에서 설명하는 규칙위원회에 의한 특별 규칙 채택 절차를 통해 본회의에 상정된다(Sullivan 2007: 24; Oleszek et al. 2016: 148–56).

10) 하원에만 있는 규칙위원회는 법안 수정과 토론에 관한 규칙(rule)을 결정하며, 심사보고되거나 보고되지 않은 법안을 본회의에 상정하는 특별 결의안(special resolution) 또는 규칙을 채택할 수 있는 권한을 갖는다(Sullivan 2007: 21).

11) 재회부 동의안은 소수당에게 마지막으로 수정하거나 소관 위원회로 재회부하는 기회를 주는 것이나 보통 부결된다(Oleszek et al. 2016: 219–22).

12) 다수당 지도자들이 소수당 지도자들과 밀접한 협의를 통해 입법 흐름을 통제하며, 모든 의원들의 요구를 수용하기 위해 노력하고 의원들에 맞추어 의사일정을 몇 개의 법안으로 신축적으로 조절한다(Oleszek et al. 2016: 236). 상원의 본회의 심의절차 상 특징과 관련하여 상원에는 하원에서 의사일정 설정과 신속한 심의에 주요한 역할을 하는 규칙

는 필리버스터를 통해 개별 의원이 입법을 지연시키거나 연기시킬 수 있는 무제한적 권한을 부여하고 있고, 필리버스터의 종료절차인 클로처(cloture)를 위해서는 의원 5분의 3 이상인 60표(결원이 없다면)가 필요하다. 상원 내 권한이 균등하게 분배되어 있는 것은 한 의원이 무제한적 토론권과 원안과의 관련성(germaneness)이 없는 경우도 본회의 수정안을 낼 수 있는 권한을 활용하여[13] 회의운영을 정지시킬 수 있기 때문에 당 지도부가 모든 의원들과의 협의에 주의를 기울일 수밖에 없는 것과 관련된다.[14]

필리버스터의 예외인 임명인준안과 예산조정(budget reconciliation) 절차를 살펴보면, 필리버스터 폐지론자들은 필리버스터가 다수결의 원칙을 훼손하고, 소수파가 다수파로부터 부당한 양보를 갈취한다고 주장한다(Oleszek et al. 2016: 303).[15] 그럼에도 불구하고 상원은 여전히 예산조정법안을 제외한 다른 법안 심의에 있어 필리버스터를 인정하되, 예산조정법안과 임명인준안 심의절차를 필리버스터의 예외로 인정함으로써 토론권의 보호와 다수결로 결정할 필요 간에 균형을 찾기 위해 노력하고 있다. 상원 의사규칙 제22조에 따르면 상원 의사규칙 개정을 위해서는 출석해서 투표한 상원의원의 2/3(모든 상원의

위원회나 전원위원회가 없고, 전원일치 동의 합의(unanimous consent agreement)가 자주 법안 심의를 좌우한다(Oleszek et al. 2016: 236). 상원에서는 사실상 모든 비쟁점 법안들이 양당 지도부에 의해 이루어지는 전원일치 동의 합의에 의해 상정되고 토론 없이 처리된다(Oleszek et al. 2016: 248). 주요법안의 경우에도 전원일치 동의 합의는 상원의원의 무제한 토론권과 무제한 본회의 수정안 제안권을 제한하는 기능을 수행하여 수정안 등의 토론시간에 제한을 설정하고, 전원일치 동의 합의가 다르게 규정하지 않을 경우 무제한의 수정안을 제출할 수 있다(Oleszek et al. 2016: 261−86). 최근에 상원은 전원일치 동의 합의에 60표의 가중다수결(supermajority) 기준을 포함시키는 것이 일반적이 되었으며, 상원은 쟁점법안의 통과를 위해 필리버스터를 종료하는 클로처(cloture)를 적용하기 위해 의원 5분의 3 이상을 필요로 하는 가중다수결(supermajoritarian) 기관의 성격을 갖고 있다(Oleszek et al. 2016: 299−301).

13) 다만 전원일치 동의 합의가 수정안의 의안관련성을 요구하는 경우나 예산조정법안(reconciliation bills)과 같이 법률에 따라 심사시 의안관련성이 요구되는 경우 등이 있다(Oleszek et al. 2016: 317−19).

14) 상원의장(presiding officer)은 다수당 원내대표 등에게 주는 예외를 제외하고는 먼저 발언권을 요구하는 의원에게 발언권을 주어야 한다(Oleszek et al. 2016: 27−33). 상원에서는 위원회가 심사보고서를 본회의에 제출해야 할 의무가 없지만 실제 주요 법안의 경우 대부분을 제출하고 있다(Oleszek et al. 2016: 250). 상원은 의안목록이 두가지로, 조약 비준 동의안과 대통령의 고위공직자 임명에 대한 인준안이 부의되는 행정 의안목록(Executive Calendar)과 법안들이 부의되는 일반 순서 의안목록(Calendar of General Orders)이 있다(Oleszek et al. 2016: 245).

15) 2021년 제117대 의회에서 민주당이 추진하던 일련의 법안들이 상원에서 저지당하자 민주당은 다시 필리버스터 폐지를 주장하였다.

원이 투표했다면 100명 중 67명)가 필요하다. 이 2/3 규칙을 우회하는 방법으로 상원은 2013년과 2017년에 새로운 상원 선례(precedent)를 만들어 냄으로써[16] 대통령의 고위공직자 임명 인준안에 대한 필리버스터를 종료시키는 클로쳐는 단순다수결로 결정하게 된다(Oleszek et al. 2016: 313−16). 두 번째 예외인 예산조정 절차는 상원에서 단순 다수결로 지출, 세입, 국가채무 한도 관련 사항을 예산조정법안(budget reconciliation bills)에 담아 통과시키는 절차이며,[17] 각 주제별로 1년에 한번씩 총 3건의 법안 처리가 가능한데, 실제로는 세입이 지출에 영향을 미치므로 두 개의 법안, 즉 지출과 세입을 한꺼번에 담은 법안 또는 지출만 담은 법안 그리고 필요시 국가채무 한도 법안으로 처리한다.[18]

양원협의위원회(Conference Committee)와 관련하여 양원을 통과한 각각의 법안의 경우 양원협의위원회 등을 통해 대통령에게 이송되기 전에 각 원이 항상 동일한 법문으로 된 법안에 합의해야만 한다.[19] 양원협의위원회는 각각

---

16) Oleszek et al.(2016)에 따르면 이것이 가능하게 된 것은 상원 규칙 상 클로쳐가 부결된 경우 클로쳐를 재투표하는 동의안에 대해서는 토론이 불가능한 의안으로 다룸을 이용한 것으로, 2013년의 새 선례를 살펴보면 재투표에 앞서 재투표가 단순다수결로 이루어져야 한다는 내용의 의사진행상 이의를 제기했고, 상원의장이 이를 받아들이지 않는 결정을 내리자 이에 대해 이의를 제기했으며, 상원은 이 이의제기 동의안을 가결하였다. 상원은 이로써 의장의 결정을 뒤집고 대법원 판사를 제외한 임명동의안(2017년에는 대법원 판사도 포함됨)에 대한 클로쳐를 단순다수결로 결정할 수 있도록 하는 새로운 선례를 정립하였다. 상원은 법안에 적용하기 위해 이 과정을 반복할 수 있을 것이나, 역사적으로 대통령의 고위공직자 선정에 대한 존중을 보여왔던 상원의원들은 임명동의안과 입법과정은 다르다고 보는 경향이 있으며 입법과정에서 다수결주의적 절차를 만들고자 하지 않을 것으로 보고 있다(pp. 313−6).

17) 예산조정 절차는 원래 1974년 의회예산법(Congressional Budget Act)에 따라 의무지출과 세입에 관한 법률들을 예산결의안에 따른 수준에 맞추도록 개정하는 데 사용되는 절차로 예산결의안 속에 조정지침을 포함해 제안하고 이 지침에 따라 소관 상임위가 제안한 법안들을 통합한 조정법안을 입법화하는 절차이다(김건오 2006: 21). 2022년 5월 6일 현재 1974년 이 절차가 생긴 후부터 22개의 예산조정법안이 법률로 공포되었다(Kogan and Reich 2022: 1)

18) 이 예산조정 법안에 상원 다수당은 다수당이 중점 추진하는 입법사항을 포함시키려 하는 반면 소수당은 이를 저지하려고 하는데, 예산법(The Budget Act) 제313조는 조정 조항은 예산 조정과 관련되어야 한다고 규정(흔히 Byrd Rule이라고 불림)하고 있고, 상원에서 관련성(germaneness)이 없는 사항이 법안에 포함되면 의사진행상 이의제기 대상이 되므로 무엇이 관련성이 없는가의 결정은 상원의장(Presiding officer)과 실무적으로 관련 규정에 대한 유권해석을 내리는 의사관(Parliamentarian)의 어려운 임무가 된다(Sullivan 2007: 35−6; Kogan and Reich 2022: 1−8). 2021년 상원 의사관은 예산조정에 관한 Byrd Rule에 따라 예산조정과 관련되지 않은 최저임금 인상안을 민주당의 COVID−19 구호 패키지 법안에 포함시킬 수 없다는 유권해석을 내렸다.

19) 양원간 합의를 이끄는 방법은 세 가지로 첫째 그대로 다른 원이 채택하는 것으로 비논

의 원으로부터 온 위원들이 투표한 것을 합쳐 다수결로 결정하며 양원협의위원회 보고서를 각 원에 보고한다(Sullivan 2007: 41-9; Oleszek et al. 2016: 330-2).[20)]

상임위에 의한 입법감사(legislative oversight)와 관련하여 미국 학자들은 '대통령은 법률이 충실하게 집행되도록 유의한다'라고 규정한 미국 헌법 제2조제3항에 근거하여 입법권은 법이 충실하게 집행되는가의 감독권을 함의한다고 본다(Oleszek et al. 2016, 377-8; 김건오 2021: 17). 상임위에 의한 법률과 정책의 집행 및 효과성에 대한 감사와 평가의 목적은 법률이 의회의 의도대로 집행되고 있는가와 법률에 따른 사업의 유지 필요성을 판단하고, 법률 제정이나 개정의 수요를 파악하려는 것이며, 의회에서 위원회가 이러한 감사를 선도한다(Sullivan 2007: 18-9; Congress 2022).[21)]

쟁적인 법안들이 대부분이므로 가장 많은 사례이고, 둘째 서로 수정안을 제안하며 법안을 주고 받는 방법으로 두 번째로 흔하며, 셋째 양원협의위원회를 구성하는 것이다.

20) 양원에서 가결된 법률안은 정서(engrossment) 및 등록(enrollment) 절차를 거쳐 양원 의장이 서명한 후 대통령에게 이송된다(Sullivan 2007: 49; 임종훈 2012: 42). 대통령의 거부권과 관련하여 미국 헌법 제1조제7항에 따르면 대통령이 이송 법안을 승인하면 서명하고, 승인하지 않으면 이의서를 붙여 발의한 원(House)에 환부하여야 하며, 양원이 각각 재적 과반수의 출석에 출석의원 3분의 2 이상의 찬성으로 의결하면 법률로 확정되고, 일요일을 제외한 10일 이내 환부하지 않을 경우에도 법률로 성립되며, 다만 휴회로 환부할 수 없을 때는 법률로 성립되지 않는다. 대통령의 거부권이 의회 통과 법안의 내용에 영향을 미칠 수 있는 것은 거부권이 행사된 법안에 대해 재의결하는 것이 흔하지 않기 때문으로 의회는 통상 대통령의 의사를 수용하게 된다(Sullivan 2007: 50-3; Congress 2022; 임종훈 2012: 42-3).

21) 양원 의사규칙은 조사청문회(Investigative hearings)를 실시하면서 증인의 증언 강제를 위한 소환장 발부나 자료 제출 강제 권한을 부여하고 있다(Oleszek et al. 2016: 385-7; 김건오 2021: 18-9). 이 같은 입법감사의 수단들 중 입법부 및 위원회 거부(legislative and committee vetoes)는 의회에 의한 위임입법의 통제수단으로 설명이 필요해 보인다. 입법부 거부(legislative veto)는 의회가 법 조문에 위임입법을 하면서 행정입법 거부를 통해 행정입법을 무효화할 수 있는 권한을 의회에 부여하는 것이다. 대표적인 입법례는 1996년 입법된 CRA(Congressional Review Act)이다. 위원회 거부(committee veto)는 위원회로 하여금 행정부의 조치를 인정하거나 불인정하는 권한을 부여하는 것이며, 예를 들면 세출승인법에서 특정 행정기관으로 하여금 이 법에 따라 재정지원되는 사업에 대한 평가는 양원의 세출승인위원회에 사전 고지하고 승인을 얻지 않으면 할 수 없다라고 규정하는 것이다(Oleszek et al. 2016: 387-8). 입법부 거부(legislative veto)에 대한 1983년 대법원의 위헌판결(Chadha ruling) 이후 현재까지 의회는 이 판결에 대응하여 공동결의안(joint resolutions)이 양원을 통과해야 하면서 대통령에 이송되므로 대법원 판결을 충족한다고 보아 공동결의안 형태로 몇 개의 입법부 거부들을 대체하였고, 1983년부터 2009년 말까지 수백건의 입법부 거부들을 입법화하였다(Oleszek et al. 2016: 388). Oleszek et al(2016)은 입법부 및 위원회 거부는 의회와 행정부가 그 가치를 인식하기에 중요한 감사 수단으로 남아있다고 평가한다(387-9).

2. 미국의 입법과정 평가

미국의 입법과정을 평가해 보면, 양원은 각각의 의사규칙을 정할 헌법적 권한을 가짐에 따라(제1조제5항) 서로 다른 의사규칙을 발전시켜왔다. 하원 의사규칙은 상대적으로 신속하게 다수결주의에 입각한 효율적인 법안처리를 허용하는 반면, 상원 의사규칙은 개별 의원에게 강력한 의사절차상의 영향력을 부여하여 신속성 보다는 숙의를 선호한다(Congress 2022). 이 같은 다수결주의적 하원과 협의주의적 상원이 합쳐진 전체적인 의회는 주요국 의회 중에서 상당히 협의주의적인 의회로 분류될 수 있어 보인다. 전문성 측면에서 보면 미국 의회 위원장 선출에 있어 선임우선제(seniority system)와 위원 배정에 있어 선임위원존중(committee property rights)의 원칙은 위원장과 위원의 교체(turnover) 비율을 낮게 만들어 위원들의 정책 전문성 제고에 기여한다(Kim 2012b: 40). 또한 미국 의회는 스스로 양원에 있어 정책 전문성의 대부분은 상임위원회에 있다고 설명하는데(Congress 2022), 위원회가 전문화된 이유 중의 하나는 의회 소속 정부책임처(GAO), 의회예산처(CBO), 의회조사처(CRS), 양원 법제실 등 전문보좌조직과 위원회 직원 등의 지원을 받기 때문이다(Kim 2012b: 40-1; Oleszek et al. 2016; 임재주 2012: 519-78). 이에 따라 미국 의회의 입법과정상 전문성은 세계 최고 수준으로 평가할 수 있어 보인다.[22]

22) 이 같은 입법과정상 특징이 반영된 미국 의회의 입법권을 주요국 의회와 비교해 보면, 헌법이 권력분립과 함께 견제와 균형의 체계를 보장하는 가운데 예산법률주의에 따라 재정권을 포함하는 미국 의회의 입법권은 행정부의 법안을 수정하는 것을 넘어 의회 자신의 것으로 대체할 수 있는 정책 형성적(policy-making) 의회로 분류되면서 세계적으로 예를 찾아볼 수 없을 만큼 강력하다고 평가된다(Norton 1990; Lipset 1991; 김건오 2017: 51).

제3절 의원내각제 국가인 영국·독일·일본의 입법과정 분석 및 평가

1. 영국

가. 영국의 입법과정 분석

영국은 의원만이 법률안을 제안할 수 있으며 의원내각제의 특성상 의원인 내각 각료가 제출한 법안은 정부제출법안(government bill)이 되고, 각료 아닌 의원이 제출한 법안은 의원발의법안(private members'bill)이 된다(임종훈 2012: 48).

하원에서 제1독회(First reading)는 본회의에서 법안 제명이 하원 사무총장(Clerk)에 의해 낭독되는 것이며, 이후 법안이 인쇄되어 의원에게 배부된다. 보통 제1독회가 있은 후 2주 후 있게 되는 제2독회(Second reading)는 본회의에서 법안을 토론할 수 있는 처음이자 가장 큰 기회를 제공하며 정당간에 법안의 원칙과 주제에 관한 토론이 있게 된다. 이같이 제2독회에서 법안의 원칙과 가결여부가 정해지고 후속하여 이 원칙의 범위내에서 위원회 심사가 이루어지기에 영국은 3독회제의 본회의중심주의를 채택하는 국가의 대표적인 예이다. 의원들의 동의가 있으면 토론 없이 제2독회를 마칠 수 있으며, 기립(division) 표결을 통해 법안을 반대함으로써 법안을 폐기시킬 수도 있다. 제2독회가 끝나면 정부제출법안에 대해 프로그램 동의안(programme motions) 심의를 통해 위원회 단계(committee stage)를 거칠지 여부와 심의 기한 등을 결정한다(House of Lords 2011: 2; Parliament 2022; 임종훈 2012: 52; 박영도 2014: 393-4).

제2독회 후 보통 2~3주 후에 열리는 위원회 단계에서는 축조 심사를 할 수 있는 기회를 제공하며, 법안은 세 가지 유형의 위원회에 회부되는데, 첫째로 가장 일반적으로 회부되는 것은 공법안위원회(Public bill committees)[23]로

---

23) 영국 의회에서 가장 일반적으로 입법기능을 수행하는 공법안위원회는 '상설위원회'가 아닌 '임시 위원회(ad hoc committees)'인데 과거에 용어상 혼동을 불러일으킬 수 있는 '상임위원회(Standing Committees)'라고 불렸으나, 현재는 공법안위원회(Public Bill Committees)를 포함하는 일반위원회(General Committees)로 대체되어진 상태이다(Shaw 1998: 232;

정당 의석수에 비례하는 16~50명의 위원으로 구성되며, 전문가 및 이익집단으로부터 증언을 청취할 수 있다. 수정안은 위원장에 의해 선택된다. 둘째로 소수의 법안들은 전원위원회(Committees of the whole House)로 회부되는데 헌법적 성격의 법률안(constitutional bills)이나 세입법안(Finance Bill)의 일부를 심사한다. 전원위원회는 모든 의원이 참석할 수 있고, 전원위에서는 부의장이 수정안을 선택 및 분류한다. 셋째로 자주 사용되지 않으나 상설감사위원회(Select committee)[24]로 회부될 수 있다. 신속심의 대상 안건(Bills fast tracked)은 심의절차를 덜 거치는데, 예를 들어 통합국고자금법안(Consolidated Fund Bills)은 위원회 단계를 전혀 거치지 않는다(House of Lords 2011: 2; Parliament 2022; 박영도 2014: 384).

보고단계(Report stage)는 위원회에 회부되었던 법안에 대한 위원회 심사 결과를 본회의에 보고하는 것이다. 보고단계에서 위원회 심사에 참여하지 못했던 의원들이 수정안을 제안할 기회를 갖는다. 보통 보고단계 직후에 갖게 되는 제3독회(Third reading)는 법안에 대한 마지막 토론 기회가 되는데, 법안의 자구정리로 심사 범위가 제한되고 자구정리를 넘어서는 수정안은 허용되지 않는다. 이어서 표결을 거쳐 상원으로 송부된다(Parliament 2022; 임종훈 2012: 54; 박영도 2014: 385).

영국 의회는 하원 우위의 의회로 법률안이 의회에서 통과되려면 양원에서 각각 통과되어야 함이 원칙이나, 공법안(Public bills)에 대한 양원의 의견이 일치되지 않는 경우 상원의 권한을 일련의 의회법들(The Parliament Acts)이 다음과 같이 규정하고 있다. 첫째, 세입과 공공지출에 관한 재정법안(Money Bills)은 하원에서 먼저 제안되고 심의되어야 하며 하원 심의가 끝나고 상원 제안 개시 후 상원이 통과시키지 않는 경우에도 늦어도 1개월 전까지 국왕의 재가(Royal Assent)를 받아야 하고, 상원은 재정법안을 수정할 수 없다. 둘째 대부분의 하원 법안은 상원이 수용하지 않는다면 약 1년간 계류될 수 있으나, 종국에는 하원이 다음 회기에 다시 제안하여 상원의 동의 없이 통과시킬 수

Rogers and Walters 2006: 344; 김건오 2021; 5).

24) 상설감사위원회인 'select committee'는 상설이면서 부처에 대응하여 분야별로 전문화된 위원회이며, 본래 감사기능을 주요 기능으로 한다(Shaw 1998: 232; Rogers and Walters 2006: 344; 김건오 2021; 5). 영국 의회의 결산위원회로 볼 수 있고 상설감사위원회인 공공회계위원회(Committee of Public Accounts)의 위원장은 야당이 맡는 것이 관례인데, 동 위원회의 위원 구성은 하원 의석수와 비례한다(김건오 2021: 7).

있다(Parliament 2022).

상원에서 제1독회는 제명이 법안 담당 의원에 의해 읽혀지며 보통 형식상의 절차로 토론 없이 이루어진다. 제2독회는 의원들이 법안의 원칙과 목적에 대해 토론할 수 있는 첫 번째 기회를 제공한다.[25] 제2독회가 끝나면 위원회 단계(Committee stage)로 축조심사가 이루어지며 보통 법안은 전원위원회 또는 Grand Committee[26]로 회부된다. 모든 상원의원이 두 위원회에 참석할 수 있는데, Grand Committee는 전원위원회와 달리 동의안이 만장일치로 처리되어야 하기 때문에 한 위원이 법안 개정을 막을 수 있다. 하원의 위원회 단계와 달리 상원의 위원회 단계에서는 모든 법안이 심사 대상이 될 수 있고, 의원은 무제한으로 토론할 수 있으며 정부는 토론 주제를 제약하거나 시간 제한을 둘 수 없다.

위원회 단계가 끝나면 갖게 되는 보고 단계(Report stage)에서는 모든 상원의원이 심사하고 수정안을 제안할 수 있는 기회를 갖는다. 보고 단계가 끝나면 제3독회로 넘어가는데, 하원과 달리 현안이 아직 충분히 심사되지 못했다면 수정이 이루어질 수 있으며, 법안이 최종적으로 정리되는 단계이다. 법안이 하원에서 시작되었다면 상원의 수정안을 심사하기 위해 다시 하원으로 돌아간다(House of Lords 2011: 4; Parliament 2022; 임종훈 2012: 55－6; 박영도 2014: 385－6).

나. 영국의 입법과정 평가

영국의 입법과정을 평가해 보면 Lijphart(1999)는 영국을 유럽에 있어 웨스터민스터형 다수결주의(majoritarian) 모델의 가장 명확한 예라고 설명하고, Döring(1995)은 최고의 다수결주의적 사례인 영국에서 정부만이 하원 본회의의 의사일정을 결정한다고 설명한다. 의회와 행정부의 권력이 하나로 융합되어 있으며 수상이 예산법률안과 같은 중요법안을 신임투표로 간주시 그 부결이 의회해산을 가져올 수 있고, 예산법률안 심사시 예산의 삭감만이 인정되

25) 어느 의원이나 발언할 수 있으며 보통은 2~3시간 열리나 가끔 며칠 동안 열리기도 한다.

26) 영국 상원에서 Grand Committee는 모든 의원이 참여하여 토론할 수 있는 위원회이고, 하원에서 Grand Committee는 지역 및 지방정부 현안을 다루는 위원회이다.

는 등의 이유로 영국 의회의 입법권한은 약하다고 평가되며, 본회의중심주의를 취함에 따라 본회의의 제2독회 후 비상설위원회인 공법안위원회(Public bill committees)가 주로 위원회 심사를 담당한다는 점에서 입법과정의 전문성도 낮다고 평가된다(Strøm 1998: 31－4; Norton 1998: 160; Kim 2012b: 37; 김건오 2017; 46). 다만 영국에서는 의회의 본질적 기능을 정부를 감독하는 것이라 보며, 입법과정에 있어 의회의 역할도 예산법률 등이 의회의 의도대로 집행되었는가 등을 감사하여 이를 입법수요로 환류시키는 입법감사 기능에 주안점을 두는 것으로 보인다. 이를 지원하는 의회 소속 감사원(National Audit Office)이 있으나, 상설감사위원회(Select committee)의 전문 스탭은 매우 적다는 한계가 지적된다(Norton 1998: 152; 김건오 2021: 5－8).

2. 독일

가. 독일의 입법과정 분석

독일의 입법과정은 국민에 의해 선출되는 하원(Bundestag)이 가장 중요한 역할을 수행하지만 상원의 동의를 요하는 법안의 경우 16개 주의 이익을 대표하는 상원(Bundesrat)이 하원과 동등한 결정권을 갖는다. 다만 상원의 동의를 요하지 않는 법안의 경우 하원의 우위를 인정하고 있다.

법률안 제안권자와 관련하여 하원 의원수 5%의 동의를 얻은 하원의원, 원내교섭단체(parliamentary groups), 상원 및 연방정부는 하원에 법안을 제안할 수 있다(기본법 제76조제1항).[27] 기본법 제76조제2항에 따라 연방정부법안은 하원에 앞서 상원에 먼저 제출되며, 연방정부는 상원에서 제1독회라 불리는 심의를 거쳐 채택된 의견서(initial statement)와 이에 대한 정부의 답변서(counter－statement)를 법안과 함께 하원에 제출한다(Bundesrat 2022).[28]

하원 본회의의 심의에 앞서 원내교섭단체에 의한 사전검토와 독일 의회

27) 전체 법안 중 약 2/3 정도가 정부제출법안이며(Bundesrat 2022), 예산법률안은 연방정부만이 제출권을 갖는다(김건오 2017: 47). 상원이 하원에 법안을 제안하는 경우 하원이 그 법안에 반대하면 후술하는 조정안 마련을 위한 조정위원회를 개최하는 것은 불가능하다(Bundesrat 2022).

28) 상원이 주의 이익을 대표하므로 상원에서 완전히 거부된 연방정부제출법안이 연방정부에 의해 하원에 제출되는 경우는 드물다. 상원 제1독회에서 연방법률을 집행해야 하는 주의 의견이 개진된다(Bundesrat 2022).

의 특징인 원로회의에 의한 조정을 살펴보면, 원내교섭단체에는 각 위원회 위원들로 구성된 워킹 그룹(Arbeitskreis)이 있어 법안에 대한 사전검토를 수행한다(박영도 2014: 395-6). 영국과 달리 독일의 원내교섭단체는 국고보조금을 지원받고 있고 이 보조금으로 전문 스탭들을 고용하고 있다(Kim 2012b: 32-3; Saalfeld 2000: 30-1).[29] 하원 의사규칙 제6조제1항에 따르면 원로회의(Council of Elders)는 의장과 부의장들(교섭단체별로 최소 한명씩 선출) 및 교섭단체 소속 의원 수의 비율에 따라 교섭단체가 지명하는 23명의 의원으로 구성되고, 연방정부 대표[30]도 참석한다. 이 의원들은 연장자일 필요는 없으나 의정경험이 풍부한 의원들로 구성되며 교섭단체의 원내총무단이 중심이 된다. 원로회의는 회의 일시와 안건 등 의사일정을 하원 의사규칙 제21조제1항에 따라 의장이 결정하지 않으면 원로회의가 결정하고, 위원장 선임 등 원구성 협의, 하원 예산안 작성, 쟁점사안에 대해 조정·중재의 역할을 수행함에 있어 합의를 이끌어 내되, 합의가 안되면 본회의로 넘겨 결정한다. 하원 의사규칙 제6조제2항은 원로회의가 의사결정기구가 아니라고 규정함으로써 의장을 지원하는 자문 및 조정기구임을 밝히고 있다(박영도 2014: 396; 주성훈 2021: 1-4).

하원은 일반적으로 본회의 단계에서 3독회제로 법안심사를 한다. 영국 하원에서는 제2독회 후에 위원회 심사가 있는 반면에 독일 하원은 제1독회 후에 법안을 하나 또는 수개의 위원회에 회부한다(Bundestag 2022). 영국의 경우 본회의의 제2독회에서 법안의 원칙 등이 정해지고 위원회는 이 같은 기본틀에 따라 심사하나 독일의 경우 상임위원회에서 이루어지는 수정은 본회의의 의사에 구속되지 않는다(박영도 2014: 394). 상임위원회의 주요 임무는 입법기능으로 연방정부가 제출하는 예산법률안을 제한 없이 수정하고 있으며, 아울러 감사기능을 수행한다(Bundestag 2022; 김건오 2017: 47).[31] 이런 측면에서 독일의 입법과정은 영국의 본회의중심주의와 미국의 위원회중심주의를 절충했다고 볼 수 있다(박영도 2014: 394). 위원회 심사가 끝난 후 있게 되는 제2독회는 수정이 이루어지는 주요 단계이다. 제3독회에서는 최종 표결이 이루어

29) 1969년 이후 정부보조금은 증가 추세에 있으며 1991-1994년 하원 임기 동안 두 주요 교섭단체는 의원에 의해 고용된 수를 제외하고도 약 300명의 스탭을 고용하였다(Kim 2012b: 32-3; Saalfeld 2000: 30-1).

30) 주로 총리실 정무차관(Staatsminister)이 참석한다.

31) 독일은 하원 의사규칙 제12조에 따라 교섭단체 의석비율에 따라 상임위원장을 배분하고 있다.

진다(Bundesrat 2022; 박영도 2014: 394).

하원을 통과한 모든 법안은 상원에 송부된다. 상원이 송부된 법안에 관여할 수 있는 범위는 법안 가결에 상원의 동의를 요하는 가에 따라 결정된다. 동의법안(Zustimmungsgesetz, consent bills)은 상원의 동의 없이는 법이 될 수 없으며, 기본법을 개정하거나(상원 2/3 다수결), 주의 세입이나 행정적 관할에 영향을 미치는 법안이다. 실제 연방 법률의 약 반이 동의법안에 해당한다. 동의법안의 경우 상원은 법안에 동의하거나, 동의를 거부하거나 조정위원회(Vermittlungsausschuss, Mediation Committee) 개최를 요구할 수 있다. 상원의 동의를 요하지 않는 이의법안(Einspruchgesetze, objection bills)의 경우 상원이 법안에 반대하면 하원에 반대의견을 제출할 수 있을 뿐이며, 제출 전에 조정위원회 개최를 요구하는 절차가 선행되어야 한다. 하원은 이의법안에 대해 상원이 재적 과반수로 반대를 의결한 경우 하원 재적과반수의 의결로, 상원 2/3 다수결로 반대를 의결한 경우 하원 2/3 다수결로 법률로 확정할 수 있다(Bundesrat 2022).

조정위원회의 조정 절차와 관련하여 조정위원회는 하원의원 16명과 상원의원 16명으로 구성되며, 원내교섭단체의 의석수에 비례하여 임명된다. 상원은 하원에서 채택한 모든 법안에 대해 조정위원회 개최를 요구할 수 있고, 하원과 연방정부는 상원이 동의법안에 동의하지 않을 경우 조정위원회를 개최할 수 있다(Bundesrat 2022; Bundestag 2022).

나. 독일의 입법과정 평가

독일의 입법과정을 평가해 보면, Lijphart(1999)는 독일을 유럽에 있어 협의주의 모델의 가장 명확한 예라고 설명한다. 독일 의회에서 다수파는 자신의 의지를 관철하기 보다는 가능한 한 합의를 추구한다. 이 같은 협의주의적 의사결정 방식은 독일이 다당제 정당체계와 독일식 연동형 비례대표제에 따라 의회 내 다수파가 단일 정당이 아닌 연립여당으로 구성되는 연립정부로 통치가 이루어진다는 점과 관련이 깊다. 하원 예산위원회 위원장을 전통적으로 제1야당 출신이 맡고 있다는 점도 맥락을 같이한다(김건오 2017: 48-9). 독일의회의 입법과정에 있어 전문성을 살펴 보면, Dalton(2000)은 독일 의회는 강력한 입법 기능을 수행하는 위원회 체계를 가지고 있으며, 행정부의 집행을 조사하는 청문회를 개최하고(p. 283), 정부법안을 수정할수 있는 실질적 능력을 갖추고 있다고 설명한다(p. 310). 독일 의회는 제19대 선거 임기(electoral term) 중 연방정부 부처에 대응하는 24개의 전문화된 상임위원회 체계를 갖추었고(Bundestag 2019), 의회가 예산증액권을 갖고 있는 등 재정권한이 주요 5개국 중 미국 다음으로 강하며, 독립기관인 독일 감사원의 지원을 받아 강력한 감사권을 행사하는 등 입법과정의 권한과 전문성도 높다고 보인다. 다만 입법과정에서 연방정부가 주도권을 갖고 있는 점을 감안할 때, 독일 의회의 전문성은 미국에 비해서는 상대적으로 낮다고 보인다(Dalton 2000; Kim 2012b: 44; 김건오 2021: 11).

3. 일본

가. 일본의 입법과정 분석

일본은 중의원 우위의 양원제이며, 내각이 예산을 중의원에 먼저 제출하여야 하고(헌법 제60조제1항 및 제86조),[32] 중의원과 참의원이 예산과 법률안에 있어 의견을 달리 하는 경우 중의원의 우위를 인정하고 있다.

법안 제안권자는 내각과 의원으로 중의원 의원은 의원 20인 이상의 찬성으로(예산을 수반하는 법안은 50인 이상), 참의원 의원은 10인 이상의 찬성으로(예산을 수반하는 법안은 20인 이상) 의안을 발의할 수 있다(국회법 제56조제1항). 본회의에서 수정안을 제안하는 경우에도 같은 찬성자가 필요하다(동법 제57조).[33] 내각은 법안을 중의원 또는 참의원에 제출하며, 법안 등 의안을 하나의 의원(House)에 제출시 다른 의원이 예비심사를 할 수 있도록 제출일로부터 5일 이내에 다른 의원에 동일한 의안을 송부하여야 한다(국회법 제58조). 일본은 우리나라와 같이 주요 선진국들과 다르게 예산비법률주의를 취하고 있는데, 예산은 내각만이 제출할 수 있으며, 헌법 제86조에 따라 내각이 예산을 작성하여

32) 1989년 대일본제국헌법이 예산법률이 아닌 예산이라는 의결형식을 도입함으로써 법안에 비해 예산의 통과를 쉽게 하고 의회의 재정통제권을 제한하려 했는데, 이 예산규정을 1946년 일본국헌법이 계승하였고 현재까지 유지되고 있다(김건오 2017: 50).

33) 다만 본회의 수정법안의 경우 예산을 수반하는 법안뿐만 아니라 예산 증액을 수반하는 법안도 중의원 50인 이상, 참의원 20인 이상의 찬성이 필요하다(동법 제57조).

국회에 제출하도록 하고 있다(House of Representatives 2022: 20). 의장은 의안이 발의 또는 제출되면 적합한 위원회에 회부('부탁'이라고 법문에서 표현된다)하여 심사한 후 본회의 심의에 부치되, 특히 긴급을 요하는 것은 발의자 또는 제출자의 요구에 따라 의원의 본회의의 의결로 위원회 심사를 생략할 수 있다(동법 제56조제2항).

위원회 심사와 관련하여 일본 국회는 위원회중심주의를 채택하고 있으며 위원회 관련 규정은 헌법에는 없고 국회법 등에서 규정하고 있다(박영도 2014: 413). 양원 모두 17개의 상임위원회가 있으며(국회법 제41조), 위원회에서는 발의자, 담당 국무대신 또는 국회법 제60조에 따라 타원에서 제출된 법안의 경우 타원의 위원장(대리자를 포함한다)이나 발의자로부터 제안이유를 듣고, 질의가 이루어지며 국회법 제51조에 따라 공청회가 개최될 수 있다. 이후 토론을 거쳐 표결이 이루어지며, 표결은 기립표결로 이루어진다(House of Representatives 2022: 20－1; 박영도 2014: 414－5; 법제처 · 한국법령정보원 2019: 21). 각 원의 지도부는 위원회의 심사를 촉진시키는 수단으로 국회법 제56조의3을 활용하는데, 각 의원이 위원회가 심사 중인 안건에 대하여 특히 필요한 때에는 중간보고를 요구하여 중간보고가 있은 안건에 대해 의원이 특히 긴급을 요한다고 판단할 때에는 위원회 심사기한을 정하거나 의원 본회의에서 심의할 수 있도록 하고, 심사기한 내에 심사를 마치지 아니한 때에는 의원 본회의에서 심사하도록 하고 있다.

본회의 심의와 관련하여 위원장은 위원회 법안 심사 경과와 결과를 본회의에 보고하고(국회법 제53조), 질의와 토론을 거쳐 법안이 가결되면 다른 의원으로 송부되어 이전 의원과 동일한 절차를 거쳐 심의되며(House of Representatives 2022: 17), 양원에서 동일한 내용의 법안을 가결할 때 법률로서 성립한다(헌법 제59조제1항). 중의원에서 가결되었으나 참의원에서 이와 다른 의결을 한 법안은 중의원에서 출석의원 3분의 2 이상으로 재가결되면 법률로서 성립되는데(동조제2항), 중의원은 참의원에 양원협의회 개최를 요구할 수 있다(동조제3항). 양원협의회는 양원 10명씩으로 구성되며 재적위원 3분의 2 이상의 출석에 출석위원 3분의 2 이상의 다수로 성안하여 양원에서 표결하게 된다(국회법 제89조~제93조). 예산의 경우 참의원에서 중의원과 다르게 의결한 경우에 양원협의회를 열어도 의견이 일치하지 않거나 참의원이 중의원에서

가결된 예산을 받은 후, 휴회 기간을 제외하고 30일 이내에 의결하지 않을 경우 중의원의 의결을 국회의 의결로 하고 있다(헌법 제60조제2항).

나. 일본의 입법과정 평가

일본의 입법과정을 평가해 보면 1946년 일본국헌법은 웨스터민스터형 의원내각제를 도입하였으며, 내각이 의회를 자유롭게 해산할 수 있는 내각우위형 의원내각제가 사실상 자민당 일당지배체제와 결합된 특수한 형태로 볼 수 있다. 일본 국회는 다수결주의의 예로 분류할 수 있고, 입법 · 예산 및 감사기능에 있어 국회의 행정부에 대한 통제 기능이 약하다고 평가된다(국회사무처 2017: 67–8; 김건오 2017: 50). 입법과정에서 거대 여당의 법안에 대한 의견이 이미 결정되어 있어 위원회와 본회의 심의가 형식화되어 가는 경향이 있다(박영도 2014: 413). 이 같은 경향은 예산 심의과정에서도 관찰된다. 유훈 · 조택 · 김재훈(2012)은 일본 국회에서 예산안이 1956년 이래 수정된 일이 없었다고 지적한다(171쪽). 또한 일본 회계감사원은 헌법에 따라 국회를 지원할 의무가 있는 것이 아니라 회계검사원법에서 국회를 지원할 수 있다는 임의규정이 있을 뿐이고, 회계검사원을 독립기관형 감사원으로 보는 견해(감사연구원 2013)도 있으나, 행정부에 속하는 독립된 기관으로 보면서, 회계검사원이 행정부의 통제 하에 있다고 보는 의견(Lienert and Jung: 2004)이 존재하는 것에서 볼 수 있듯이 의회의 감사권에도 한계가 있어 보인다(김건오 2021: 12–4). 입법과정의 전문성을 살펴보면 국회법 제131조에 따라 의원의 법제 지원을 위해 양원에 각각 법제국을 두고 있고(임송학 2009: 151–6), 국회법 제43조에 따라 상임위원회는 전문위원 및 조사원을 둘 수 있는 등 입법지원조직이 있으나, 국회법 제132조에 따르면 의원의 최대 비서 수가 3명으로 제한되는 점 등을 고려할 때 일본 의회의 입법과정에 있어 전문성은 미국 및 독일과 비교할 때 한계를 가진다.

제4절 이원정부제 국가인 프랑스의 입법과정 분석 및 평가

1. 프랑스의 입법과정 분석

이원정부제 국가의 대표적 모델인 프랑스의 입법과정에 대한 분석은 우리나라의 개헌 논의에 있어 이원정부제가 대통령제 다음의 대안으로 검토되고 있고, 우리의 정부형태가 대통령제에 일부 의원내각제를 혼합한 것이라는 점에서 의의가 있다.

프랑스의 입법과정을 이해하기 위해서는 제5공화국의 탄생 배경을 이해할 필요가 있다. 강한 의회와 약한 행정부 구도로 특징지어지는 제3공화국과 제4공화국에서의 정국 불안정을 타파하기 위해 제5공화국 헌법은 '합리적 의회주의(rationalized parliamentarianism)'에 기초하여 의도적으로 의회의 권한을 매우 약화시킨 반면에[34] 이원적 구조의 행정부의 권한을 강화시켰다(National Assembly 2018: 33; 성낙인 2015: 487; 김건오 2017: 54; 허영 2017: 836-45). 이 같은 합리적 의회주의에 따른 규정들에 의한 의회의 권한 제한과 하원 우위의 양원제가 프랑스 입법과정의 두 가지 큰 특징이다. 하원만이 내각을 불신임할 수 있고, 하원과 상원이 법안에 의견을 달리하는 경우 헌법개정안과 상원과 관련된 조직법을 제외하고 정부의 요청에 의해 하원이 최종결정권을 갖는다. 아울러 예산법안(finance bill)과 사회보장재정법안(social security financing bill)은 하원에서 먼저 심의되어야 하며, 그 심의기간의 경우 상원에 비해 하원이 훨씬 더 길다(National Assembly 2018: 33-8).

그러나 의회는 헌법, 재정조직법 및 법률의 개정을 통해 입법권, 예산권과 감사권을 점진적으로 회복해 가고 있다. 먼저 예산권의 강화를 살펴보면 헌법 제40조는 국고지출의 신설 또는 증가를 수반하는 의원발의법안이나 수정안은 접수될 수 없다고 규정함으로써 예산법안에 대한 의회의 증액수정을

---

34) 헌법 제38조는 의회의 미약한 입법권을 보여주는데, 정부는 의회가 법률로 정할 사항에 속하는 조치를 제한된 기간 동안 법률명령에 의하여 행하는 것을 의회에 요구할 수 있도록 하고 있다(허영 2017: 841; 김건오 2017: 54).

제한하였다. 그러나 2001년 제정된 재정에 관한 조직법(LOLF) 제47조에서 세출예산에 대한 수정법안은 임무(mission)별로 한다고 규정함에 따라, 의회는 헌법 제40조를 어기지 않으면서도 이 법 제47조에 근거하여 임무라는 예산과목의 총액만 증액시키지 않을 경우 그 임무 아래의 주요사업(programme)이라는 예산과목의 지출액을 증감 조정할 수 있게 되어 예산법안 수정권한이 획기적으로 강화되었다(National Assembly 2018: 37; 김세진 2010: 115; 김건오 2017: 52).

다음으로 입법권의 강화를 살펴보면, 2008년 헌법 개정은 의회의 권한을 강화시키는 몇 가지 중요한 변화를 가져왔다. 첫째 본회의 의사일정 설정 권한을 의회와 행정부 간에 나누도록 하여 4주 중 2주는 정부에서 요청한 법안을 우선 심사하기 위해 주어지되 나머지 2주는 의회에서 설정한 의사일정에 주어지도록 했다. 그러나 정부는 예산법안과 사회보장재정법안과 같은 몇 가지 유형의 법안을 의사일정에 포함시킬 수 있는 우선권을 항상 가질 수 있다((National Assembly 2018: 37). 이와 같이 본회의 의사일정 결정 권한에 있어 정부의 통제의 정도가 다소 약해졌다고 하나, Dȯring(1995)이 하원 본회의 의사일정 설정을 위해 의장, 부의장단, 위원장단 그리고 의회 담당 장관 등이 참석하는 의장단 회의(Conference of Presidents)에서 정부는 하원 내 여당 의석수보다 많은 다수를 확보함으로써 본회의 의사일정을 통제할 수 있다고 지적한 바와 같이 정부는 여전히 강력한 의사일정 결정권을 행사하고 있다고 보인다. 둘째 헌법 제49조제3항에 따라 총리가 예산법안 또는 사회보장재정법안에 대해 불신임안이 가결되지 않는 한 투표 없이 가결된 것으로 보는 절차가 있는데, 이 절차를 추가로 다른 법안에도 적용할 수 있는 횟수를 회기당 1회로 한정하였다(National Assembly 2018: 38).

끝으로 감사권의 강화를 살펴보면, 2008년 개정 헌법은 제47조의2제2항에서 공공행정의 회계는 적법하고 적정해야 한다고 규정하여 결산의 중요성을 강조하고, 제47조의2제1항에서 감사원(Cour des Comptes)은 정부활동의 통제 및 공공정책의 평가 등에 있어 의회를 지원할 의무가 있음을 규정하였다(National Assembly 2018: 38). 이 규정들은 2001년 재정조직법의 제정을 통한 결산법안 심의 강화 등 의회에 의한 재정통제의 시도를 더욱 강화한 것으로 평가된다(김지영 2012: 26-37; 김건오 2021: 22-4). 이 밖에 감사 및 평가 기구의 발전으로 상임위원회 수가 6개에서 8개로 증가하고, 평가 및 공공정책 감사를 위한 위원회의 설립 등이 있었다(National Assembly 2018: 38).

법안의 제안권자와 관련하여 양원의 의원과 총리가 법안을 제안할 수 있고(헌법 제39조제1항), 수정안도 양원 의원과 정부가 제안할 수 있다(National Assembly 2022). 다만 헌법 제41조는 의원발의 법안 또는 수정안이 법률의 소관사항이 아니라고 판단하는 경우 등에 정부나 각 원의 의장은 법안접수가 허용될 수 없음을 밝힐 수 있으며, 정부와 해당 의장 간의 의견이 불일치하는 경우 한 쪽의 요구에 따라 헌법재판소가 이에 대해 결정할 수 있다고 규정한다. 한편 예산법안은 정부만이 제안할 수 있다(전학선 2009: 81−98; 김건오 2017: 52). 정부제출법안은 양원 중의 하나에 제출될 수 있으나, 예산법안 및 사회보장재정법안은 하원에 먼저 제출되어야 하고, 지방자치단체의 구성을 주로 다루는 정부제출법안은 상원에 먼저 제출되어야 한다(헌법 제39조제2항). 또한 정부제출법안은 의회 제출 전 각 부처가 수행하는 사전 입법영향연구의 대상이 되며, 이는 2008년 개정된 헌법 제39조제3항이 하원 또는 상원에 제출되는 정부제출법안의 제안은 조직법이 정하는 조건에 따른다고 규정하고 있고 이에 따라 개정된 조직법 제8조 등이 정부제출법안은 그 작성시부터 입법영향연구의 대상이 된다고 규정하고 있음에 따른 것이다(국회입법조사처 2020: 94−100). 법안이 제출되면 특별위원회가 구성되지 않는 한 하나의 상임위원회에 회부되며, 다른 관련된 위원회들 또한 심사할 수 있다(헌법 제43조). 위원회는 법안에 대한 보고위원('rapporteur'라고 불린다)을 지명하며 보고위원이 법안의 검토의견을 담은 보고서를 동료의원들에게 제출한다. 위원회는 추가적 정보 수집을 위해 정부 공무원, 외부 전문가 등을 대상으로 청문회를 개최할 수 있다(National Assembly 2022).

본회의 심의와 관련하여 헌법 제42조는 2009년 3월 1일 이후로 본회의에서 예산법안, 사회보장재정법안 및 헌법개정안은 정부가 제출한 원안이 심사되나, 이 외의 나머지 법안들은 위원회에서 채택된 법안이 심사된다고 규정하고 있다.[35] 법안이 본회의에 상정되면 의사규칙에 따라 먼저 대체토론이

---

35) 2009년 이전의 법안 심사의 특징과 관련하여 Döring(1995)은 프랑스와 같은 다수결주의형 국가에서 정부의 원안이 위원회 수정안과 함께 또는 수정안이 부록으로 첨부되어 본회의에 보고되며 이를 통해 정부의 입법의도가 명확하게 드러나게 된다고 설명한다(pp. 233−8).

열리며,[36] 다음 축조심사, 최종표결의 순서로 진행된다(박영도 2014: 409-11).[37] 법안이 한 원을 통과하면 다른 원에 즉각 보내져 통과되어야 하나, 양원의 의견이 다를 경우 헌법 제45조에 따라 양원의원 각각 7명으로 구성되는 양원합동위원회가 열릴 수 있다. 이 조정절차가 실패할 경우 헌법개정안과 상원과 관련된 조직법을 제외하고 정부는 하원이 최종적으로 결정하여 법안을 의결해 줄 것을 요청할 수 있다(National Assembly 2022).

2. 프랑스의 입법과정 평가

프랑스의 입법과정을 평가해 보면 Lijphart(1999)는 프랑스가 영국과 같이 웨스터민스터형 다수결주의의 예에 속한다고 설명한다. 의회의 권한을 대폭 제한하여 대통령이 임명하는 총리와 내각보다 위상을 낮게 만든 제5공화국 헌법 아래에서 2000년에 대통령 임기가 하원의원 임기와 같이 5년으로 된 가운데 대체로 대통령과 그 소속 의회 다수파가 의회의 의사일정 결정을 강력하게 통제해 왔다는 점에서 Döring(1995)이 지적하는 바와 같이 프랑스 의회는 다수결주의적 의사결정 방식을 특징으로 한다고 볼 수 있다. 그러나 프랑스 의회는 2008년 헌법 개정 등을 통해 입법권 · 예산권 및 감사권을 점진적으로 회복해 가고 있는 과정으로 평가할 수 있다. 프랑스 의회의 입법과정에 있어 전문성은 이 같은 권한 강화와 함께 상임위원회 수의 증가, 감사위원회의 설립, 독립기관인 감사원의 의회 지원 의무 규정 등에서 볼 수 있듯이 점진적으로 증대되고 있다고 볼 수 있으나, 8개로 증가한 상임위원회 수는 미국 및 독일과 비교해 보면 여전히 적은 점 등을 고려해 볼 때 미국과 독일에 비해 열위에 있다고 보인다(Kim 2012b; 김건오 2017: 51).

---

36) 정부 공무원, 위원회의 보고위원, 교섭단체를 대표하는 위원이나 토론에 참여하길 원하는 의원들이 대체토론에 참석한다.

37) 원내교섭단체가 가끔 입장을 설명하기 위해 표결 전에 개입하기도 한다.

제5절 우리나라 국회 입법과정 개정논의의 검토

우리나라 국회는 단원제 의회이며 위원회중심주의 의회이고, 전체적으로 다수결주의적 의사결정구조를 가진 의회로 분류할 수 있겠으나, 협의주의적 특성들이 혼합되어 있는 특징을 갖는다. 주요 선진국에서 예산법률주의에 따라 예산과정을, 그리고 입법감사(legislative oversight)를 통해 법률 제 · 개정 수요를 파악한다는 관점에서 입법감사과정을 각각 광의의 입법과정에 포함시켜 논의하고 있으나(예를 들면 Oleszek et al: 2016), 우리나라의 예산 및 감사과정과 관련된 주제로 헌법개정을 통한 예산법률주의 도입, 국회의 예산증액수정권 인정, 감사원의 국회 소속화 내지 독립기관화, 국회 결산승인제도의 헌법규정화 등의 주제는 이미 다른 연구들(예를 들면 헌법연구자문위원회 2009; 김건오 2017; 국회헌법개정특별위원회 자문위원회 2018; 김건오 2021)에서 논의되었으므로 이 장에서는 논의에서 제외하고 나머지 입법과정을 검토하고자 한다. 다만 위 주제들과 이 장에서 제안하는 주제들의 헌법개정 등의 배경과 제도 도입의 취지가 관련성이 크므로 위 주제들의 논의 내용을 간략히 살펴보면, 예산법에 지출의 용도와 제한사항 등을 규정함으로써 국회의 지출 통제를 강화할 수 있도록 예산법률주의를 도입하고, 정부의 동의 없는 국회의 예산증액을 제한하는 헌법 제57조를 삭제함으로써 제왕적 대통령제로 불릴 정도로 집중화된 대통령의 재정권한을 분산시켜 국회의 예산심의 확정권을 실질화하며(김건오 2017: 60－1), 헌법에 감사원의 국회 지원을 담보할 수 있도록 감사원을 국회 소속화하거나 감사원을 독립기관화할 경우 국회의 감사요구권과 감사원의 국회 재정통제 지원 의무를 규정하고, 국회의 재정통제권을 강화할 수 있도록 국회의 결산승인제도를 헌법에 규정할 필요가 있다는 것이다(김건오 2021: 1). 이 같은 대통령의 권한 분산과 국회의 입법권한 강화안은 대통령의 법률안 거부권과 맞물려 국회와 정부, 여야 간에 협의와 타협을 통한 협치를 구현하는 데 기여할 것으로 기대된다는 것이다(김건오 2017: 61).

1. 입법과정 관련 헌법 개정논의의 검토

가. 양원제 도입 논의 검토

입법과정의 헌법 개정 논의의 쟁점은 크게 두가지로, 첫번째 쟁점인 국회 양원제 도입과 관련하여 2009년, 2014년, 2018년에 각각 활동하였던 국회 헌법개정자문위원회들의 결과보고서를 보면 대체로 의회의 기능적 분권화, 지역 대표성 강화, 통일 대비, 양원간 입법경쟁을 통한 입법품질 향상 등을 이유로 양원제 도입에 찬성하였으나, 2018년 개헌특위 자문위 중 정부형태분과와 지방분권분과는 찬성 입장인 반면에 정당 · 선거분과는 제1안으로 현재 국회의 비효율성에 대한 국민적 비판여론이 높아 이러한 국민적 인식이 바뀌지 않는 한 양원제 도입은 어려울 것으로 보이고, 입법지연이 발생할 수 있으며 통일 후에 도입하는 것이 더 타당해 보인다는 이유로 현행 유지 의견을, 제2안으로 다른 분과의 논의결과를 반영하자는 의견을 내었다(헌법연구자문위원회 2009: 14; 국회헌법개정자문위원회 2014: 16; 국회헌법개정특별위원회 자문위원회 2018: 448-51). 종합해 평가해 보면 대체적으로 다수로 보이는 도입 찬성론의 논거와 그 중 특히 통일을 준비한다는 관점, 양원에서 재차 고민함으로써 신중한 입법논의에 기여한다는 점(김종철 외 2017: 180) 그리고 앞에서 살펴본 주요국 모두 양원제를 채택하고 있는 점 등을 고려할 때 도입을 적극적으로 검토할 필요가 있어 보인다.

나. 정부의 법안제출권 폐지 논의 검토

입법과정의 헌법 개정 논의의 두번째 쟁점인 정부의 법안 제출권 폐지와 관련하여 헌법 제52조에 따라 정부는 법안을 제출할 수 있고, 2018년 대통령 제안 헌법개정안은 정부가 의원 10명 이상의 동의를 받아 법안을 제출할 수 있다고 규정하였다. 또한 헌법연구자문위원회(2009)는 행정부와 입법부 간 권력 균형 유지, 행정부의 입법정보 활용 필요성 등을 논거로 하는 유지론과 국회의 권한 약화, 법률안 제출권과 법률안 거부권의 양립 불가능에 따른 양자택일 필요성 등을 논거로 하는 폐지론 중에서 헌법 개정시 대통령제를 채택한다면 행정부의 법안 제출권은 국회의 기능을 약화시킬 우려가 있으므로 폐지하자는 의견을 제시하였다(141－4쪽). 입법례를 보면 미국은 양원의 의원만이 발의권을 갖고, 의원내각제의 특성상 영국, 독일 및 일본은 내각 및 연방정부가 법안제안권을 갖으며, 이원정부제의 프랑스도 총리가 법안을 제안할 수 있다. 이 폐지 의견을 평가해 보면 유지론은 신속한 법안의 처리도 중요하지만 정부 내의 심도 있는 검토를 거쳐 제출되는 정부의 법률안 제출권 제도의 장점을 고려할 필요가 있고, 현재의 여소야대의 국회 의석 구조 하에서 야당과의 협치가 원활하게 이뤄지지 않을 수 있으며, 의원입법과의 입법경쟁을 유도할 수 있다는 점(헌법연구자문위원회 2009: 143)에서 상당한 설득력을 갖는다고 보인다. 그러나 정부의 법안 제출권 폐지 시 국회법 제79조에 따라 10명 이상의 의원이 법안을 발의할 수 있도록 한 국회법을 미국과 같이 의원이 한 명일지라도 법안을 발의할 수 있도록 개정하여 법안 발의요건을 동시에 완화할 필요가 있다고 보며 이 같은 개정을 전제로, 우리나라는 미국과 달리 의원내각제적 요소로 국회법 제29조에 따라 의원이 국무총리 또는 국무위원을 겸직할 수 있도록 하고 있어 국무총리 또는 국무위원을 겸직하는 의원을 통해 법안을 어렵지 않게 제출할 수 있는 점을 고려할 필요가 있다고 본다. 또한 정부가 법안제안권을 갖지 않아도 여당 의원을 통해 법안을 제출할 수 있고 야당 위원장 등의 명의로 발의되는 것이 협치라는 관점에서 바람직해 보이므로 정부의 법안제출권을 폐지하는 것을 적극적으로 검토할 필요가 있다고 본다. 관련하여‘우회입법’이라는 비판을 받는 사실상 정부 의견의 의원입법을 통한 추진과 관련하여 법제처는 정부법안이 국회 제출 전까지 관계기관 협의, 사전 영향평가, 입법예고, 규제개혁위원회 심사, 법제처 심사, 차관회의 및 국무회의 심의 등에 약 5~7개월 또는 그 이상이 소요된다고 밝히고 있는데,[38)]최종진(2018)은 이러한 복잡하고 엄격한 절차가 중요 법안을 의원입법으로 추진하게 되는 요인이 될 수 있다고 지적한다(111쪽). 미국에서는 의원이 대통령이나 장관 등 다른 사람의 제안을 받아 법안을 ‘요청에 의해(by request)’라는 표현을 넣어서 발의하는데(Sullivan 2007: 8), 우리도 정부의견을 신속하게 의원입법으로 처리하고 입법과정의 책임성을 제고할 수 있도록 정부의 요청에 따른 것임을 법안의 대표발의의원 성명과 함께 명시하도록 하는 국회법

38) 자세한 내용은 다음 법제처 홈페이지 참조. https://www.moleg.go.kr/menu.es?mid=a10105020000 <2022. 7. 13 접속>

개정을 검토할 필요가 있어 보인다.

2. 입법과정 관련 국회법 개정논의의 검토

우리나라 입법과정은 위원회중심주의의 특징을 보이고, 나아가 법안이 위원회 전체회의에서 수정되는 경우가 드물며 법안의 실질적 · 구체적인 조문화가 소위원회에서 이루어진다는 점에서 소위원회중심주의의 특징을 갖는다(임종훈 · 이정은 2021: 264). 입법과정을 개관해 보면, 의장은 법안이 제안되면 소관 상임위에 회부하며(국회법 제81조), 위원장은 회부된 법안을 간사와 협의하여 정한 의사일정에 따라 상정하고(동법 제49조), 제안자 취지 설명, 전문위원 검토보고, 대체토론, 법안소위 심사, 전체 위원회의 축조심사와 찬반토론 및 의결을 거치며(동법 제58조), 심사를 마치거나 입안된 법안은 법제사법위원회에 회부되어 체계 · 자구의 심사를 거쳐야 하고(동법 제86조), 위원회가 법사위 체계 · 자구 심사 내용이 반영된 심사보고서를 의장에게 제출하며(동법 제66조), 본회의에서 법안은 본회의 상정, 위원장의 심사보고 또는 제안설명, 질의 · 토론, 표결을 거친다(동법 제93조). 이 과정 중 국회법 제63조의2 및 전원위원회 운영에 관한 규칙 제5조제1항에 따라 본회의에서 법안에 대한 심사보고 또는 제안설명이 있은 후에 전원위원회가 개회될 수 있다.

가. 국회선진화법 개정 논의 검토

입법과정에 관한 국회법 개정논의의 쟁점을 네 가지로 나누어 검토해 보면, 첫 번째 쟁점인 소위 국회선진화법으로 불리는 2012년 5월 30일 시행된 개정 국회법(이하 '국회선진화법'이라 한다)의 개정과 관련하여 이 법에는 직권상정 요건 강화(제85조제1항 및 제86조제2항), 무제한 토론(제106조의2) 및 안건조정위원회(제57조의2) 등 전체적으로 봤을 때 협의주의적 의사결정방식의 특징을 갖는 내용이 있다. 아울러 예산안 등의 본회의 자동부의(제105조의2제10항), 국회 회의 방해죄 신설(제166조) 등 국회 질서유지 강화, 안건 신속처리제도(제85조의2), 법사위 체계 · 자구 심사 지연 법안에 대한 본회의 부의절차 (제86조제3항 및 제4항) 등 전체적으로 다수결주의적 내용이 규정되어 있다. 다만 이 규정들 중 일부는 다수결주의적 내용과 협의주의적 내용이 혼합되어 있으며 그 예로 안건 신속처리제도는 위원회에 장기간 계류된 안건이 본회의로 진행되게 해준다는 점에서 전체적으로 다수결주의적이지만 대상안건으로 지정되기 위해서는 재적의원(또는 재적위원) 3/5 이상의 찬성 요건을 둔 점에서 협의주의적 측면이 있다(김동욱 2019: 3). 국회선진화법 개정 찬성론은 무제한토론의 종결과 신속처리 대상 안건 지정에 재적의원(또는 재적위원) 3/5 이상의 찬성과 안건조정위에서 조정안 가결에 재적위원 2/3 이상의 찬성을 필요로 하는 가중다수결을 요구하는 것이 다수결 원칙(헌법 제49조)에 위배되고, 의장 직권상정 요건 강화로 입법 지연이 발생하며, 안건 신속처리제도는 대상 안건이 본회의에 상정되기까지 330일 이상이 소요되므로 이 기간을 단축시킬 필요가 있다는 점 등을 논거로 한다(김준석 2013; 김동욱 · 전대성 · 이민상 2016: 70; 김종철 외 2017: 34; 김동욱 2019; 12). 이에 대해 국회선진화법 개정 반대론은 국회선진화법은 다수결주의와 협의주의를 절충한 제도를 선택한 것이며(박찬표 2016: 105-6), 국회선진화법 제안이유에서 밝히고 있듯이 소수 의견 개진 기회를 보장하면서도 효율적으로 심의되도록 한 것이고,[39] 미국 상원의 필리버스터는 특정 법안에 대해 무제한의 기간에 걸쳐 의회 통과를 막을 수 있지만(Oleszek et al. 2016: 19)[40] 우리나라의 경우 무제한 토론 중 해당 회기가 종료되면 바로 다음 회기에 지체 없이 표결하도록 하고 있으며(국회법 제106조의2제8항), 물리적 충돌을 방지하였다는 점 등을 논거로 한다(김종철 외 2017: 33-4).

종합해 평가해 보면 국회선진화법은 국회 회의 방해죄(국회법 제166조)에 대한 벌칙으로 공직선거법 제19조가 의원직 상실과 일정 기간 피선거권 박탈까지 가능하게 규정함에 따라 국회에서 물리적 충돌을 찾아 보기 힘들게 한 점, 다수결주의와 협의주의의 조화를 통해 이 법 제안이유에서 밝히듯이 민주적이고 효율적인 국회를 구현하려는 노력이었다는 점 등을 감안할 때 현행 규정을 큰 틀에서 유지하면서 교섭단체 간 협의를 통해 문제점을 보완해 나

39) 국회선진화법을 주도한 의원 중 한명으로 평가되는 김세연 의원은 국회선진화법은 직권상정 요건 강화와 무제한 토론을 내주고, 대신 예산안 자동상정 및 폭력징계 의무화를 받은 것이라고 밝혔다(김세연 2014).

40) 미국에서 법안은 각 대의 의회에서 2년의 임기(congressional term)가 끝나면 폐기되고, 새 대의 의회에서 다시 발의되어져야 하는데, 이 법안에 대해 다시 필리버스터가 이루어 질 수 있다.

가는 것이 타당하다고 보여진다(강원택 2016: 9). 국회선진화법 등 국회 입법과정 개정의 기본 방향으로 입법과정의 민주성과 효율성[41]의 조화(임종훈·이정은 2021: 29－30; 노재석 2016: 35) 및 전문성의 제고를 들 수 있어 보인다(김종철 외 2017: 259).[42] 다수의 횡포와 소수의 전제를 경계하고 민주주의의 두 원리인 소수권리의 보호과 다수결의 원리 간의 균형과 조화를 이루며, 과도한 입법 교착을 막기 위한 장치들을 강구함으로써 효율성을 동시에 추구해야 할 것으로 보여진다(임성호 2013: 87; 박찬표 2016: 77). 박찬표(2016)는 입법과정 개정을 위한 국회법의 개정은 현실적으로 '게임의 규칙'을 개정하는 성격을 가지기에 교섭단체 간 합의 처리가 불문율로 여겨져 왔다고 지적한다(103쪽). 이런 맥락에서 안건 신속처리제도에서 대상 안건의 본회의 상정까지 소요 기간을 단축하는 등의 국회선진화법 개정은 교섭단체 간의 협의를 통해 이루어질 것으로 보인다. 이러한 개정에 있어 참고할만한 미국 사례를 보면, 상원은 예산조정법안(budget reconciliation bills)을 제외한 나머지 법안들의 경우 소수당의 토론권을 보호하기 위하여 필리버스터를 종료시키는 클로쳐(cloture)에 상원의원 3/5 이상의 가중다수결을 요구하나, 예산조정법안이나 고위공직자 임명 인준안의 클로쳐는 입법을 통해 또는 기존 규정의 새로운 해석을 통한 선례 정립의 방법으로 단순다수결로 처리함으로써 소수자의 토론권 보호와 다수결의 원리 간에 조화를 추구하고 있다(Oleszek et al. 2016; 313－6).

다음으로 국회선진화법의 주요 조문별로 제도 도입 취지와 실제 운용 사례를 간략히 평가해 보면, 첫째 무제한 토론(제106조의2)의 경우 2016년 2월 첫 무제한 토론 실시 이후 현재까지 실시된 무제한 토론은 소수당이 소수의견을 개진하고 본회의 가결을 지연시킴으로써 다수당과 소수당 간 합의를 통한 안건 처리를 유도하려는 제도 취지(국회사무처 2021; 507)를 제대로 달성하지 못하고 있는 것으로 보이며, 그 이유는 회기를 짧게 결정하거나 단축하는 방법 또는 종결동의를 통해 무제한 토론을 무력화시킬 수 있기 때문으로 보인다(임종훈 · 이정은 2021: 362). 둘째 안건조정위원회(제57조의2)의 경우 이 제도가 도입된 제19대 국회 이후 안건조정위원회의 활동 실적을 살펴 보면,

---

41) 김준석 · 박경미 · 이한수(2013)는 입법 효율성이 법안 처리까지 드는 비용 문제로 평가된다고 본다(47쪽).

42) 김종철 외 (2017)는 입법과정에서의 민주성과 효율성이 전문성의 제고를 통하여 확대될 수 있음을 지적한다(259쪽).

이견을 조정하기 힘든 안건에 대하여 제1교섭단체 소속 위원과 제1교섭단체에 속하지 아니하는 위원 동수로 조정위원회를 구성하여 논의의 장을 마련함으로써 여야 간 타협을 통한 안건 처리를 도모하려는 제도 취지(국회사무처 2021: 258－9)와 달리 여야 간 실질적으로 합의하여 조정이 이루어진 사례는 찾기 힘들며, 이같이 조정기능이 미흡한 이유는 다수파가 제1교섭단체 소속이 아닌 위원 중 제1교섭단체와 같은 입장을 가진 위원이 있을 경우 재적위원 2/3 이상의 찬성으로 조정안을 가결함으로써 다수파의 의견을 관철하려 하였고, 소수파는 조정안 가결이 어려운 경우 소수파의 입법지연 수단으로 활용하였기 때문인 것으로 보인다(임종훈 · 이정은 2021: 300－1). 셋째 안건 신속처리제도(제85조의2)의 경우 여야 간 쟁점 안건이 장기간 위원회에 계류되지 않도록 신속처리대상안건이 일정기간이 지나면 다음 심사단계로 진행되도록 하여 위원회 중심주의를 존중하면서도 안건의 신속한 처리를 촉진하려는 제도의 취지(국회사무처 2021: 415)와 달리 제20대 국회에서 처리된 8건의 신속처리대상안건을 보면 위원회에서 실질적 논의가 거의 이루어지지 않고 8건 모두 본회의에서 수정가결되었다. 이같이 상임위원회와 법사위에서 각각 180일과 90일의 기간 내에 심사를 마치지 않은 경우 다음 단계로 진행되도록 하여 숙의에 필요한 위원회 심사기간을 보장하려는 제도의 취지가 무색해지자 이 기간을 단축하자는 법안들이 발의된 바 있다(임종훈 · 이정은 2021: 304－5).[43]

나. 법사위 체계 · 자구 심사제도 논의 검토

입법과정에 관한 국회법 개정논의의 두 번째 쟁점인 주요국에서 입법례를 찾기 힘든 법사위의 체계 · 자구 심사[44]에 대한 국회법 개정 논의를 살펴

43) 예를 들어 권은희 의원안(2018. 1. 15 발의)은 상임위에서 60일 이내, 법사위에서 15일 이내에 각각 신속처리대상안건의 심사를 마치도록 하고 있다.

44) 법사위 체계 · 자구 심사는 제2대 국회 1951년 3월 15일 국회법 개정으로 도입되었다. 여기서 '체계의 심사'란 위헌여부, 타법과의 저촉여부, 현행 법령체계와의 정합성 등을, '자구의 심사'란 법문 표현의 적합성, 통일성 등을 심사하는 것을 의미한다. 체계 · 자구 심사의 범위와 관련하여 원칙적으로 체계 · 형식과 자구의 심사에 한하며 다른 위원회에 회부된 법안의 실질적, 정책적 내용은 심사할 수 없으나, 헌법에 위반되는 내용 등 법체계에 반하는 법률안의 내용은 그것이 실질적, 정책적 내용이라도 심사범위에 포함된다고 볼 수 있다(국회사무처 2021: 423).

보면, 법사위 체계·자구 심사의 폐지론 또는 비판론은 법사위가 체계와 자구 심사권의 범위를 넘어 법안의 실질적, 정책적 내용에 관한 심사를 함으로써 월권을 하고 있으며 특히 상임위 간 또는 부처 간 이견 조정 기능을 수행하면서 내용에 관한 심사가 이루어지고 있고,[45] 법안 상정 지연에 따라 신속한 입법의 장애요인으로 작용하는 측면이 있으며, 소수당인 야당 소속 위원장이 체계·자구 심사를 입법 지연 수단으로 사용한다는 점[46] 등을 논거로 한다(고상근 2017: 39－40; 홍완식 2020: 239－45; 최웅선 · 최희숙 2021). 이에 반해 체계·자구 심사제도의 옹호론은 법안의 위헌성, 현행 법령체계와의 정합성, 완결성 심사 등을 통해 입법품질을 제고할 수 있고(고상근 2017: 40; 홍완식 2020: 231), 미국은 상 · 하원이 중복적으로 심사함으로써 입법경쟁이 일어나고 이해관계자 의견 조정이 이루어지는데, 국회는 단원제와 위원회중심주의를 취함에 따라 법사위의 체계 · 자구심사가 사실상 상원의 중복 심사의 역할을 수행하고 있다는 점을 논거로 한다(최웅선 · 최희숙 2021: 158). 또한 체계·자구심사제도를 유지하는 것을 전제로 하여 체계·자구심사의 긍정적인 측면은 극대화하고 부정적인 측면을 최소화할 필요가 있다는 의견(고상근 2017: 40), 체계 · 자구심사의 구체적 내용 및 기준의 근거를 국회법에 규정하자는 의견(임종훈 2012: 252; 최웅선 · 최희숙 2021: 161) 등이 있고, 상임위 간 또는 부처 간 이견조정 기능을 수행해온 체계 · 자구심사제도를 폐지한다면 전원위원회를 활성화할 필요가 있다는 의견이 제시된다(최웅선 · 최희숙 2021: 164－5).

---

45) 체계 · 자구 심사의 권한을 넘어서는 월권 문제를 해결하기 위해 국회법 제86조제5항을 개정하여(2021. 9. 14) 체계와 자구의 심사 범위를 벗어나 심사하여서는 아니된다고 규정하였으나, 여전히 실질적 효과를 기대하기 어려워 보인다(최웅선 · 최희숙 2021: 171).

46) 제12대 국회(1985~1988) 당시 과반수의 여당이 상임위원장을 독식하였는데, 1987년 민주화 이후 제13대 국회(1988~1992)부터 여소야대 정국 속에서 교섭단체별 의석비율에 따라 위원장을 배분하기 시작하였다(예외적으로 제16대 국회(2000~2004)에서 비교섭단체인 자유민주연합이 위원장 1석을 차지하였다). 이후 개원협상에서 법사위 등 여야가 선호하는 상임위를 누가 맡을 것인가가 쟁점이 되어왔다. 제18대 국회 말 국회선진화법 개정 과정에서 당시 여당은 원구성 협상에 따라 관행적으로 법사위원장을 야당이 차지하는 상황 속에서 법사위의 체계자구심사권이 모든 상임위의 법안 통과를 지연시키는 수단으로 활용될 수 있다는 점에서 그 폐지를 주장하였으나 채택되지 않았다(박찬표 2016: 105). 제21대 국회 전반기에도 그 폐지와 함께 별도의 체계 · 자구 검토를 담당하는 법제기구를 설치하는 등의 국회법 개정안이 다수 제출되었다. 예를 들어 박홍근 의원안(2020. 6. 18 발의)은 국회사무처에 법제전담기구를 두도록 하고 있다.

종합적으로 평가해보면 법사위 체계 · 자구 심사제도의 폐지 또는 개정도 전술한 국회선진화법 개정 검토에서 살펴본 바와 같이 교섭단체 간 협의를 통해 이루어질 것으로 보인다. 만약 체계 · 자구 심사제도를 유지하는 것으로 결정된다면 체계 · 자구 심사가 사실상 단원제와 위원회중심주의의 한계를 보완하여 주요국 상원의 중복 심사의 역할을 수행하고 있다는 관점에서 그 순기능은 살리되, 교섭단체 간 분쟁을 줄일 수 있도록 그 심사 내용 및 기준을 가능한 구체적으로 국회법에 규정할 필요가 있어 보인다. 한편 전원위원회를 활성화할 필요가 있다는 의견이 있으나, 국회법 제63조의2제1항은 전원위 심사 대상 법안을 정부조직에 관한 법률, 조세 또는 국민에게 부담을 주는 법안 등 주요 법안으로 한정하고 있고, 의원 전원이 위원이 됨에 따라 효율적인 심사가 되기 어려움을 고려할 때, 전원위원회의 활성화에는 한계가 있어 보인다. 따라서 상임위 간 또는 부처 간 이견조정 기능은 후술하는 독일 하원의 원로회의를 모델로 하는 현안조정기구를 설치하여 수행하는 방안을 검토할 필요가 있어 보인다. 또한 법사위 체계 · 자구 심사과정에서 정책적 내용에 대한 수정이 이루어짐에 따라 법사위의 월권에 반발하여 소관 상임위가 본회의에의 심사보고를 유보한 사례와 법사위 체계 · 자구 심사 내용을 반영하여 심사보고를 하되 본회의에 상임위의 당초 의결 내용을 반영한 수정안을 제출하여 가결된 사례가 있는데, 이 같은 사례에서 알 수 있듯이 소관 상임위와 본회의가 법사위의 심사범위가 월권이라고 판단하는 경우 대응할 수 있는 권한을 유보하고 있다고 볼 수 있다는 점도 고려할 필요가 있어 보인다(임종훈 · 이정은 2021: 315).

다. 현안조정기구 도입 논의 검토

입법과정에 관한 국회법 개정논의의 세 번째 쟁점인 독일의 원로회의를 모델로 하는 현안조정기구의 도입과 관련하여 교섭단체 간 합의를 도출하는 장을 제공하고 협의주의적 국회 운영 방식을 통한 입법과정의 효율성 도모를 위하여 독일 하원 의사규칙 제6조에 규정된 원로회의(Council of Elders)를 모델로 하여 의장의 의회 운영, 위원장 선임 등 원구성, 쟁점 현안의 중재 등에 있어 의장을 자문하고 지원하는 역할을 수행하는 현안조정기구를 국회법에 신설하는 것을 검토할 필요가 있어 보인다. 종래 관례에 따라 의장 주재 교섭단체 대표의원 회담에서 결정되던 사항 또는 국회법에 따라 의장이 각 교섭단체 대표의원과 협의하여 결정하던 사항 중 필요한 사항을 원로회의에서 다루도록 법제화하는 것이다. 의장, 부의장, 교섭단체 소속 의원 수 비율에 따른 교섭단체 추천 중진의원들과 정부대표로 구성되는 현안조정기구가 협의주의적인 국회 운영을 이끌어감으로써 미국에서 자주 볼 수 있는 분점정부 하의 입법 교착상태를 타개해 나가는 것을 기대해 볼 수 있다. 구체적으로 원구성 협상 등에 있어 교섭단체 간 분쟁을 최소화할 수 있도록 국회법에 위원장 선임 등 관련 절차에 있어 현안조정기구의 역할을 최대한 자세하게 규정하는 것을 검토할 필요가 있어 보인다. 독일 하원 의사규칙 제58조는 위원회는 위원장과 부위원장을 원로회의에서 이루어진 합의에 따라 선출한다고 규정하고 있다.

라. 입법영향평가서 첨부 논의 검토

입법과정에 관한 국회법 개정논의의 네 번째 쟁점인 법안심사보고서에 입법영향평가서를 첨부하는 것과 관련하여 미국에서는 위원회 보고서에 상하원 의사규칙에 따라 법률의 제 · 개정에 따라 늘어나는 행정업무(Paperwork)의 양에 대한 평가 등의 내용을 담은 규제영향보고서(regulatory impact statement)를 포함해야 하고(Oleszek et al. 2016: 383; 김건오 2021: 18), 하원 의사규칙에 따라 지방자치단체로의 재원 없는 사무 위임(unfunded mandates)에 대한 비용추계를 포함해야 하는데(Sullivan 2007: 17), 우리나라도 위원회의 법안 심사보고서에 국회법 제66조제3항에 따른 비용추계서와 동법 제79조의3에 따른 조세특례평가 자료 외에 규제 영향 보고서와 지방자치단체로의 재원 없는 사무위임에 대한 비용추계서 등 입법영향평가서를 첨부하도록 국회법을 개정함으로써 입법과정의 전문성을 제고할 필요가 있어 보인다(김종철 외 2017: 260). 정부입법시 사전 영향평가와 규제심사를 거치도록 하고 있는데(국회입법조사처 2020),[47] 이 같은 정부의 입법영향평가와 구별되는 입법영향평가서를 법안심

47) 정부법안의 법제처 심사시 법안 주관기관의 장은 「지방자치법 시행령」 제10조의2를 근거로 자치분권 사전협의 등 6개 사전 사전영향평가와 「행정규제개혁기본법」에 따른 규제심사의 결과를 제출하고 있다(국회입법조사처 2020).

사보고서에 첨부하게 하는 이유는 상임위 및 본회의 단계에서 심의에 필요한 참고자료를 제공받는 것이 바람직해 보이기 때문이다. 한편 의원입법에도 사전적 규제심사제도를 내용으로 하는 입법영향분석제도를 도입하자는 의견(예를 들면 음선필 2012: 169)과 구체적으로 법사위에서 법제위원회를 분리시켜 입법영향분석 기능을 담당하고 국회 내 입법보좌기구에서 실무를 담당하게 하자는 의견(예를 들면 홍완식 2020: 251-3)이 있으며, 국회입법조사처는 법률안 발의 전 · 후에 입법자가 참고할 수 있도록 법안의 영향을 분석하는 사전 입법영향분석이 정부입법시 거치게 되는 입법영향평가 절차의 부재에 따른 의원입법의 한계를 극복하는 데 중요한 역할을 수행할 수 있을 것으로 보인다는 의견을 제시하고 있다(국회입법조사처 2020). 다만 대통령제 국가인 미국 의회에서 위원회중심주의에 따라 법률의 제 · 개정에 따라 늘어나는 행정업무의 양에 대한 평가 등에 관한 규제영향보고서를 위원회 보고서에 첨부하도록 하여 규제영향평가의 주체를 상임위원회와 본회의로 하고 있고, 의회 소속 감사지원조직인 정부책임처(GAO)가 이를 지원하고 있는 것을 고려하여, 우리나라도 특정 위원회가 전담할 경우 상임위원회와 입법영향평가 업무 소관을 놓고 갈등을 빚을 수 있으므로 상임위원회의 법안심사보고서에 입법영향평가서를 첨부하도록 하면서 헌법개정을 통해 국회 소속 감사원(헌법개정 전에는 국회 소속 입법보좌조직)이 이를 지원하도록 할 필요가 있다고 본다(김건오 2021). 아울러 의원내각제 국가인 영국에서 정부제출법안 뿐만 아니라 의원발의법안에 대한 입법영향평가를 소관 부처에서 실질적으로 수행하는 사례(국회입법조사처 2020: 56)를 들어 정부가 지원하거나 합의한 의원발의법안에 대해 정부가 입법영향평가를 실시할 수 있을 것이라는 의견(예를 들면 김준경 2021)이 있으나, 이 같이 국회가 수행하지 않고 부처가 실시하는 입법영향평가는 헌법상 보장된 국회의 입법권을 침해할 우려가 있으므로 신중한 검토가 필요해 보인다(임종훈 2012: 255).

3. 그 밖의 입법과정 관련 제도개선 논의의 검토

다음으로 국회법 개정사항은 아니나 입법과정의 효율성과 전문성 제고를 위하여 제도개선이 필요한 세 가지 사항을 살펴보면, 첫째로 의원발의법안에 대한 정부의 통일된 조정의견 제출과 관련하여 현재 의원발의 법안이 회부되면 정부가 국회에 대한 의견 제출을 소관 부처를 통해 비공식적으로 하고 있다. 그런데 소관 부처를 통한 의견 제출에 있어 미국에서 '철의 삼각형(iron triangles)' 또는 '하위정부(subgovernment)'라는 개념으로 설명되었듯이(Cox and McCubbins 1993: 12; Kingdon 1995) 소관 상임위원회, 정부부처, 관련 이익집단 간의 동맹 관계로 인해 소관 부처가 부처간 이견 조정이 필요한 다부처 소관 또는 다부처 관련 법안에 있어 타 부처 등의 의견을 제대로 전달하지 않거나 이견이 조정되지 못할 수 있으며, 부처간 이견이 소관 상임위 간 이견으로 이어질 수 있다. 미국의 경우 부처와 기관들의 의견 보고서는 대통령의 정책과의 일치 여부 확인을 위해 먼저 대통령 소속 관리예산처(OMB)에 제출된 후 위원회에 제출된다(Sullivan 2007: 11). 우리나라도 현재 부처간 이견 조정을 위한 정부입법정책협의회와 국무조정실 조정 절차 등이 있으나(이세정 2018: 84-90) 이를 통해서도 조정이 이루어지지 않는 경우가 있으므로 관계 부처, 산하기관, 지자체 및 이익단체 등의 다양한 의견과 함께 정부의 통일된 조정의견이 국회에 제출되어 전문위원 검토보고서 작성시 참고자료와 상임위 전체회의 및 법안소위 심사자료로 활용될 필요가 있어 보인다. 이를 위해 정부의견 제출 절차를 보다 공식화, 체계화하고 국회와 정부 간의 협력방안을 검토함으로써 입법과정의 효율성과 전문성을 제고할 필요가 있어 보인다(김종철 외 2017: 200; 고문현 2018: 56-7; 이세정 2018: 89).

둘째로 의원입법 실적 평가 개선과 관련하여 한 건의 수백 쪽 짜리 제정법률안이나 전부개정법률안이 몇 건의 간단한 내용을 담은 일부개정법률안들보다 낮게 평가될 수 있는 문제점을 개선할 필요가 있다(음선필 2012). 의원입법에 있어 법안발의 건수와 처리 건수 등 입법의 양과 함께 질에 대한 평가가 이루어지고, 양질의 입법을 추구하는 과정에서 전문성이 제고될 수 있도록 입법활동의 객관적 실적평가지표의 개발이 필요해 보인다(노재석 2016: 279; 고문현 2018: 52-3).

끝으로 입법보좌조직의 보강 필요성과 관련하여 미국 의회의 정책 전문성의 대부분은 상임위원회에 있고 위원회가 전문화된 이유 중의 하나는 의회 소속 정부책임처(GAO), 의회예산처(CBO), 의회조사처(CRS), 양원 법제실 등 전문보좌조직 등의 지원을 받기 때문이라는 점(Congress 2022; Oleszek et al.

2017)을 감안하여 국회 법제실, 입법조사처, 예산정책처, 위원회 전문위원실 등 입법보좌기구의 인력과 조직을 보강할 필요가 있어 보인다(김종철 외 2017: 44-6).

제6절 정책 제안 및 결론

본 장의 목적은 미국, 프랑스, 영국, 독일 및 일본의 입법과정 분석과 국회 입법과정 개정논의의 검토를 통해 도출된 정책적 시사점을 바탕으로 국회 입법과정 개정의 기본방향을 민주성과 효율성의 조화 및 전문성 제고로 보면서 구체적인 국회 입법과정에 관한 헌법 및 국회법개정안을 제시함으로써 헌법 및 국회법 개정 논의에 기여하는 것이다.

우리나라 입법과정 관련 헌법개정안의 쟁점을 두 가지로 나누어 검토해 보면, 첫째 양원제 도입에 대해서는 국민여론이 우호적이지 않고 입법지연이 발생할 수 있는 점 등을 들어 반대론이 있으나, 통일 준비, 의회의 기능적 분권화, 지역 대표성 강화, 양원간 입법경쟁을 통한 입법품질 향상, 신중한 입법 논의에의 기여 그리고 주요 5개국 모두 양원제를 채택하고 있는 점 등을 고려할 때 양원제의 도입을 검토할 필요가 있어 보인다.

둘째 정부의 법률안 제출권 폐지에 대해서는 행정부와 입법부 간 권력균형 유지, 행정부의 입법정보 활용 필요성과 정부 내의 심도 있는 검토를 거쳐 제출되는 정부의 법률안 제출권 제도의 장점 등에 따른 유지론도 상당한 설득력을 갖는다고 보이고, 2018년 대통령 제안 헌법개정안은 정부가 의원 10명 이상의 동의를 받아 법안을 제출할 수 있도록 하자는 의견을 제시하고 있으나, 정부의 법안 제출권 폐지 시 국회법 제79조에 따라 10명 이상의 의원이 법안을 발의할 수 있도록 한 국회법을 미국과 같이 의원이 한 명일지라도 법안을 발의할 수 있도록 개정하여 법안 발의요건을 동시에 완화할 필요가 있다고 보며 이 같은 개정을 전제로, 우리나라는 미국과 달리 의원내각제적 요소로 국회법 제29조에 따라 의원이 국무총리 또는 국무위원을 겸직할 수 있도록 하고 있어 국무총리 또는 국무위원을 겸직하는 의원을 통해 법안을 어렵지 않게 제출할 수 있는 점을 고려할 필요가 있다고 본다. 또한 정부가 법안제안권을 갖지 않아도 여당 의원을 통해 법안을 제출할 수 있고 야당 위원장 등의 명의로 발의되는 것이 협치라는 관점에서 바람직해 보이며, 대통령제의 미국은 의원만이 발의권을 갖는다는 점 등을 고려하여 정부의 법률안제출권을 폐지하는 것을 적극적으로 검토할 필요가 있다고 본다. 관련하여 미국에서 법안에 '요청에 의해(by request)'라는 표현을 넣어서 발의하듯이 의원이 대통령 등의 제안을 받아 법안을 발의하는 경우 정부의견을 신속하게 의원입법으로 처리하고 입법과정의 책임성을 제고할 수 있도록 정부의 요청에 따른 것임을 법안에 명시하도록 하는 국회법 개정을 검토할 필요가 있어 보인다.

다음 입법과정 관련 국회법개정안의 쟁점을 네 가지로 나누어 검토해 보면, 첫째 국회선진화법 개정에 대해서는 개정 찬성론은 가중다수결을 요구하는 것은 다수결 원칙에 위배되고, 입법 지연이 발생하며, 안건 신속처리제도는 본회의에 상정되기까지 330일 이상이 소요되어 그 기간을 단축시킬 필요가 있다는 점 등을 논거로 하나, 국회선진화법이 국회에서 물리적 충돌을 찾아 보기 힘들게 한 점, 다수결주의와 협의주의의 조화를 통해 민주적이고 효율적인 국회를 구현하려는 노력이었다는 점 등을 감안하여 현행 규정을 큰 틀에서 유지하면서 교섭단체 협의를 통해 문제점을 보완해 나가는 것이 타당하다고 보여진다. 관련하여 미국 상원에서 일반 법안들의 경우 필리버스터를 종료시키는 클로쳐(cloture)에 상원의원 3/5 이상의 가중다수결을 요구하나, 예산조정법안이나 고위공직자 임명 인준안의 클로쳐는 단순다수결로 처리함으로써 소수자의 토론권 보호와 다수결의 원리 간에 조화를 추구하고 있음을 참고할 필요가 있어 보인다.

둘째 법사위 체계 · 자구 심사제도 개정에 대해서는 체계 · 자구 심사의 폐지론 또는 비판론은 체계와 자구 심사권의 범위를 넘어 내용에 관한 심사를 함으로써 월권을 하고 있고, 소수당인 야당 소속 위원장이 체계 · 자구 심사를 입법 지연 수단으로 사용한다는 점 등을 논거로 하는 반면 옹호론은 법령체계와의 정합성, 완결성 심사 등을 통해 입법품질을 제고할 수 있는 점 등을 논거로 한다. 교섭단체 간 협의를 통해 개정 여부가 결정되어질 사안으로 보이나, 만약 체계 · 자구 심사제도를 유지하는 것으로 결정된다면 체계 · 자구 심사가 사실상 단원제와 위원회중심주의의 한계를 보완하여 주요국 상원에서의 중복 심사의 역할을 수행하고 있다는 관점에서 그 순기능은 살리되, 교섭단체 간 분쟁을 줄일 수 있도록 그 심사 내용 및 기준을 가능한 구체적으로 국회법에 규정할 필요가 있어 보인다.

셋째 독일의 원로회의를 모델로 하는 현안조정기구 도입에 대해서는 교섭단체간 합의를 도출하는 장을 제공할 수 있도록 독일 하원 의사규칙에 따른 원로회의를 모델로 하여 의장, 부의장, 교섭단체 소속 의원 수 비율에 따른 교섭단체 추천 중진의원들과 정부대표로 구성되는 현안조정기구를 국회법에 신설하는 것을 검토할 필요가 있어 보인다. 이를 통해 현안조정기구는 의장의 의회 운영, 위원장 선임 등 원구성, 쟁점 현안의 중재 등에 있어 의장을 자문하고 지원하는 역할을 수행하게 된다.

넷째 법안심사보고서에 입법영향평가서를 첨부하는 것에 대해서는 미국에서 위원회 보고서에 규제영향보고서와 지자체로의 재원 없는 사무 위임에 대한 비용추계를 포함시키고 있듯이 우리나라도 상임위원회의 법안 심사보고서에 규제 영향 보고서와 지자체로의 재원 없는 사무 위임에 대한 비용추계서 등 입법영향평가서를 첨부하도록 하면서 국회 소속 입법보좌조직이 입법영향평가를 지원하도록 국회법을 개정할 필요가 있어 보인다.

다음으로 국회법 개정사항은 아니나, 의원발의법안에 대해 정부가 국회에 의견을 제출함에 있어 소관 부처를 통해 비공식적으로 할 것이 아니라 정부의 통일된 조정의견을 국회에 제출하도록 하고, 이를 위해 국회와 정부 간 협력방안을 검토할 필요가 보인다. 미국의 경우 부처와 기관들의 의견 보고서는 대통령의 정책과의 일치 여부 확인을 위해 먼저 대통령 소속 관리예산처(OMB)에 제출된 후 위원회에 제출된다.

본 연구는 국회 입법과정에 관한 헌법 및 국회법개정안 제안을 통해 대통령의 권한을 분산하고 국회의 입법권을 강화할 필요성을 지적함과 동시에 민주성과 효율성의 조화를 추구함으로써 분점정부 하의 입법 교착 문제를 해결하고, 복잡 · 다양한 입법수요에 대응하여 입법과정의 전문성을 제고할 필요성을 지적하였다. 끝으로 본 장의 한계를 지적하면 헌법개정 과제 중 광의의 입법과정에 포함될 수 있는 예산과정 및 입법감사과정과 관련된 예산법률주의 도입, 국회의 예산증액수정권 인정, 감사원의 국회 소속화 내지 독립기관화, 국회 결산승인제도의 헌법규정화 등의 주제를 논의에서 제외하였고, 나머지 입법과정 중에도 이 장에서 다룬 주제들 외에 행정입법의 통제 등 여러 주제들이 논의되고 있으나 이 장에서 다루어지지 못하였다. 행정입법의 통제에 대한 논의는 제1편 제1장 제3절을 참고해 주기 바란다.

제 2 장 국회의 예산 편성·제안 및 증액 수정권에 관한 연구: 주요국 입법례 분석을 중심으로48)

요 약

본 장의 목적은 국회의 예산 편성·제안권 및 증액수정권에 관한 영국, 독일, 일본, 미국 및 프랑스 등 주요 5개국 입법례 분석을 통해 우리나라의 바람직한 재정분야 헌법개정안을 제시함으로써 헌법 개정 논의에 기여하는 것이다. 의회의 예산편성 및 제안권은 미국에서만 인정되고, 나머지 주요국에서는 인정되지 않으며, 의회의 예산증액 수정권은 영국에서만 인정되지 않고, 미국, 독일 및 일본에서 인정되며, 프랑스에서는 예산과목의 단위인 임무(mission)의 총액 범위 내에서 인정된다. 특히 독일과 프랑스에서 의회의 예산 증액 수정권이 인정되지 않는다고 보는 견해가 있으나, 본 장은 실제 독일에서 동 수정권이 인정되고, 프랑스에서 임무의 총액만 증가시키지 않으면 그 안에서 증감할 수 있음을 설명한다.

국회가 미국과 같이 행정부안을 참고하여 예산법안의 편성·제안권을 가지면서 국회의 예산증액 제한 규정을 삭제하는 헌법개정안은 국회의 예산심의확정권을 실질화할 것으로 기대된다. 또한 이 개정안은 협의가 강조되는 국회선진화법 체계 속에서 대통령의 예산법안 거부권과 맞물려 국회와 정부, 여야 정당들 간에 협의와 타협을 통해 예산법을 만들어 가는데 기여할 것으로 평가된다.

48) 이 글은 필자가 2017년 「의정논총」(제12권 제2호)에 게재한 국회의 예산 편성 · 제안 및 증액 수정권에 관한 연구: 주요국 입법례 분석을 중심으로" 중 일부를 수정 · 보완한 것임.

제1절 문제의 제기

국회 헌법개정특별위원회는 2018년 6월 지방선거와 동시에 헌법개정 국민투표를 실시할 수 있도록 2018년 3월 중 헌법개정안을 발의하는 것을 목표로 헌법개정안 마련을 위해 박차를 가했었다. 개헌특위의 재정분야 헌법개정안 관련 쟁점은 크게 세 가지로 나눌 수 있었다. 첫째, 예산법률주의 도입 여부, 둘째, 예산 편성 및 제안권의 주체를 국회와 정부 중 어디로 할 것인지의 문제, 셋째, 국회의 예산 증액 · 새 비목 설치 제한 규정의 삭제 또는 정부가 정한 총액 범위 내 국회의 예산증액수정권 인정 여부이었다.

위 쟁점들에 대한 헌법개정안을 도출하는 것은 국가재정과정의 틀을 바꾸는 일인 만큼 헌법개정특위는 관련 전문가의 의견 수렴을 위한 공청회 개최뿐만 아니라, 새 헌법의 시행과정에서 혼선이 발생하지 않도록 이 쟁점들에 대해 재정에 관한 이론 및 실무에 밝은 전문가의 의견을 광범위하게 청취할 필요성이 있었다.[49] 그런데 국회가 헌법개정안을 마련함에 있어 이 같은 쟁점들에 관한 주요국의 입법례를 정확히 파악하여 국회 심의의 기초자료로 삼는 것이 바람직하였다. 그럼에도 2017년 국회 개헌특위 전체회의에서 기획재정부 차관은 독일과 프랑스 의회의 예산 증액 수정권이 인정되지 않고, 정부형태와 관계없이 이 수정권이 인정되지 않는 것이 공통적인 현상이라고 답변하여 자칫 개헌 논의가 오도될 위험이 있었다고 본다.[50] 이에 따라 본 장의 주요 연구 주제는 위 헌법개정안 쟁점들에 대한 영국, 독일, 일본, 미국 및 프랑스 등 주요 5개국 입법례를 분석·평가하고, 이 입법례가 우리나라의 헌법개정에 갖는 함의를 조명하여 바람직한 재정분야 헌법개정안을 제안하는 것이다.

본 장은 이 분야에 관한 국내외 선행연구를 분석하고, 유럽과 미국 학자들의 의회 비교연구론(Comparative studies of legislatures), 합리적 선택 기반 의회조직 이론(Rational choice-based theories of legislative organization), 의회제도화론

49) 2017년 2월 14일 제349회국회 헌법개정특별위원회 제1소위원회 제2차 회의에서 한 의원의 지적이다.

50) 2017년 2월 13일 제349회국회 헌법개정특별위원회 제10차 전체회의에서 기획재정부 차관의 답변 내용이다.

(Theory of legislative institutionalization)에 근거해 쟁점이 되는 재정제도의 우리나라에의 적합성을 검토한다.

본 장은 제2절, 제3절, 제4절에서 각각 우리나라의 헌법개정안 쟁점과 관련하여 대표적인 의원내각제 국가인 영국, 독일, 일본과 대통령제 국가의 전형인 미국 및 이원정부제 국가의 대표적인 모델로 프랑스의 입법례를 분석하고, 우리의 헌법 개정에 갖는 함의를 중심으로 평가한다. 제5절에서는 우리나라의 예산법률주의, 국회의 예산편성·제안권 및 예산증액 수정권 인정 여부에 관한 헌법개정안을 검토한다. 제6절에서는 결론으로 바람직한 재정분야 헌법개정안을 제안한다.

제2절 의원내각제 국가의 입법례 분석 및 평가

1. 영국

예산법률주의의 도입과 관련하여, 영국은 불문헌법의 원칙으로 예산법률주의를 가장 먼저 확립한 나라이다. 예산법률주의는 조세법률주의와 지출법률주의로 나눌 수 있고, 우리 헌법은 조세법률주의를 규정하고 있으므로(제38조 및 제59조), 이하 주요국 입법례 분석에서 지출법률주의를 중심으로 논의하기로 한다.[51] 영국에서 지출예산법률주의는 1706년 하원 의사규칙(Standing Order) 제정을 통해 확립되었다(권해호 2005: 37－38; 국회사무처 2017: 19).[52]

51) 영국의 조세법률주의에 대해 간략하게 설명하면, 1297년 대헌장(Magna Carta) 이후 과세동의의 원칙이 전통으로 자리매김하였고(전학선 2009: 121－122. 정종섭 외 2005: 34에서 재인용), 의회의 재정통제권은 1689년 권리장전 이후 유지되어 온 불문헌법의 기본원칙으로 받아들여지고 있으며, 권리장전 제4조는 의회의 과세권한을 규정하였다(Jowell & Oliver 2011: 341). 구체적으로 권리장전은 국왕이 의회의 승인 방법과 시기를 제외하고는 자의적으로 세금을 부과할 수 없도록 규정하였다(권해호 2005: 33; 박기영 2014: 53). 영국에 있어 조세법률주의가 확립되어 가는 과정에 관한 자세한 설명은 권해호(2005: 33) 및 박기영(2014: 53) 참조.

52) 영국의 지출법률주의의 효시는 1665년 네덜란드와의 전쟁 수행을 위한 특별세에 대해 전쟁목적으로만 사용하도록 하는 조항이 도입된 것을 들 수 있다. 또한 1689년 제정된 권리장전을 준수하는 과정에서 지출법률주의의 원칙이 도입되었다고 보며, 1706년 하원 의사규칙 제정으로 지출법률주의가 확립됨에 따라 1706년부터 지출승인법이 시행되었

예산편성제출권과 관련하여, 영국에서 예산법안의 편성과 제출은 재무부장관이 한다.[53] 재무부장관이 3월에 하원에서 예산안 연설(Budget Speech)을 하고, 후속절차로 세입예산안인 재정안(Finance Bill)을 하원에 제출하며(McKay & Johnson 2010: 255－257), 7월에 의결되면 재정법(Finance Act)이 된다. 이어서 재무부장관은 세출예산안(Main Supply Estimates)을 편성하여 4~5월에 하원에 제출하며, 7월에 의결되면 세출예산법(Appropriation Act)이 된다(국회예산정책처 2012: 71－109).

의회의 예산증액 수정권과 관련하여, 영국 의회는 정부가 제출한 예산안을 삭감만 할 수 있다(OECD 2014: 158). Lienert(2007)에 따르면 하원은 총지출의 증액 또는 지출 내용 변경의 수정안을 제안할 수 없고, 그 제한 근거는 317년 된 하원 의사규칙 제48조이며, 일반적으로 하원의 유일한 수정권은 지출을 삭감하는 것이라고 한다(p. 16). 삭감만 인정되는 이유를 살펴보면, 영국에서 의회는 정부에 의해 제안되지 않은 지출을 의결하거나 조세를 부과하지 않으며, 지출과 과세에 있어 정부가 주도권을 가지는 것을 헌법상의 원칙으로 여기기 때문이다(McKay & Johnson 2010: 225; Jowell & Oliver 2011: 342). 그러나 Rogers and Walters(2006)에 의하면 정부가 주도권을 갖고 예산안을 제출해야만 하고 의회는 자발적으로 그것을 하지 않는다는 전통적인 원칙에 대해 왜 그래야만 하는가에 대한 근원적인 이유는 없다고 보면서, 영국 의회에서 의회의 증액수정권을 허용하자는 논의가 있다고 한다(pp. 284－286).

영국의 입법례를 평가해 보면, 의회와 행정부의 권력이 융합되어 있고, 정부의 유지를 의회의 신임에 의존하는 영국형 의원내각제에서의 의회의 재정권한은 매우 약해 주요 5개국 중 가장 약하다고 평가할 수 있다. 의회는 정부의 예산법안을 삭감하는 권한만을 가지는 데, 이는 수상이 예산법안을 신임투표로 간주할 경우 그 부결은 의회해산을 낳을 수 있기 때문이다(Norton 2000; OECD 2014: 159). 이에 따라 영국 의회에 있어 재정권한과 관련된 진전은 사후적인 감사 및 조사 쪽에서 이루어지고 있으며(McKay & Johnson 2010: 226), 의회의 본질적 기능은 정부를 감독하는 것으로 여겨진다(Kim 2012b: 38).

다(권해호, 2005: 37－38: 박기영, 2014: 54).

53) 영국의 예산과정에 관한 규율은 하원 의사규칙에 일부(제48조부터 제56조까지) 규정되어 있다. 그 외에는 법률로 정해져 있지 않고 주로 관습에 따르다(홍성현 · 권나현, 2010: 70).

이 같은 웨스터민스터형 의원내각제라고도 불리는 영국형 의원내각제의 특징은 영연방 국가들뿐만 아니라 프랑스, 독일 및 일본에도 영향을 미쳤다.

2. 독일

예산법률주의의 도입과 관련하여, 독일 기본법 제110조는 연방의회가 예산안을 예산법률로 확정하여야 한다고 규정함으로써 예산법률주의를 명시하고 있다.

예산편성제출권과 관련하여, 기본법 제113조제1항이 전제하는 바와 같이 연방정부만이 예산법률안을 의회에 제출할 권리를 가진다(장선희 외 2006: 32).

의회의 예산증액 수정권과 관련하여, 연방의회는 예산법안을 제한 없이 수정할 수 있음에도 불구하고 앞에서 지적한 바와 같이 기획재정부 차관은 2017년 개헌특위 전체회의에서 독일 의회의 예산 증액 수정권이 인정되지 않는다고 답변하였다.[54] 문헌자료 중에도 증액 수정권이 인정되지 않는다고 설명하거나(이창수 · 예승우 2012: 41－47; 김종면 2017: 34), 의회의 증액 · 새비목 설치 제한의 근거로 독일 기본법 제113조제1항을 소개하는 경우가 있다(국회사무처 2017: 29).

이에 대해 의회의 증액 수정권이 인정된다고 보아야 하는 근거들을 정리해 보면, 첫째, OECD가 가입국을 대상으로 실시한 예산 관행과 절차에 관한 설문조사 결과에 따르면 독일은 의회가 예산을 수정할 수 있는 무제한의 권한을 가진다고 스스로 밝히고 있다(OECD 2014: 158).[55]

둘째, 동 수정권이 인정됨을 설명해 주는 국내외 문헌들이 있다. 먼저 기본법 제113조[56]를 문리해석해 보면, 제1항에서 지출을 증액하는 예산법안은

---

54) 2017년 2월 13일 제349회 헌법개정특별위원회 제10차 전체회의에서 기재부 차관의 답변이다.

55) 이 같은 독일의 입장은 국회예산정책처의 2013년 독일 연방의회 예산위원회 방문 자료에서도 확인되는데, 이 위원회의 사무국장인 Claus－Peter Pliske는 정부 제출 예산안을 정부의 동의 없이 예산위원회가 무제한적으로 증액할 수 있느냐는 질문에 대해 거의 제한이 없다고 말할 수 있으며, 헌법의 국가부채 규모 관련 규율로 인해 이 규율의 제약 하에서 무제한적으로 증액이 가능하다고 답변하였다. 보다 자세한 내용은 국회예산정책처, 프랑스, 독일 공무국외출장 결과보고서(2013. 8) 참조.

56) 제113조제1항은 연방정부가 제출한 예산안에서 지출을 증액하거나 새로운 지출요소를 포함하는 법률들은 연방정부의 동의를 필요로 하며, 수입 감소를 초래하는 법률도 마찬

연방정부의 동의를 필요로 하고, 연방정부는 이러한 법안이 의결되지 않도록 의회에 요구할 수 있으며, 제2항에서는 의결된 법안을 재의결해 달라고 요구할 수 있다. 또한 제3항에서는 제1항 및 제2항의 절차를 거쳤을 경우라도 6주가 지나면 연방정부의 동의가 있는 것으로 간주하여 종국적으로는 의회가 예산을 증액 수정할 수 있다고 보인다.[57] 그럼에도 증액수정권을 인정하지 않는 앞의 견해들과 달리 제113조를 의회가 예산안을 증액 의결할 수 있는 근거로 해석할 수 있다고 보면서, 그렇지 않다면 예산의결권과 관련하여 기본법이 보장하는 의회의 다른 헌법기관에 대한 우월적인 헌법상의 지위가 매우 제약될 수밖에 없다고 설명하는 학자들이 있다(박종수 2004: 42-43; 장선희 외 2006: 31-32).[58]

또한 Linn and Sobolewski(2015)에 따르면 연방정부가 기본법 제113조에 따라 지출 증가 법안을 의결하지 말 것을 요구하거나 재의결을 요구할 수 있는 권리를 실제 사용해 본 적이 없으며, 이는 의원들과 재정부 공무원들이 예산위원회 법안심사과정에서 지출증가를 보완해줄 방안들을 논의해 문제를 해결하기 때문이다(p. 47). 연방정부는 의회의 다수파의 신임에 의존하므로 현실적으로 연방정부는 정치적 이유에서 기본법 제113조의 권한을 사용하지 않아 이 조항은 현실적으로 거의 의미를 갖지 못한다는 설명도 같은 맥락에서 이해될 수 있다(홍성방 2009: 91).

아울러 김종면(2017)은 독일에서 예산안의 의회 수정이 빈번히 발생하고, 실제로 분야별 심사에서 항목의 증액이 가능하다고 설명하며(p. 38), Rogers and Walters(2006)도 독일에서 의회의 예산 증액이 허용되고 있다고

가지이고, 연방정부는 그러한 법률을 의결하지 말도록 연방의회에 요구할 수 있으며, 이 경우 연방정부는 6주 이내에 연방의회에 입장을 전달하여야 한다고 규정한다. 또한 제2항에서 연방정부는 의회가 법률을 의결한 후 4주 이내에 재의결하도록 요구할 수 있고, 제3항에서 제78조에 따라 법률이 성립되면, 연방정부는 6주 이내에, 그리고 위 1항 셋째, 넷째 문장과 2항이 정하는 절차를 거쳤을 경우에만 그 법률을 거부할 수 있으며, 이 기간이 지나면 그 법률에 대해 연방정부의 동의가 있는 것으로 간주한다고 규정한다(장선희 외 2006).

57) 이 제113조의 규정이 독일기본법에 도입된 것은 이 규정의 제안자에 따르면 영국법의 모델에 따른 것이었고, 의회가 선심성 지출을 확대하는 것에 대한 통제의 의도 때문이었다고 한다(홍성방 2009: 90).

58) 기본법 제20조제3항이 입법은 헌법질서에, 행정과 사법은 법률 등에 구속된다고 규정하고 있으므로 재정 분배에 대한 최종적인 결정권을 가진 것은 입법부뿐이라는 해석이 도출된다고 보는 것이다(장선희 외 2006: 37).

설명한다(p. 285).

독일의 입법례를 평가해 보면, 웨스터민스터형 의원내각제의 영국과 대비되는 대륙형 의원내각제의 전형인 독일에서 의회의 재정권한이 주요 5개국 중 미국 다음으로 강한 것을 이해하기 위해서는 독일 정치체제의 특징을 이해할 필요가 있다. Lijphart (1999)에 따르면 다수제 민주주의의 전형인 영국 그리고 이 유형에 속하는 프랑스에 비해 협의제(consensual) 민주주의의 전형으로 독일을 들 수 있으며, 독일 의회의 다수파는 의회 내에서 자신의 의견을 강요하기 보다는 가능한 한 광범위한 합의를 추구한다. 독일에 있어 다당제의 정당체계와 독일식 연동형 비례대표제는 정당간의 연립정부 구성을 통한 통치를 가져왔고, 의회 내 다수파가 단일정당이 아닌 연립여당으로 구성되며, 여당과 의회의 다수당이 동일하지 않을 수 있다는 점은 의회 내 협의적 의사결정 방식이 작동하게 한다(Döring 1995; 옥동석 2010: 14−15). 또한 독일 기본법이 권력균형에 초점을 맞추고 있어 의회와 행정부가 동등한 권한을 가지고 있다고 평가되기도 한다(국회사무처 2017: 32). 그리하여 연방의회 예산위원회 위원장은 전통적으로 제1야당 출신이 맡아 왔고, 예산위원회는 부처예산별로 보고위원(rapporteur)을 지명해 의원임기 4년 내내 활동케 함으로써 부처 예산에 대한 전문성을 갖추게 되며(Linn & Sobolewski 2015: 47), 위원회가 정부제출 법안에 대한 무제한적 수정권한을 갖고 있어 법안의 실질적 내용을 결정한다(Döring 1995: 27).

3. 일본

예산법률주의와 관련하여, 일본 헌법 제85조는 국비를 지출하는 경우 국회의 의결로 한다고 규정하고, 제86조는 예산은 국회의 의결을 거쳐야 한다고 규정하여 예산법률주의를 취하지 않고 있다(이창수 · 예승우 2012). 일본 헌법이 예산법률주의를 취하지 않는 배경을 살펴보면, 군국주의에 기반을 둔 1889년 '대일본제국헌법'은 법률 대신 예산이라는 의결형식을 도입하여 법안에 비해 보다 통과를 쉽게 하고, 의회의 재정통제권을 제한하기 위해 예산 규정을 처음으로 도입하였다. 이 시절 일본은 예산을 의회의 최종의결이 아닌 의회의 협찬을 거친다고 규정했고, 그 협찬권에 대하여도 중요한 제한을 가했으며, 예산의 불성립시 의회의 사전통제를 거치지 않은 재정행위를 인정하였다(장선희 외 2006: 110-111). 이러한 성격을 가진 예산 규정이 1946년 일본국 헌법에도 계승된 것이다(김인철 1997; 옥동석 2004; 김건오 2006).

예산편성제출권과 관련하여, 헌법 제86조는 내각이 예산을 작성하여 국회에 제출하도록 규정하여 예산편성제출권이 내각에 있음을 명시하고 있다.

의회의 예산증액 수정권과 관련하여, 헌법은 국회의 지출예산 증액 및 새 비목 설치를 제한하는 규정을 두고 있지 않다. OECD의 설문조사 결과에 따르면, 일본은 국회가 예산을 수정할 수 있는 무제한의 권한을 가지며, 의회의 예산안에 대한 부결이 정부불신임으로 간주되지 않는다고 대외적으로 밝히고 있다(OECD 2014: 158-159). 그러나 국회의 증액 수정권에 대한 일본 내 다수설은 국회의 어느 정도의 증액 수정권은 인정하면서도, 헌법 제73조제5호에 따라 예산제안권이 내각에 전속되어 있는 만큼 예산의 동일성을 훼손하는 정도의 전면적인 수정은 허용되지 않는다고 본다(장선희 외 2006: 111-112). 일본 정부도 중의원 예산위원회에서의 입장표명을 통해 국회의 예산 수정권은 정부의 예산제출권을 손상시키지 않는 한도에서 인정된다고 밝혔다(장선희 외 2006: 130).

일본의 입법례를 평가해 보면, 일본은 1946년 일본국헌법을 통해 영국형 의원내각제를 도입하였고, 내각이 의회를 자유롭게 해산할 수 있어 내각우위형 의원내각제로 분류된다. 사실상 자민당 일당지배체제와 의원내각제가 결합된 특수한 형태로, 야당의 행정부 통제 기능의 약화와 정당 내 파벌 간 세력구도 하에서 선출되는 수상의 리더십 제약 등이 일본 정치체제의 문제점으로 지적된다(국회사무처 2017: 67-68). 그럼에도 불구하고 일본 헌법이 영국과 달리 국회의 지출예산 증액 및 새 비목 설치를 제한하는 규정을 두지 않은 것은 최소한 헌법 규정상으로는 의회의 재정권한 강화 측면에서 진일보한 것으로 평가할 수 있다. 다만 일본의 헌법규정과 헌법 현실의 괴리와 관련하여 유훈 외(2012)는 일본의 경우 국회에서 예산안이 1956년 이래 수정되는 일이 없었다고 설명한다(p. 171).

제3절 대통령제 국가의 입법례 분석 및 평가

대통령제 국가의 전형적 모델로 평가되는 미국의 입법례 분석은 우리나라도 같은 대통령제 국가라는 점에서 의의가 크므로 이 절에서는 미국의 입법례를 분석하고자 한다.

예산법률주의의 도입과 관련하여, 1787년에 제정된 미국 연방헌법은 예산법률주의를 명시하고 있다. 연방헌법 제1조제9항은 국고금이 법률로 만들어지는 세출승인이 없이는 국고로부터 인출될 수 없다는 지출법률주의를 규정하고 있다.

예산편성·제안권과 관련하여, 미국 대통령은 예산안(budget)을 의회에 제출하지만 이는 예산법안이 아닌 단지 권고안(recommendation)일 뿐이며, 대통령은 예산법안의 제출권조차 없다. 법안 발의권은 상원 및 하원의원만이 가지고 있으며 의회에서 최종 통과되는 예산법안은 대통령의 예산안과 많이 다를 수 있다(Schick 1995: 49). 그 역사적 배경을 살펴보면, 건국 이후 의회 우위의 예산과정 시대가 계속되다가 의회는 1921년 예산회계법(Budget and Accounting Act)을 제정하여 대통령에게 예산안을 편성하여 의회에 제출하도록 요구했다. 이렇게 한 것은 행정부 주도의 예산안을 편성하여 의회에 제출하게 하고, 재정민주주의의 한 내용으로 통합예산의 원칙을 구현할 필요성에 따른 것이었다. 이는 그간 행정기관들이 의회에 직접 예산요구를 하면서 발생하는 문제를 해결하고, 1차 세계대전 이후의 재정지출 증가를 통제하기 위한 것이었다(Schick 2007; 김건오 2006; 옥동석 2010). 1921년부터 1974년까지의 시기는 대통령 우위의 예산과정 시대로 볼 수 있으며(Schick 2007), 1974년 의회예산 및 배정유보통제법(Congressional Budget and Impoundment Control Act)의 제정을 통해 의회가 행정부에 의존하지 않고 독자적으로 예산법안의 편성 및 제안권을 가지게 되면서 예산과정의 주도권을 다시 되찾게 된다. 이 법에서 따라 신설된 상원과 하원의 예산위원회는 신설된 의회예산처(Congressional Budget Office)의 지원을 받아 예산결의안을 작성하고, 의회는 예산결의안에 따라 세출승인법, 의무지출에 관한 조정법안 및 세법안을 제안하고 의결하는 예산과정을 가지게 되었다(Schick 2007; 국회예산정책처 2012; 43－56).

의회의 예산증액 수정권과 관련하여, 미국 헌법에 의회의 예산 증액 · 새 비목 설치 제한 규정은 없으나, 재정권(Power of the purse)이 의회에 속한다는 것은 당연한 헌법정신으로 받아들여진다. 이는 연방헌법 제1조제9항의 지출 법률주의와 제1조제8항의 세입법률주의 규정에서 확인된다. 이에 따라 의회는 예산을 자유로이 수정할 수 있다(OECD 2014: 158). 한편 헌법은 대통령의 예산안 관련 규정으로 제1조제7항에 의회가 의결한 법안에 대한 대통령의 서명 및 거부권을 규정함으로써 대통령에게 의회의 재정권한을 견제할 수 있는 수단을 규정하고 있다.

미국의 입법례를 평가해 보면, 미국의 대통령제는 권력 분립(Separation of Powers)을 특징으로 의회의 재정권은 행정부로부터 독립적이고, 다른 나라에 비해 강할 수밖에 없다(Shaw 1979: 401). 미국 헌법은 권력 분립을 보장하는 도구로서 견제와 균형(Checks and Balances)의 체계를 제공하며, 의회는 다양한 방법으로 행정부의 예산 집행을 감독한다(Shaw 1998: 228-9). 미국 의회는 Norton(1990)의 의회 분류 가운데 행정부의 법안을 수정할 뿐만 아니라 의회 자신의 것으로 대체할 수 있는 정책 형성적(Policy-making) 의회의 예이다(pp. 178-179). 미국 의회의 재정권한이 왜 세계적으로 예를 찾아볼 수 없을 정도로 강한가에 대해 미국 국민이 분점정부(divided government)와 견제와 균형의 원칙을 선호하기 때문이라는 설명이 있다. Lipset(1991)에 따르면 미국 국민은 여론조사에서 분점정부와 약한 정부를 지속적으로 선호해 왔다고 한다(p. 8). 그런데 미국의 대통령제에서 권력분립과 견제와 균형이 성공적으로 이루어짐에 비해, 미국 대통령제에 영향을 받은 신생 민주주의 국가의 대통령제에서는 대통령 1인으로의 권력 집중과 독재화가 빈번하게 발생했다는 문제가 지적된다(강원택 2006: 44. 국회사무처 2017: 10에서 재인용).

제4절 이원정부제 국가의 입법례 분석 및 평가

이원정부제 국가의 대표적인 모델인 프랑스의 입법례 분석은 우리나라 개헌 논의 과정에서 이원정부제가 대통령제와 함께 채택 가능성이 높은 정부형태 중의 하나라는 점에서 중요한 의미를 가지므로 이 절에서는 프랑스의 입법례를 분석하고자 한다.

예산법률주의의 도입과 관련하여, 프랑스 헌법 제34조에서 재정법은 조직법에서 정한 요건과 유보에 따라 국가의 세입과 세출을 정한다고 규정하고, 제47조에서 의회는 조직법이 정하는 바에 따라 재정법을 의결한다고 규정하여 예산법률주의를 명시하고 있다.[59]

예산편성제출권과 관련하여, 프랑스에서는 정부가 예산안편성권을 가지며 정부만이 예산법안인 재정법안을 발의할 수 있다(전학선 2009: 81－98).

의회의 예산증액 수정권과 관련하여, 프랑스 헌법 제40조는 국고지출의 신설 또는 증가를 수반하는 의원발의법안이나 수정안은 접수될 수 없다고 규정하여, 2001년 제정된 재정에 관한 조직법(LOLF) 시행 전까지 정부 제출 재정법안에 대한 의회의 증액수정을 제한하였다. 이 제40조가 제5공화국 헌법에 들어간 배경을 살펴보면, 제3공화국 시절에 의회가 예산과정에서 지역선거구 사업 예산을 증액시키는 행태가 문제가 되어, 제4공화국 헌법 제17조는 세출을 증가시키거나 신규 세출을 신설하는 법안은 예산 심사 시 제출될 수 없다고 규정하게 된 것이다(옥동석 2009). 2001년에 이르러 프랑스 의회는 재정지출 확대와 심각한 재정적자 문제에 당면하자 건전개정을 위하여 공공지출의 효율성에 근거한 예산조정이 필요하다는 문제의식 하에 의회의 예산법안 수정권한을 획기적으로 강화시키는 내용으로 재정에 관한 조직법[60]을 제정하였다(국회예산정책처 2005; 전학선 2009). 이에 따라 재정에 관한 조직법 제47조에서 세출예산에 대한 수정법안은 임무(mission)별로 한다고 규정함에 따라, 의회는 헌법 제40조를 어기지 않으면서 재정에 관한 조직법 제47조에 따

59) 프랑스는 1819년에 법률로 지출법률주의를 시작했다(전학선, 2009: 74－75).

60) 재정에 관한 조직법의 성격을 보면, 이 법은 프랑스 헌법 제34조에서 재정법은 조직법에서 정한 요건과 유보에 따라 세출을 정한다고 규정함에 따른 것으로, 프랑스에서 헌법과 보통 법률의 중간에 위치하는 규범력을 가진다고 본다(전학선 2009: 36－37).

라 임무라는 예산과목의 총액만 증액시키지 않는다면 그 임무 아래의 주요사업(programme)이라는 예산과목의 지출액을 증감 조정할 수 있게 된 것이다(김세진 2010: 115).[61]

이처럼 프랑스에서 정부가 정한 임무의 총액 범위 내에서 의회의 증액수정권이 인정된다고 보아야 함에도 불구하고 앞에서 지적한 바와 같이 2017년 개헌특위 전체회의 중 기획재정부 차관은 프랑스 의회의 증액수정권이 인정되지 않는다고 답변하였다.[62] 문헌자료 중에도 증액수정권이 인정되지 않는다고 설명하거나(이창수 · 예승우 2012: 41－47; 김종면 2017: 34), 증액 · 새비목 설치 제한의 근거로 프랑스 헌법 제40조를 소개하여 증액수정권이 인정되지 않는 것으로 오해를 불러일으키는 경우가 있다(국회사무처 2017: 54). 따라서 위에서 살펴본 프랑스 의회가 임무라는 예산과목의 총액을 증가시키지 않는 한 예산의 증액 수정권을 갖는다고 설명하는 국내 문헌(국회예산정책처 2005; 김세진 2010) 외에 동 수정권이 인정된다고 보는 근거들을 정리하면 다음과 같다. 첫째, OECD의 설문조사 결과에 따르면 프랑스는 의회가 총예산액 내에서 재할당만을 할 수 있다고 한다(OECD 2014: 89). 또한 프랑스 하원 홈페이지에서 2001년 재정에 관한 조직법은 의원이 임무의 총액을 증액시키지 않는 한 같은 임무내의 주요사업(programme)들 간에 변동을 할 수 있도록 하여 헌법 40조의 제약을 줄였다고 설명하고 있다.[63] 둘째, Rogers and Walters(2006)에 따르면 프랑스에서 총 지출이 동액으로 유지되어서 정부의 수입 · 지출 전체안이 유지된다면 개별 지출들이 증감될 수 있다(p. 285). 셋째, 기획재정부 예산실에서 발간한 책자에서 “프랑스는 정부 제출안에 대해

61) 재정에 관한 조직법 제7조는 세출예산은 한 개 또는 여러 개 부처의 실 · 국 관련 임무(mission)로 구성되며, 임무는 특정 공공정책을 관장하는 주요사업(programme)들을 포괄한다고 규정하고 있다(국회예산정책처 2005: 34).

62) 2017년 2월 13일 세349회 헌법개정특별위원회 제10차 전체회의에서 기재부 차관은 자료를 조사해 보니 프랑스가 의회의 예산 증액 심사시 정부에서 동의권을 행사하고 있다고 답변하였다.

63) http://www.assemblee－nationale.fr/english/synthetic_files/file－39.asp. 검색일 2012.1.17. 또한 국회예산정책처의 2013년 프랑스 하원 재정 · 경제 · 예산위원회 방문 자료를 보면, 이 위원회의 공무원(Administrator)인 Alban Genais는 정부의 한 사업을 삭감하고 다른 사업을 추가함으로써 전체 예산액은 늘리지 않고 사업 내용을 변경할 수 있느냐는 질문에 임무의 전체 예산액은 유지하면서 임무 아래에 있는 프로그램을 변경하는 것은 가능하다고 답변하였다. 보다 자세한 내용은 국회예산정책처, 프랑스, 스페인 공무국외출장 결과보고서(2013. 6) 참조.

분야 · 부문 간 예산의 재배분만 가능"하다고 기술하고 있고(기획재정부 예산실 2010: 125),[64] 다른 국내 문헌에서도 각 임무의 한도 내에서 지출항목의 증액과 신설 등을 포함해 수정이 가능하다고 설명하고 있다(김종면 2017: 37).

프랑스의 입법례를 평가해 보면, 제3공화국과 제4공화국에서의 강한 의회 및 약한 행정부 구도로 인한 정국 불안정을 타파하려는 제5공화국 헌법은 의도적으로 의회의 재정권한을 매우 약화시키고, 반대로 이원적 구조의 행정부의 권한을 강화하는 데에 주안을 두고 있다(성낙인 2015: 487; 허영 2017: 836-845).[65] 그 대표적 예로 헌법 제40조에서 의회의 증액수정권을 제한하고, 제43조에서 전문화된 의원들 사이의 거래를 막기 위해 상임위원회 수를 제4공화국의 19개에서 8개 이하로 규정하며(Shaw 1998: 231-232), 제28조에서 의회의 회기를 대폭 제한한다(허영 2017: 841). 이처럼 민주적 정당성을 갖는 의회의 권한을 크게 제한해 대통령이 임명하는 총리와 내각보다 위상이 낮아지게 한 제5공화국 헌법에 대해 민주적 정당성과 헌법상 권한 간에 합리적 비례관계가 유지되지 못한다는 비판이 있다(허영 2017: 841-843). 또한 헌법 제49조는 총리가 예산법안에 대하여 하원에 신임투표를 부칠 수 있도록 규정함에 따라 의회의 예산법안에 대한 부결은 정부불신임으로 간주되어 의회의 예산 수정에 제약요인으로 작용한다(OECD 2017: 89). 이원정부제로 불리는 프랑스의 정부형태 하에서 대통령과 총리의 당적이 같은 경우 강력한 권한을 가진 대통령이 총리를 지명하고 총리에 비해 우월적 지위에 있어 신대통령제의 성격이 강하다(허영 2017: 838). 그러나 동거정부 하에서는 하원이 내각 불신임 권한을 가지고 있으므로 대통령의 총리 임명권은 제약되고, 대통령과 총리 간에 권한 다툼이 발생하여 대통령의 위상은 약화되며, 내각제와 유사한 형태로 운영된다(강원택 2006: 191. 국회사무처 2017: 57에서 재인용). Gallagher et al.(2001)에 따르면 이 같은 체제하에서 의회는 미약한 재정권한을 가질 뿐만 아니라 입법권한도 미약하여 여당의원들이 야당의원들과 뜻을 같이 할 때에만 정부가 스스로의 법안을 수정하며(p. 76),[66] 감사권한 또한 영국에 비해 약

64) 다만, 이같이 재배분만 가능하다면서도 "지출을 증액하거나 세입을 삭감할 수 없다."고 기술하여 의회의 증액수정권 인정 여부에 대해 다소 모호하게 설명하고 있다.

65) 허영(2017)은 제5공화국 헌법은 의도적으로 반의회적 · 친행정부적인 성격을 가지게 제정되어 의회는 더 이상 주권적 통치기관으로 볼 수 없다고 평가한다(p. 841).

66) 미약한 의회의 입법권을 보여주는 헌법 규정의 예로 제38조는 정부가 의회의 입법사항에 속하는 조치를 제한적 기간 동안 법률명령에 의하여 행하는 것을 의회에 요구할 수

하다(p. 36).

제5절 우리나라 재정 분야 헌법개정안에 대한 검토

1. 예산법률주의의 도입과 예산편성·제안권의 주체 문제 검토

예산법률주의[67]에 관한 주요 5개국 입법례를 살펴보면, 일본만이 예산비법률주의를 채택하고 있을 뿐 나머지 주요국들은 예산법률주의를 채택하고 있다. 우리 헌법 제54조는 일본과 마찬가지로 예산비법률주의를 취하고 있는데, 앞에서 살펴본 바와 같이 군국주의에 기반을 둔 1889년 '대일본제국헌법'의 예산 규정을 이어받은 1946년 일본국헌법의 예산 규정을 우리 제헌헌법이 채택한 것은 제헌헌법의 기초위원이었던 유진오 박사의 재정제도에 대한 이해 부족에서 기인한 것이라고 보는 견해가 있다(김인철 1997; 옥동석 2004; 김건오 2006). 예산법률주의의 도입 필요성으로 다음과 같은 점들이 지적된다.[68] 예산법률주의는 재정민주주의의 중요 요소로 행정부의 지출에 대한 책임성(accountability)를 제고하기 위해 필요하며(김인철 1997; 옥동석 2004), 예산법안 심사 과정에서 예산정보의 공개를 통해 재정민주주의를 실현할 수 있고, 집행에 있어 위법의 책임을 물을 수 있어 재정낭비나 자의적인 집행이 어려워지며(정종섭 2016: 1110), 예산법에 지출의 용도 및 제한사항, 위원회에의 보고 등을 규정함으로써 국회의 지출 통제가 강화될 수 있다(김건오 2006). 2017년 개헌특위 전체회의에서 기획재정부 차관은 예산법률주의 도입에 대해서는 전문

있도록 하여 의회입법원칙을 제한하고 있다(허영 2017: 841).

67) 예산법률주의란 예산은 의회에서 법률의 형식으로 의결하여 확정되어야 한다는 것을 말한다(옥동석 2004; 정종섭 2016:1110).

68) 2017년 2월 14일 제349국회 헌법개정특별위원회 제1소위원회 제2차회의에서 한 의원이 "예산법률주의에 대해서 시비 걸 사람들은 없을 것 같아요"라고 언급한 데서 알 수 있듯이 개헌특위에서 예산법률주의 도입론이 긍정적으로 논의되고 있고, 헌법개정특별위원회 자문위원회 개헌보고서에서도 예산법률주의를 도입할 필요가 있다고 밝히고 있다(헌법개정특별위원회 자문위원회 2017: 13).

가들의 논의를 통해 방향을 잡아 주면 될 것 같다고 하면서도, 예산편성제출권과 국회의 예산 증액수정권에 대해서는 현행대로 정부가 예산편성제출권과 증액 동의권을 갖는 것이 바람직하다고 답변하였다.[69]

의회의 예산편성 · 제안권에 관한 주요국 입법례를 보면 영국, 프랑스, 독일 및 일본은 정부의 예산법안 편성제출권을 인정하고 있다. 반면 미국은 의회의 예산법안 편성·제안권을 인정하되, 법률로 대통령에게 예산안을 편성해 의회에 제출하도록 요구하여 의회의 예산법안 작성 시 참고자료로 쓴다. 따라서 주요국의 모든 정부가 예산법안 내지 예산안을 편성하여 의회에 제출하는 것은 공통적이고, 행정이 복잡화 및 전문화되어감에 따라 행정부 관료조직의 전문성을 활용하여 행정부 차원의 예산안을 편성 및 제출할 필요성은 인정된다(윤영진 2014: 145). 그런데 현행 헌법상 정부의 예산안 편성제출권이 문제가 되는 것은 현실적으로 정부제출 예산안이 국회에 의해 매우 작은 규모로 수정되기 때문이다(유훈 외 2012: 169). 실제 정부가 제출한 2023년도 예산 및 기금운용계획의 총지출은 639조원이었고, 국회가 심의 · 확정한 총지출은 0.3조원을 감액한 638.7조원으로 약 −0.04%의 순수정비율을 보였다(국회예산정책처 2023: 413).[70] 이에 따라 미국과 같이 국회가 제출된 행정부안을 참고하여 독자적인 예산법안 편성 · 제안권을 갖는 개정안은 국회의 예산심의확정권을 실질화할 것으로 보여진다.[71]

반면 정부가 예산법안의 편성제출권을 가지는 개정안은 짧은 예산심의기간 및 국회의 증액수정권 제한과 결합해 국회의 예산심의확정권을 크게 약화시킬 것으로 보여진다. 우리 헌법에 따르면 예산심사기간은 2개월로[72](국가재정법상 3개월[73]) 예산안 심의기간이 짧아 국회의 충실한 예산안 심사가

---

69) 2017년 2월 13일 제349회국회 헌법개정특별위원회 제10차 전체회의에서 기획재정부 차관의 답변 내용이다.

70) 국회 의결 2023년 총지출은 정부안 대비 13조 4,557억원이 증액되고, 13조 7,699억원이 감액되어, 순감액은 3,142억원이다(국회예산정책처 2023: 413).

71) 헌법개정특별위원회 자문위원회는 개헌 논의 과정에서 순수 대통령제가 채택될 경우 다수의견으로 정부가 예산안을 편성하여 국회에 제출하고, 국회는 예산법률안을 발의하여, 이를 의결 · 확정하도록 하자는 의견을 제출하였다(헌법개정특별위원회 자문위원회 2017: 13). 이 같은 의견도 같은 취지의 개정안으로 볼 수 있다.

72) 헌법 제54조제2항은 예산안을 회계연도 개시 90일 전까지 국회에 제출하고, 국회는 회계연도 개시 30일 전까지 의결하도록 규정한다.

73) 국가재정법 제33조는 예산안을 회계연도 개시 120일 전까지 국회에 제출하여야 한다고 규정한다.

어려우며(오연천 2006: 22–25; 김건오 2007), 이는 <표 2>에서 보듯이 미국은 8개월, 독일은 4.5개월인 점과 대비된다.

[표 2] 주요국의 예산안 심의기간

(단위: 개월)

	미국	영국	프랑스	독일	일본	한국
예산심의 기간	8	1(세입)	3	4.5	2.5	2

주1: 우리나라는 헌법 기준으로 2개월이나, 국가재정법 기준으로 3개월임.
주2: 영국은 OECD 자료에 세입법안 기준으로 1개월로 되어 있으나, 세출법안 기준으로 약 4개월임(국회예산정책처 2012).
주3: OECD 자료는 2012년 기준임.
자료: 국회예산정책처(2012)와 OECD(2014)의 자료를 토대로 재구성.

2. 국회의 예산 증액 수정권 및 거부권 문제 검토

의회의 예산 증액 수정권에 대한 주요국 입법례를 보면 미국, 독일, 일본은 이를 인정하고, 프랑스는 정부가 정한 임무(mission)라는 예산과목의 총액 내에서 증액 수정권을 인정하며, 영국은 이를 인정하지 않는다. 우리 헌법 제57조는 국회가 정부의 동의 없이 정부 제출 지출예산 각항의 금액을 증가하거나 새 비목을 설치할 수 없다고 규정한다. 이 조문의 필요성으로 국회의 정치적 이익을 고려한 선심성 증액을 통제하려는 것이라고 설명된다(정종섭 2016: 1107).

그러나 이 같은 제57조 존치론은 다음과 같은 점들을 간과하고 있다고 본다. 첫째, 합리적 선택 기반 의회조직 이론(Rational choice–based theories of legislative organization)[74]을 대표하는 Cox and McCubbins(1993)에 따르면, 재

74) 합리적 선택 기반 의회조직 이론은 예산이론 중 공공선택이론(public choice theory) 및 거래비용이론(transaction cost theory)과 관련이 깊고(이정희 2010), 미국 의회 특히 위원회 조직에 초점을 맞추며, 크게 분배이론(Distributive theories)과 정당 중심 접근론(Party–centered approach) 등으로 나뉘는 데, 전자는 재선을 추구하는 의원들이 위원회를 활용해 지역구 특수이익에 부합하게 예산을 분배하는 과정을 설명하고(Weingast & Marshall 1988; Shepsle & Weingast 1994), 후자는 예산과정에 있어 재선을 노린 의원들의 지나친 특수이익 추구에 따른 집합적 딜레마 문제를 정당과 정당지도자들이 해결하는

선을 노리는 의원들의 지역구 선심 예산문제는 의원들 스스로 각자의 재선이 당 전체적인 평판에 크게 의존하므로 당지도부에 지나친 특수이익을 추구하는 의원들을 규율할 권한을 위임함으로써 해결된다. 재선 욕구와 함께 위원회 및 당내 서열 상승 욕구와 여당 및 원내다수당이 되려는 욕구 또한 중요한 것이다(Cox & McCubbins 1993: 126; Kim 2012b: 60−62).

둘째, 주요국 의회는 재정의 자원배분, 소득분배, 경제 안정 및 성장 기능 수행에 있어 적극적인 역할을 담당하고 있다. 특히 2008년 글로벌 금융위기에 대응해 재정건전성을 강화하기 위한 노력으로 미국 의회는 2011년 예산통제법(Budget Control Act)을 제정하였고(김건오 2012; Kim 2012a), 독일 의회는 2009년 기본법 개정을 통해 채무준칙(제109조)을 도입하였으며, 영국 의회는 2011년 예산책임 및 감사법(Budget Responsibility and National Audit Act)을 제정하였다(국회예산정책처 2016). 아울러 의회제도화론(Theory of legislative institutionalization)[75]의 대표적 학자들인 Longley and Davidson(1998)에 따르면 1960~70년대에 학계의 일반적인 시각은 의회 기능의 중요성이 점차 줄어들 것이라고 보았으나, 실제 전세계적으로 의회의 기능이 강화되고 그 중요성이 증가하는 추세이다.

셋째, Wildavsky(1964. 하연섭 2014: 224에서 재인용)의 지적대로 예산이 재원의 정치적 배분의 결과물이라면, 정부제출 예산안은 이미 여당의 정치적 이해를 반영하고 있는데, 국회에 의한 예산안 수정규모가 작은 가운데 야당들이 지지 계층이나 지역 등을 대변하여 예산증액을 요구하는 것은 선심성 예산증액으로 비난받기 보다는 협의제(consensual) 민주주의 관점에서 보면 타협과정으로 이해될 수 있다.

넷째, Niskanen(1971. 배득종 · 유승원 2014: 83 및 강윤호 외 2015: 74에서 재인용)이 지적하듯이 관료는 자신의 효용극대화를 위해 승진, 권력 등을 목표로 자신의 예산 극대화를 추구한다. 그런데 국민에 의해 선출된 민주적 정당성을 가진 국회가 예산 증액시 정부의 동의를 받을 때, 실제 대통령이 모든 세부사업을 검토하여 동의한다기 보다는 대통령이 임명한 행정관료가

과정을 설명한다(Cox & McCubbins 1993). 보다 자세한 설명은 Kim(2012b: 56−62) 참조.

75) 의회제도화론은 미국 의회의 제도화에 관한 Polsby(1968)의 선도적 연구에 영향을 받은 유럽의회에 관한 Bowler and Farrell(1995)의 연구, 영국에 관한 Norton(1998)의 연구 등 세계 각국의 의회의 제도화에 관한 연구이며, 보다 자세한 설명은 Kim(2012b: 65−69) 참조.

동의 여부 결정에 있어 실질적 역할을 수행하는 것으로 보여진다. 우리나라에서 이러한 점이 심각하게 받아들여져야 하는 이유를 살펴보면, 정부의 증액 동의 시 헌법 제57조를 문리해석할 경우 '지출예산 각항'의 금액을 증가할 때 동의를 받아야 하므로 국회의 심의 · 의결의 대상이 되는 입법과목이면서 국가재정법 제21조가 규정하고 있는 '항' 단위를 기준으로 동의를 받는 것이 타당하다고 보여진다. 그럼에도 그동안 정부의 주장대로 시행령에도 없는 '세세항'을 기준으로 동의를 받는 것이 선례로 정립되어 왔다.[76] 이에 따라 국회는 작은 세부사업 하나하나에 대해 정부의 동의를 받지 않고는 증액할 수 없는 실정이다. 이상의 논의를 종합해 볼 때, 헌법 제57조 존치론은 국회에 대한 불신에 기반하고 있다고 보여지며, 1958년 프랑스 제5공화국 헌법의 의회에 대한 시각과 크게 다르지 않아 보인다.

또 하나의 대안으로 개헌특위에서는 헌법개정특별위원회 자문위원회가 제안한 바와 같이 정부가 정한 총액 범위 내에서 국회의 예산증액 수정권을 인정하는 개정안이 논의되고 있다(헌법개정특별위원회 자문위원회 2017: 22).[77] 이 안은 정부의 동의 없이는 국회의 예산증액 수정권을 전혀 인정하지 않는 헌법 제57조 존치론보다는 국회의 재정권한을 강화하는 측면이 있으나, 앞에서 살펴본 헌법 제57조 존치론이 갖는 문제점을 여전히 지니고 있다고 보여진다. 또한, 헌법개정특별위원회 자문위원회는 이 제안과 함께 정부가 제출한 예산안에 없는 새로운 지출예산은 정부의 동의를 얻어야 한다는 의견을 제출하면서, 새로운 지출예산의 범주와 관련하여 명확성 제고 측면에서 구체적인 조문안은 계속해서 논의하기로 하였다고 밝히고 있다(헌법개정특별위원회 자문

76) 국가재정법 제21조는 세출예산은 기능별 · 성질별 또는 기관별로 장 · 관 · 항으로 구분한다고 규정하고, 국가재정법 시행령 제7조는 행정과목으로서 항 밑에 세항을 규정하면서, 장 · 관 · 항 · 세항의 구분과 설정은 기획재정부 장관이 정하는 바에 따른다고 규정한다. 이에 따라 기획재정부상관은 시행령에도 없는 세세항 단위를 신설하였다. 한편 정부는 이 같은 장 · 관 · 항 · 세항 · 세세항 체계를 프로그램예산제도에서는 분야 · 부문 · 프로그램 · 단위사업 · 세부사업으로 개편하였다(박기영 2014: 349-355).

77) 구체적으로 정부가 정하는 총예산액의 범위 내로 하거나 프랑스처럼 법률로 정하는 예산과목 단위의 총액 범위 내로 규정하는 방안이 논의될 수 있어 보인다. 헌법개정특별위원회 자문위원회는 다수의견으로 국회는 정부가 제출한 예산안의 예산총액 범위 내에서 수입예산 또는 지출예산을 일부 증액 또는 감액할 수 있고, 예산총액의 증액은 정부의 동의를 받아야 한다는 의견을 제출하였다. 이는 정부가 정한 총액 범위 내에서 국회의 예산 증액 수정권을 인정하자는 개정안으로 볼 수 있다(헌법개정특별위원회 자문위원회 2017: 22).

위원회 2017: 22). 그러나 이 새로운 지출예산의 정부 동의가 앞에서 살펴본 예산과목 단위 중 국가재정법 제21조가 규정하는 '항'이 아니라 기재부 장관이 정하는 '세세항'의 신설시 정부 동의를 의미하는 것이라면, 헌법 제57조의 정부 동의 없는 새 비목 설치 금지 규정을 현행대로 유지하는 것과 같은 결과를 낳는 문제가 있으므로 이 의견은 신중한 검토가 필요해 보인다.

이상의 논의를 종합해보면 국회의 예산 증액 · 새 비목 설치 제한 규정을 삭제하는 개정안은 대통령의 재정권한의 일부를 국회로 이양함으로써 국회의 예산심의확정권을 실질화한다는 점에서 제왕적 대통령제라고 불릴 정도로 집중화된 대통령의 권한을 분산시키려는 2017년 헌법개정특별위원회 헌법개정안의 취지에 합치되는 측면이 있어 보인다. 이 같은 무제한의 예산수정권과 함께 국회가 예산법안 제안권을 가지는 개정안은 협의가 강조되는 다당제 체제와 국회선진화법 체계 속에서 국회와 정부 간에 그리고 여야 정당들 간에 협의와 타협을 통해 예산법안을 의결할 수 있는 제도적 기반을 마련하는 데 기여할 수 있을 것으로 보여진다.

한편 대통령의 거부권은 미국과 같이 국회가 예산편성·제안권을 가지면서 무제한의 수정권도 가질 경우에 한해 인정될 필요가 있어 보인다. 이 같은 대통령의 거부권을 통해 국회의 재정권을 견제할 수 있도록 함으로써 국회와 정부 간에 협의와 타협을 통한 예산처리에 기여할 수 있다고 본다. 헌법개정특위에서 논의되고 있는 개정안 중 대통령의 선택적 항목 거부권(Line-Item Veto)을 인정하자는 의견은 재의결 요구 시 법률로 확정되기 위해서는 재적의원 과반수의 출석에 출석의원 3분의 2이상의 찬성이라는 가중의결정족수를 필요로 한다는 점에서 실질적으로 국회의 예산증액 수정권을 무력화시키는 결과를 가져오며, 미국에서도 이를 인정하지 않고 있음을 감안할 때 문제가 있어 보인다(Schick 2007: 114).[78]

78) 1998년 연방대법원은 헌법에 대통령에게 법안을 수정할 권한을 주는 조항이 없다는 이유로 선택적 항목 거부권을 인정하지 않았다(Schick 2007: 114).

제6절 정책 제안 및 결론

본 장의 목적은 국회의 예산 편성·제안권 및 증액수정권에 관한 영국, 독일, 일본, 미국 및 프랑스 등 주요 5개국 입법례 분석을 통해 우리나라의 바람직한 재정분야 헌법개정안을 제시함으로써 헌법 개정 논의에 기여하는 것이다. 개헌특위의 재정분야 헌법개정안 관련 쟁점은 크게 세 가지로 예산법률주의 도입 여부, 예산 편성 및 제안권의 주체 결정 및 국회의 예산증액수정권 인정 여부이다. 이들 쟁점에 관한 주요 5개국 입법례를 종합해 보면, 예산법률주의는 일본을 제외한 나머지 주요국에서 인정된다. 의회의 예산편성 및 제안권은 미국에서만 인정되고, 나머지 주요국에서는 인정되지 않으며 정부가 이 권한을 갖는다. 의회의 예산증액 수정권은 영국에서만 인정되지 않고, 미국, 독일 및 일본에서 인정되며, 프랑스에서는 정부가 정한 예산과목 단위인 임무(mission)의 총액 범위 내에서 인정된다. 특히 독일 기본법상 의회의 예산 증액 수정권이 인정되지 않는다고 보는 견해가 있으나, 본 장은 실제 독일에서 동 수정권이 인정됨을 보여주는 근거를 제시하였다. 또한 프랑스에서 동 수정권이 인정되지 않는다는 견해도 실제는 임무의 총액만 증가시키지 않으면 그 안에서 증감할 수 있음을 설명하였다.

개헌특위에서 논의되고 있는 위 세 가지 쟁점 관련 재정 분야 헌법개정안을 검토해 보면, 첫째, 예산법률주의 도입 여부의 경우 군국주의에 기반을 둔 1889년 헌법 규정을 이어받은 일본을 제외한 나머지 주요국들이 예산법률주의를 채택하고 있고, 예산법에 지출의 용도 및 제한사항, 위원회에의 보고 등을 규정함으로써 국회의 지출 통제가 강화될 수 있는 등 예산법률주의의 도입 필요성을 지적하는 의견이 다수임을 고려할 때, 예산법률주의를 도입할 필요가 있어 보인다.

둘째, 예산 편성 및 제안권의 주체를 국회와 정부 중 누구로 할 것인가를 검토해 보면, 현행 헌법상 정부의 예산안 편성제출권이 문제가 되는 것은 현실적으로 정부제출 예산안이 국회에 의해 매우 작은 규모로 수정되기 때문임을 감안할 때, 국회가 예산법안의 편성 및 제안권을 가지는 헌법개정안은 미국과 같이 국회가 제출된 행정부안을 참고하여 독자적인 예산법안을 작성하게 되어 국회의 예산심의확정권을 실질화하는 장점이 있어 보인다. 반면, 정부가 예산법안의 편성제출권을 가지는 개정안은 주요국의 예산안 심의기간에 비해 짧은 예산심의 기간 및 국회의 증액수정권 제한과 결합해 국회의 예산심의확정권을 크게 약화시킬 것으로 보여진다.

셋째, 국회의 예산증액수정권 인정 여부를 검토해 보면, 국회의 선심성 예산 증액을 통제하기 위하여 정부의 동의 없는 국회의 예산증액 및 새 비목 설치를 제한하는 현행 헌법 제57조를 존치하자는 의견의 경우 여당 및 원내 다수당이 되려는 당지도부가 당 전체 평판을 높이기 위해 지나친 선심예산을 추구하는 의원들을 규율한다는 점을 간과하고 있다. 또한 의회가 재정건전성 강화에 있어 주도적 역할을 수행하는 최근의 세계적인 의회의 권한 강화 추세에 역행하는 한계를 가진다고 평가할 수 있다. 또 다른 대안으로 정부가 정한 총액 범위 내에서 국회의 예산증액 수정권을 인정하는 개정안은 정부의 동의 없이는 국회의 예산증액 수정권을 전혀 인정하지 않는 헌법 제57조 존치론 보다는 국회의 재정권한 강화 측면에서 바람직하나, 이 개정안에도 헌법 제57조 존치론이 갖는 문제점이 상존한다고 보여진다.

반면 국회의 예산증액을 제한하는 헌법 제57조를 삭제하는 개정안은 2017년 헌법개정특위의 헌법개정 추진의 배경이 제왕적 대통령제라고 불릴 정도로 집중화된 대통령의 권한을 분산시키려는 것이었던 만큼 대통령의 재정권한의 일부를 국회로 이양함으로써 국회의 예산심의 · 확정권을 실질화할 수 있어 보인다. 이 같은 예산 증액수정권과 함께 국회가 예산편성·제안권을 갖는 개정안은 협의가 강조되는 국회선진화법 체계 속에서 미국에서 볼 수 있듯이 대통령의 예산법안 거부권과 맞물려 국회와 정부, 여야 정당들 간에 협의와 타협을 통해 예산법을 만들어 가는데 기여할 것으로 보여진다.

이상의 논의를 바탕으로 우리나라의 바람직한 재정분야 헌법개정안에 대한 제안을 요약하면, 첫째, 일본을 제외한 주요국들이 재정민주주의의 중요 요소로 보아 채택하고 있는 예산법률주의를 도입할 필요가 있다. 둘째, 미국과 같이 국회가 정부로부터 제출된 예산안을 참고하여 예산법안을 작성하여 제안함으로써 국회의 예산심의확정권을 실질화할 수 있도록 국회가 예산법안의 편성 및 제안권을 가지게 하며, 주요국의 예산안 심의기간에 비해 짧은 예산심의기간을 충분히 확보할 필요가 있다. 셋째, 미국, 독일 등에서 재정권은 의회에 속한다는 헌법정신에 따라 의회의 예산 증액 수정권이 인정되고 있듯이 국회의 예산 증액 수정권이 인정될 수 있도록 국회는 정부의 동의 없이 지출예산을 증액하거나 새 비목을 설치할 수 없다는 헌법 제57조를 삭제할 필요가 있다.

국회의 예산 과정이나 예산권에 관한 기존 연구들은 주로 국회의 예산심사 과정에서 의원들의 선심성 예산 증액 행태, 쪽지 예산 문제 등을 지적하며, 헌법상 국회의 예산증액 제한 규정을 옹호하는 연구들(e.g. 정종섭 2016; 김종면 2017)이 많았으나, 예산법률주의의 채택을 재정민주주의의 충실한 구현이라는 관점에서 바라보며, 국회의 재정에 있어서의 적극적 역할을 강조하는 연구들(e.g. 김인철 1997; 옥동석 2004)이 나타나고 있다. 본 연구는 재정분야 헌법 개정안 마련에 있어 국회의 권한 증대 필요성을 지적하며 이 같은 선행연구에 힘을 보태었다. 본 장의 주제와 관련하여 각 나라별 재정제도가 성립된 역사적 배경 및 변천과 함께 재정제도에 영향을 미치는 정부형태, 정당체계, 행정 및 정치문화, 다수제 또는 협의제 의사결정방식, 선거제도 그리고 의회 내부 조직으로서의 정당 및 위원회 조직 등의 제도적 요인들에 관한 보다 깊은 연구가 향후 과제로 보인다.

제 3 장 국회의 결산 심의 및 감사권에 관한 연구: 주요국 입법례 분석을 중심으로79)

요 약

본 장의 목적은 의회의 결산 심의 및 감사권에 관한 영국, 미국, 독일, 프랑스 및 일본 등 주요 5개국 입법례 분석을 통해 결산 심의 및 감사권 관련 헌법개정안을 제시함으로써 헌법 개정 논의에 기여하는 것이다. 헌법에 감사원의 국회 지원을 담보하도록 감사원을 국회 소속으로 하고, 감사원을 독립기관화할 경우 국회의 감사요구권과 감사원의 국회 재정통제 지원 의무를 규정하며 감사원의 기능에서 직무감찰기능을 분리할 필요가 있다. 또한 정부의 결산 국회 제출을 의무화하고 국회의 결산승인제도를 규정하며, 국회의 국가채무 통제를 위하여 신규차입 없는 재정균형의 원칙과 국가채무 제한제도를 규정할 필요가 있다. 특히 미국 의회에서 본회의의 결산승인 절차는 없으나 GAO의 지원을 받는 위원회 조사청문회 등을 통한 연중 상시 결산심사제도를 갖고 있다고 보는 근거를 제시한다. 이 같은 개정안은 재정민주주의를 공고화하고 재정건전화에 기여하며 국회의 예결산 심의권 및 감사권을 강화하여 대통령의 권한 분산과 국회의 재정통제권 강화라는 헌법 개정 취지에 부합할 것으로 기대된다.

79) 이 글은 필자가 2021년 국회예산정책처 예산정책연구(제10권 제1호)에 게재한 "국회의 결산 심의 및 감사권에 관한 연구: 주요국 입법례 분석을 중심으로" 중 일부를 수정 · 보완한 것임.

제1절 문제의 제기

감사원과 관련된 헌법 개정의 연혁과 주요 내용을 살펴보면, 제헌헌법(1948. 7. 17)은 제95조로 국가의 수입지출의 결산에 대한 검사는 심계원에서 담당하도록 하였으며, 그 조직은 법률로 정하도록 위임함에 따라 법률에서 대통령 소속으로 규정하였고, 회계검사 업무와 분리하여 직무감찰 업무는 정부조직법에 따라 설치된 대통령 소속 기관인 감찰위원회가 담당하였다. 이후 제5차 개헌(1962. 12. 26)에서 결산 및 회계검사와 직무감찰 기능이 통합적으로 대통령 소속의 감사원에 의해 수행되는 것으로 규정되었고, 이 규정이 현행 헌법까지 이어지고 있다(국회헌법개정자문위원회 2014: 193).[80)]

제20대 국회에서 헌법개정특별위원회를 구성하여 1년 넘게 헌법 개정을 논의한 결과 제왕적 대통령제라고 불릴 정도로 집중화된 대통령의 권한을 분산하고 국회의 권한을 강화하려는 공감대가 형성되어 2018년 3월에 대통령이 제안했던 헌법개정안에 예산법률주의의 도입과 감사원의 독립기관화를 규정하는 등 논의의 진전이 있었다. 2026년에 전국동시지방선거가 실시되어 2025년까지가 개헌 논의의 적기임을 고려할 때, 개헌 논의를 본격화할 시점으로 보인다. Oleszeck et al.(2016)은 미국 의회의 3대 기능을 대표(representation), 입법(lawmaking), 감사(oversight)라고 설명할 정도로 감사 기능을 중시하는데(383), 국회의 3대 권한 중 입법권 및 예산심의권에 비해 결산 심의권을 포함하는 감사권은 개헌 논의에서 상대적으로 관심을 덜 받고 있다. 국회의 결산 심의 및 감사권 관련 헌법개정안 쟁점은 크게 네 가지로 나눌 수 있다. 첫째, 감사원의 소속 문제, 둘째, 감사원을 독립기관화할 경우 감사원의 국회에 대한 지원 의무 규정, 셋째, 결산의 국회 제출 의무화 및 결산심의제도 규정, 넷째, 국회의 국가채무 통제를 위한 재정준칙의 도입과 이행강제 규정 명문화 여부이다.

2018년 대통령 제안 헌법개정안은 2009년 국회의장 자문기구인 헌법연

80) 1948년 설치된 감찰위원회는 1955년 2월 정부조직법 개정으로 폐지되면서 감찰원으로 대체되도록 입법되었으나, 정부는 감찰원을 설치하지 않고 1955년 11월 대통령 소속으로 사정위원회를 설치하여 직무감찰업무를 담당하게 하였으며, 4.19 혁명 이후 감찰위원회법에 따라 감찰위원회가 다시 설치되었다(국회헌법개정자문위원회 2014: 193).

구자문위원회가 감사원을 국회 소속으로 하자는 의견을 제시했음에도 불구하고 감사원을 독립기관화하고 있다. 이 개정안에 따르면 감사원은 현행 헌법과 마찬가지로 대통령과 국회에 결산 검사 결과를 보고할 뿐 국회의 결산 심의 및 감사를 지원하여야 한다는 규정은 없으며, 감사원은 독립기관으로 바뀌었음에도 회계검사 외에 직무감찰 기능을 계속해서 수행하도록 하고 있다. 개정안에 따른 감사원의 임무 비중을 보면 현재와 마찬가지로 행정부 지원으로 결산 검사 보고, 회계검사, 직무감찰 기능 등을 수행하는 반면, 국회 지원은 주로 결산 검사 보고에 그쳐 국회 지원 비중이 훨씬 작다고 평가할 수 있다. 또한 개정안에는 현행 헌법과 같이 국회에의 결산 제출이나 결산 심의에 관한 규정이 없으며, 헌법에 재정건전화를 위한 국가채무제한 규정을 도입하자는 2009년 헌법연구자문위원회의 의견에도 불구하고 재정준칙에 관한 어떠한 규정도 두고 있지 않다. 이 같은 문제를 개선하려는 본 장의 연구 주제는 위 쟁점들에 대한 영국, 미국, 독일, 프랑스 및 일본 등 주요 5개국 입법례를 분석·평가하고, 이 입법례가 우리나라의 헌법 개정에 갖는 함의를 고찰하여 바람직한 국회의 결산 심의 및 감사권 관련 헌법개정안을 제안하는 것이다. 아울러 국가별 분석의 틀로 통치구조(대통령제, 이원정부제, 의원내각제)가 감사원의 유형 결정에 미치는 영향, 감사원과 의회 및 행정부와의 관계, 감사원의 역할 및 기능과 의무 등을 제시하며, 이 분석틀에 따른 분석 결과를 종합한다.

본 장에서는 문헌 검토를 수행함에 있어 적실성이 있는 헌법개정안 검토와 국가별 감사원 비교분석을 담고 있는 국회의 헌법개정 관련 자문위원회 보고서(e.g. 헌법연구자문위원회 2009, 국회헌법개정자문위원회 2014, 국회헌법개정특별위원회 자문위원회 2018), 감사원 및 감사연구원의 연구보고서(e.g. 감사연구원 2013, 김난영 2013, 김찬수 · 김민정 2015, 김남철 2019) 그리고 공신력이 있는 국가별 결산제도와 재정준칙의 비교분석을 담고 있는 국회예산정책처, 기획재정부 및 한국조세재정연구원의 연구보고서(e.g. 김지영 2012, 한국조세재정연구원 2014, 허웅 · 최진혁 2015, 백운기 2015)를 중심으로 국회의 결산 심의 및 감사권에 관한 선행연구를 검토한다.

본 장은 국내외 선행연구와 각국의 법령 및 운영실태 분석을 통해 제2절, 제3절, 제4절에서 각각 위 쟁점들을 중심으로 주요 선진국 중 의원내각제 국가의 예로 영국, 독일, 일본과 대통령제 국가의 대표적 모델인 미국 및 이원정부제 국가의 전형인 프랑스의 입법례를 분석하고, 우리나라의 헌법 개정에 갖는 함의를 중심으로 평가해 본다. 제5절에서는 우리나라 감사원의 소속, 감사원의 국회 재정통제 지원 의무 규정, 결산 국회 제출 의무화 및 결산승인권 규정 그리고 재정준칙 규정에 관한 헌법개정안을 검토한다. 제6절에서는 결론으로 바람직한 국회의 결산 심의 및 감사권 관련 헌법개정안을 제안한다.

제2절 의원내각제 국가의 입법례 분석 및 평가

1. 영국

영국은 불문헌법 국가로 영국 감사원(National Audit Office, NAO)은 의회 소속이며 법적 근거는 예산책임 및 국가감사법(The Budget Responsibility and National Audit Act 2011)이고, 이 법 제12조제2항에 따라 감사원장은 하원 소속 공무원이다.

NAO의 하원 지원 의무를 명시한 규정으로 감사원법(National Audit Act 1983) 제9조는 감사원장이 정부 부처나 재정 지원 기관에 대한 감사 결과를 하원에 보고해야 한다고 규정한다. 한편 예산책임 및 국가감사법 제17조제1항이 감사원장은 감사 실시 여부나 방식을 포함해 기능을 수행함에 있어 완전한 재량을 가진다고 규정한 것을 두고, 의회의 감사청구에 구속력을 인정하지 않고 감사의 개시시기 등의 결정에 있어 감사원장의 완전한 재량권을 인정한 것이라고 설명하는 견해가 있으나(차진아 2017: 139), 감사원법 제7조와 예산책임 및 국가감사법 제17조제5항은 감사원장이 성과감사(Value for Money Examinations)를 경제성(Economy), 효율성(Efficiency), 효과성(Effectiveness)이라는 3Es의 관점에서 수행할 것인지를 결정함에 있어 하원의 상설감사위원회(select committee)[81]인 공공회계위원회(Committee of Public Accounts)로부터의 어떠한 제안이든 고려해야만 한다고 규정하고 있다. 따라서 NAO는 공공회계위원회의 감사 요구에 따라 의회를 지원할 사실상의 의무를 진다고 보는 것이 타당할 것이다(김명수 외 2009: 322; 감사연구원 2013: 196). NAO는 업무를 크게 두 개로 나누어 첫째는 재정감사(financial audit)로 정부부처를 포함한 공공부문의 390개 회계 정도에 대해 감사의견을 내는 것이고, 두 번째는 성과감

81) 하원 공공회계위원회는 상설감사위원회들(select committees)의 하나이며, 'select com- mittee'는 상설이면서 분야별로 전문화된 위원회이고, 입법기능을 수행하지 않으며 감사기능을 수행하기 때문에 우리나라의 상임위원회와 기능이 다르다. 영국 의회에서 일반적으로 입법기능을 수행하는 위원회는 '임시 위원회(ad hoc committees)'인데 과거에 용어상 혼동을 불러일으킬 수 있는 '상임위원회(Standing Committees)'라고 불렸으나, 현재는 공법안위원회(Public Bill Committees)를 포함하는 일반위원회(General Committees)로 대체되어진 상태이다(Shaw 1998: 232; Rogers and Walters 2006: 344; 김건오 2006; 17).

사로 돈이 가치있게 쓰였는지를 평가하는 성과보고서(value-for-money report)[82]를 통해 공공기관들이 효율성, 효과성, 경제성을 달성했는가를 검토하는 것이라고 밝히고 있다(National Audit Office 2020b: 9-18). 또한 업무상 상호 밀접한 관계에 있는 공공회계위원회와 그 밖에 다른 상설감사위원회들을 포함하는 의회를 지원하는 것이 주요한 임무라는 것을 강조한다(National Audit Office 2020a: 9-17).[83]

결산 관련 법률로 정부자원회계법(Government Resources and Accounts Act 2000)이 있으며, 이 법 제6조제4항은 재무부가 결산보고서와 감사원의 감사보고서를 익년 1월 31일 이전에 의회에 제출하도록 규정하고 있다. 또한 제6조제3항은 감사원장은 자금이 의회가 의도한 목적대로 사용되었는지 등을 감사하여 만족하지 못할 경우 의회에 보고하여야 한다고 규정한다(허웅 · 최진혁 2015: 44-6). 결산이 제출되면 하원 공공회계위원회는 보통 감사원의 감사보고서 중 약 50건을 선택하여 증거조사 회의(evidence sessions)를 열어 부처의 공무원들로부터 증언을 들은 후 결과보고서를 발간한다. 여기에는 정부가 재무부 보고서(Treasury Minute)의 발간을 통해 2개월 이내에 답변해야만 하는 의회차원의 대정부 권고안(recommendations)이 담겨 있다(National Audit Office 2020b: 16-18; 김명수 외 2009: 301; 국회예산정책처 2020: 90-91). NAO는 2020년도 연차보고서에서 공공회계위원회가 공공 현안 해결을 위한 61차례의 증거조사 회의를 열었는데, 이 모든 현안들이 NAO가 제출한 증거들에 의해 알려진 것들이라고 설명하고 있다(National Audit Office 2020b: 9).

영국의 자국 법률에 따른 재정준칙으로는[84] 1998년 재정법(Finance Act 1998)을 통해 차입준칙인 황금률(golden rule)과 지속 가능한 투자준칙(sustainable

---

82) NAO는 매년 약 60회의 성과감사(value for money studies)를 수행하여 권고(recommendations)를 담은 성과보고서를 공공회계위원회에 제출한다. 공공회계위원회는 이 보고서를 토대로 청문회를 개최하여 피감기관에 권고를 하고 피감기관은 이 권고에 답변을 한다. 어떤 경우에는 NAO가 제안했던 권고의 이행 정도를 확인하기 위한 후속 감사를 수행한다. 보다 자세한 내용은 다음 참조: https://www.nao.org.uk/about-us/our-work/value-for-money-programme/, 2020년 12월 14일 접속.

83) 이 밖에 NAO는 10명의 직원을 상설감사위원회들과 의회내 조직에 파견하였으며, 여러 상설감사위원회의 조사를 위한 회의에 증인으로서 증거를 제출하였다고 밝히고 있다.

84) 영국은 EU 재정준칙으로 마스트리히트 조약(1993년 발효) 및 안정성장협약(Stability and Growth Pact)(1997년 발효)에 따라 일반정부 국가채무 한도를 GDP 대비 60%로 한정하고 재정적자를 GDP 대비 3% 이내로 설정하는 재정준칙을 도입하였으나, 2020년 1월 31일 EU에서 탈퇴하였다.(국회예산정책처 2020: 94; 정성호 2020).

investment rule)으로 구성된 재정안정화준칙(Code for Fiscal Sustainability)을 도입하였다(국회예산정책처 2020: 95; 한국조세재정연구원 2014: 17－9).[85] 또한 2011년 예산책임 및 국가감사법을 제정하였으며 이 법 제1조제4항은 재무부로 하여금 재정준칙을 담은 예산책임헌장을 의회에 제출토록 하고, 제7항은 이 헌장이 하원의 결의안 의결로 효력을 발생한다고 규정한다. 2020년 기준 예산책임헌장의 재정준칙은 차입준칙(the borrowing rule)과 채무준칙(the debt rule)으로 구분되며, 차입준칙은 2020－2021회계연도 경기조정재정수지 공공부문 적자를 GDP의 2% 미만으로 유지하고, 채무준칙은 2020－2021회계연도 공공부문 채무의 GDP 대비 비율을 축소하는 내용을 담고 있다.(국회예산정책처 2020: 94－5).

영국의 입법례를 평가해 보면, Lienert and Jung(2004)은 영국 등 웨스터민스터형 의원내각제 국가의 감사원은 전적으로 의회에 의해 좌우되는 독립기관으로 평가한다(106). 영국 의회는 예산을 삭감하는 권한만을 가지는 등 재정권한이 매우 약한 반면 영국에서 의회의 본질적 기능은 정부를 감독하는 것이라고 여겨지며 사후적인 감사 및 조사에 주안점이 맞추어져 있다(McKay & Johnson 2010: 226; Kim 2012b: 38; 김건오 2017: 46). 이에 따라 영국 의회는 NAO를 의회 소속으로 하여 의회의 결산 심의와 감사가 충실하게 이루어질 수 있도록 지원하게 한 것이다. 그런데 Norton and Smith(2008)은 미국 정부책임처(GAO)와 영국 NAO를 비교한 후 결론으로 권한, 책무, 자아 인식에 있어 NAO가 훨씬 약하고 가변적이라고 평가한다(921; Kaiser 2008: 22). 이렇게 영국의 감사원의 권한이 미국에 비해 약한 이유를 살펴 보면, 공공회계위원회의 위원장을 야당이 맡는 것이 관례이고, 수상이 제출한 감사원장 임명제청안에 대해 공공회계위원회 위원장의 동의와 하원 승인을 받아 국왕이 임명하도록 하고 있으나, 공공회계위원회 위원 구성은 전체 하원 의석수와 비례하도록 되어 있어 여당 또는 연립여당이 다수를 차지하고 있다(허웅 · 최진혁 2015: 112). 또한 의회와 행정부의 권력이 융합되어 있는 웨스터민스터형 의원내각제에서 여당 또는 연립 여당이 의회와 행정부를 동시에 장악하고 있어 의회의 감사권과 NAO의 권한에는 미국에 비해 어느 정도의 한계가 있어 보인다.

---

85) 황금률은 정부는 공공투자만을 위해 차입을 할 수 있으며 경상지출을 위한 차입은 허용되지 않는다는 것이고, 지속가능한 투자준칙은 GDP 대비 공공부채가 지속가능하고 안정적인 선에서 유지되어야 한다는 것이다(한국조세재정연구원 2014: 17－9).

2. 독일

독일의 감사원(Bundesrechnungshof)은 회계법원(Federal Court of Auditors 또는 Court of Accounts)으로 불리며, 독일 기본법 제114조에 따라 1950년에 설립되어 입법부, 사법부, 행정부의 일부가 아닌 독립된 지위를 가진 기본법상 최초의 독립된 외부감사기구이다(Bundesrechnungshof 2017: 8-11). Lienert and Jung(2004)은 독일 회계법원을 프랑스의 감사원과 같이 사법권을 행사하지 않아 사법 기능이 없는 독립적 법원의 유형으로 설명한다(81).[86] 기본법 제114조제2항이 감사원의 구성원이 사법적 독립성을 가진다고 규정함에 따라 감사위원(감사원장, 부원장, 국장, 과장)은 법관과 같은 독립성이 보장되고, 원장과 부원장 및 최소 1/3의 감사위원은 법관의 자격을 가져야 한다(Bundesrechnungshof 2017: 37-8; 김명수 외 2009: 350-1).[87] 또한 감사원법 제5조에 따라 감사원 원장과 부원장은 연방정부의 제청으로 하원 및 상원에서 선출된 사람을 대통령이 임명한다. 한편 감사원을 독립기관으로 한 것은 회계검사 기능의 본질상 독립성이 요청되기 때문으로 삼권 분립이 아닌 사권 분립으로 이해되는 것은 아니다(송동수 2003: 330; 차진아 2017: 122).

기본법 제114조제2항은 감사원이 결산과 예산집행 및 경제운용의 효율성과 적법성을 검사하며, 연방정부 외에 하원 및 상원에 직접 매년 보고하여야 한다고 규정하고 있다. 1949년 기본법은 감사원이 감사결과를 행정부에만 보고하도록 규정하여 재정민주주의의 중요 요소인 행정부로부터 독립된 감사기관에 의한 감사 결과의 의회 보고 원칙이 정립되지 못했다고 평가할 수 있다(김건오 2006: 16). 반면에 경제 불황에 따른 효율적 재정운용을 위하여 1969년 개정된 기본법은 감사원이 연방정부 외에 양원에도 감사결과를 직접 보고할 의무를 규정함으로써 감사원은 정부뿐만 아니라 의회의 재정통제를 지원하는 기관이 되었다(김명수 외 2009: 349-51; 김찬수 · 김민정 2015: 65-6). 감사원(Bundesrechnungshof 2017)은 기본법의 감사원 조항을 구체화하여 규정하고 있는 연방예산법(Bundeshaushaltsordnung) 제97조에 따라 결산승인에 중요한 사

86) 프랑스와 비교해 보면 모두 합의제 기관이나 구성원이 독일은 법관과 같은, 프랑스는 법관으로서의 독립성을 갖고 있다(차진아 2017, 120-1).

87) 법관의 자격을 가지기 위해서는 국가자격시험을 합격하고 변호사로 복무하여야 한다 (Bundesrechnungshof 2017: 38).

항인 경우 감사 지적 사항과 권고안을 요약하여 연차보고서에 담아 양원과 연방정부에 제출해야 하며, 연차보고서는 의회에 의해 결산 심사를 위한 준비자료로 활용됨과 동시에 지출 절감안, 수입 증대안과 연방정부의 효과성 증대 방안을 제시하고 있으며(16), 특히 하원에 조언을 제공하는 것이 감사원의 주요한 기능이라고 밝히고 있다(1). 의무적으로 제출하는 연차보고서 외에도 연방예산법 제99조에 따라 감사원은 양원과 연방정부에 중요사항에 대해 수시로 보고할 수 있는데,[88] 기본법 제114조제2항이 그 밖에 연방회계 감사원의 권한은 연방법률로 정한다고 규정한데 따른 것이다(17－22). 감사원은 정당 소속과 관계 없이 의회와 의회 위원회에 의한 감사 요구는 가능한 범위 내에서 수용되어 지고 있다고 밝히고 있다(22). 김명수 외(2009)는 의회가 감사원에 특정 사항에 대한 감사 요구를 할 수 있는 법적 근거는 없으나, 감사원은 관례적으로 의회가 요구한 감사에 대하여 대부분 응하고 있다고 설명한다(350－2).[89]

기본법의 결산 관련 규정을 살펴보면, 기본법 제114조제1항에 따라 재무장관은 연방정부의 결산 책임 면제를 위하여 하원 및 상원에 이전 회계연도의 모든 수입 및 지출과 자산 및 부채에 관한 결산을 제출하여야 하며, 동조 제2항은 감사원은 결산 등을 검사하고 양원에 직접 보고하도록 규정하고 있다. 제출된 결산은 하원 예산위원회(Haushaltsausschuss)의 소위원회인 공공회계위원회(Ausschuss für öffentliche Finanzen)에서 감사원 연차보고서의 감사 결과 권고안과 함께 심사된다. 공공회계위원회는 감사원의 거의 모든 권고를 수용하여 이를 예산위원회에 보고하고, 예산위원회가 다시 본회의에 보고하면 하원은 권고안을 확정한다. 정부는 하원에서 결산승인과 함께 채택된 권고사항을 이행하여야 하며 감사원은 이행 여부를 감시한다. 상원은 하원과 별도로 재무위원회(Finanzausschuss)를 거쳐 결산을 승인한다(Bundesrechnungshof 2017: 13－7; 김명수 외 2009: 363－4; 이명헌 2011: 93－6; 국회예산정책처 2020: 127). 감사원의 감사결과를 담은 연차보고서는 2006년 이후 가을 보고서와 봄 보고서로

88) 다만 제99조는 감사원이 양원에 보고하는 경우 연방정부에도 보고하도록 규정하고 있다.

89) 또한 감사원은 재무감사와 적법성 감사 및 성과감사 결과를 의회에 제출함으로써 예결산 심의 과정에서 조언자의 역할을 수행한다(Bundesrechnungshof 2017: 23; 김형섭 2016: 156). 적법성 감사(compliance audits)에서는 법규 등이 준수되었는가를 감사하고, 성과감사(performance audits)는 경제성, 효율성, 효과성의 기준을 검토하며 돈이 가치있게 쓰였는가(value for money)를 확인하기 위해 수행된다(Bundesrechnungshof 2017: 23).

구성된다. 가을 보고서는 감사원의 권고 중 정부가 수용하지 않은 사항과 추가적 재정수입 및 불필요한 지출 감축 방안을 담은 권고 등을 포함하고 있으며, 봄 보고서는 가을 보고서 이후 추가적인 감사 지적사항과 권고안을 포함하고 있다(Bundesrechnungshof 2017: 16－22).

독일은 프랑스와 함께 EU의 핵심 회원국으로 EU의 재정준칙 제정을 주도해 왔다. 이 재정준칙은 마스트리히트 조약(1993년 발효)에서 시작되었고, 안정성장협약(Stability and Growth Pact, 1997년 발효)은 회원국의 국가채무 한도를 GDP 대비 60%로 한정하고 재정적자를 GDP 대비 3% 이내로 설정하는 기준을 도입하였다. 이를 위반시 초과적자 시정절차(Excessive Deficit Procedure)를 진행하고 필요시 제재를 부과한다. 또한 신재정 협약(New Fiscal Compact, 2013년 발효)은 구조적 재정적자가 GDP의 0.5%를 초과할 수 없도록 하는 등의 균형재정준칙을 회원국의 국내법에 규정하도록 하고 유럽재판소의 판단에 따라 GDP 대비 0.1%의 제재금을 부과할 수 있게 한다(국회예산정책처 2020: 140－1; 정성호 2020).[90]

독일은 자국 기본법에 따른 재정준칙으로 재정건전성을 제고하기 위해 2009년 기본법 개정을 통해 국가채무 제한제도를 도입하였다. 기본법 제109조제3항 및 제115조제2항은 신규차입 없는 재정균형의 원칙을 규정하고,[91] 차입수입이 명목 GDP의 0.35%를 초과하지 않을 때 이 원칙에 부합하는 것으로 봄으로써 구조적 재정적자를 명목 GDP 대비 0.35% 이내로 제한한다. 또한 사후적 통제로 기본법 제115조제2항은 사전적 한도를 초과하는 차입을 통제하기 위한 통제계정을 두고 계정의 차입이 명목 GDP의 1.5%를 초과하면 경기상황을 고려하며 감축되도록 규정하되, 예외규정을 두어 국가의 통제를 벗어나면서 국가의 재정적 기반을 현저히 잠식하는 자연재해 또는 비정상적

90) 균형재정은 GDP 대비 3% 이내 적자를 지칭하지만, 구조적 재정수지의 경우 국가채무가 GDP 대비 60%보다 낮을 경우 GDP의 1% 이내의 적자, 60%보다 높을 경우 0.5% 이내의 적자를 의미하며, 조약의 이행과 관련하여 가입국들이 불이행할 경우 유럽사법재판소가 수차례 개선 통보를 한 후 종국적으로 GDP의 0.1%에 해당하는 벌금을 부과하도록 규정하고 있다. 또한 회원국은 과거 3년간 평균 국가채무가 GDP 대비 60%를 초과하였다면 향후 3년간 60% 초과분 중 최소 1/20 이상을 감축해야 한다고 규정하고 있다(정성호 2020: 11).

91) 기본법 제109조제3항은 연방과 주(州)의 예산은 원칙적으로 차입수입 없이 균형을 이루어야 한다고 규정하고, 제115조제2항은 수입과 지출은 원칙적으로 차입수입 없이 균형을 이루어야 한다고 규정한다.

인 긴급상황 등에는 하원 다수결에 따라 위 한도들을 초과할 수 있도록 한다(국회예산정책처 2020: 129－31).

독립기관형 감사원의 전형인 독일의 입법례를 평가해 보면, 의회가 감사원에 특정 감사를 요구할 수 있는 법적 근거가 없음에도 불구하고 의회에 의한 감사 요구가 가능한 범위 내에서 수용되어 지고, 감사원 스스로 하원에 조언을 제공하는 것이 감사원의 주요한 기능이라고 밝히는 데에는 독일 의회가 예산 증액권을 갖고 있는 등 재정권한이 주요 5개국 가운데 미국 다음으로 강하다는 점도 작용한다고 보인다. 아울러 협의제(consensual) 민주주의의 전형으로 독일식 연동형 비례대표제와 다당제의 정당체계에 따른 연립정부 구성을 통한 통치가 이루어짐과 함께 기본법이 권력균형에 초점을 맞추고 있다는 점이 대륙형 의원내각제의 독일 의회가 강력한 결산 심의 및 감사권을 갖게 하고, 의회와 행정부를 동시에 지원하는 감사원이 의회 지원 기능을 주요한 기능이라고 인식하게 만드는 것으로 보인다(Polsby 1975: 293; Shaw 1979: 401; Kim 2012b: 44－5; 김건오 2017: 48－9).[92] 다만, 독일 감사원이 미국 정부책임처(GAO)에 비해 권한이 약하다고 보는 이유는 GAO는 주요 5개국 중 최고의 재정권한을 갖는 미국 의회 소속으로 의회와 행정부를 동시에 지원하는 독립기관인 독일 감사원에 비해 의회로부터 더 강한 지지를 받기 때문이다.[93]

3. 일본

일본의 회계검사원은 입법·행정·사법부 어디에도 속하지 않는 독립기관형 감사원으로 분류된다(감사연구원 2013: 18). 다만, Lienert and Jung(2004)은 일본의 회계검사원을 행정부에 속하는 독립된 기관으로 보면서, 회계검사원이

92) 결산 및 감사 결과 시정권고안에 대한 심사를 담당하는 하원 예산위원회의 위원장을 관례적으로 제1야당 출신이 맡아 왔다는 점도 이러한 평가와 궤를 같이 한다(김건오 2017: 49).

93) 또한 Lienert and Jung(2004)이 독일 감사원을 사법 기능이 없으면서 행정부를 부분적으로 보조하는 독립적 '법원'으로 분류하는 데에서 볼 수 있듯이(80－2), 감사원의 법원적 성격과 감사원장, 부원장 및 최소 1/3의 감사위원은 법관의 자격을 가져야 하는 인적 특성으로 인해 감사원의 성과감사 대비 적법성 및 재무검사의 비중이 미국보다 높을 수 있어 세계적으로 감사원의 업무 중점이 적법성 감사에서 성과감사로 이동하는 추세에 비추어 한계로 작용할 수 있어 보인다.

행정부의 통제 하에 있으나, 내각으로부터 독립하면서 정부 부처의 일부가 아니라고 설명한다(81). 회계검사원은 스스로를 내각으로부터 독립적이고 국회나 사법부에 속하지 않는 헌법기관이라고 밝히면서(Board of Audit 2020: 1), 회계검사원 홈페이지에 게시된 일본 정부 조직도에서 회계검사원을 입법·행정·사법부에 속하지 않으나 행정부 아래 내각과 같은 수준이면서 국회보다 내각에 가깝게 위치시키고 있다.[94] 이와 같이 회계검사원을 국회 보다는 행정부에 가까운 조직이라고 생각하는 회계검사원의 자아 인식은 행정부에 속하는 독립기관으로 보는 의견의 설득력을 높여주는 요인으로 보인다. 일본 헌법 제90조제1항은 국가의 수입·지출의 결산은 매년 회계검사원이 이를 모두 검사하고, 내각은 다음 연도에 그 검사보고와 함께 이를 국회에 제출해야 한다고 규정하고 있으며, 제2항으로 회계검사원의 조직과 권한은 법률로 정한다고 규정하고 있다. 이에 따라 1947년 헌법 시행에 따라 회계검사원법이 제정되었고, 이 법 제1조는 회계검사원은 내각으로부터 독립된 지위를 가진다고 규정하고 있다. 회계검사원법에 따르면 회계검사원은 3인의 검사관회의와 사무총국으로 구성되고 검사관은 양원의 동의를 거쳐 내각이 임명하며, 원장은 검사관 중 호선한 자를 내각이 임명한다(김명수 외 2009: 75-8). 회계검사원(Board of Audit 2020)은 1947년 헌법과 1889년 메이지 헌법과의 차이로 국회와의 관계가 강화되었고, 감사의 범위가 넓어졌으며, 회계검사원의 감사가 행정에 즉각적으로 반영될 수 있도록 하는 수단들이 만들어졌다고 설명한다(1).

회계검사원의 의회 지원에 관해 회계검사원법은 의무규정이 아닌 임의규정을 두어 1997년 이후로 동법 제30조의3은 회계검사원이 국회법에 따라 국회로부터 요구를 받으면 요구된 특정 사안에 대한 감사를 실시하고 그 결과를 보고할 수 있다고 규정하고 있다. 또한 2005년 동법 개정으로 제30조의2는 회계검사원이 의견을 내었거나, 피감기관에 조치를 요구하였거나, 특별히 보고할 필요가 있다고 보았을 때는 국회와 내각에 보고를 할 수 있다고 규정하고 있다(Board of Audit 2020: 16). 회계검사원(Board of Audit 2020)은 매년 감사 계획을 세움에 있어 국회의 심사를 고려해 감사 주제를 선정한다고 밝히고 있다(17).[95] 아울러 1997년 동법이 개정되어 제20조제3항이 정확성, 합규

94) 자세한 조직도 내용은 다음 참조. https://www.jbaudit.go.jp/english/jbaudit/status.html, 2020년 12월 20일 접속.

95) 또한 회계검사원은 2020년도 감사 기본 정책에서 국회와의 협력과 관련하여 회계검사원

성, 경제성, 효율성, 효과성 등의 관점에서 검사를 한다고 규정함에 따라 종래 합규성 관점 위주에서 경제성, 효율성, 효과성 관점을 보다 중시하는 검사를 실시하고 있다(Board of Audit 2020: 14; 김명수 외 2009: 86).

헌법은 제90조에서 내각이 회계검사원의 결산 검사 보고와 함께 결산을 국회에 제출하여야 한다고만 규정할 뿐 결산 심의 절차에 관해서는 규정하고 있지 않다. 헌법 제90조를 구체화한 재정법 제40조에 따라 회계검사원이 그 해에 이루어진 모든 감사의 결과를 보여주는 검사보고서를 검사된 국가 지출과 수입의 결산과 함께 내각에 보내고, 내각은 이를 다음 연도의 국회의 정기회(매년 1월 중에 개회)에 제출한다(허웅·최진혁 2015: 57). 국회에서의 결산 심사 절차를 살펴보면, 내각은 결산을 중의원과 참의원에 동시에 제출하고, 중의원은 결산행정감시위원회에서, 참의원은 결산위원회에서 결산을 심사한다.[96] 결산 심사가 종료되면 중의원은 위법 또는 부당하다고 인정되는 사항에 대해서는 그러한 취지로, 그 이외에는 이의가 없다는 취지로 의결을 하고, 참의원은 결산에 대한 승인 여부와 특정한 사항에 대하여는 경고하는 취지로 의결을 한다(Board of Audit 2020: 28; 허웅 · 최진혁 2015: 127). 회계검사원(Board of Audit 2020)은 소속 고위공무원들이 위 결산 위원회들에 항상 출석하며, 예산위원회 및 다른 위원회의 요구가 있으면 출석하여 회계검사보고서의 내용을 설명하고 의견을 제시하고 있으며, 회계검사보고서가 국회 결산 심사에 필수적인 자료라고 설명하고 있다(28).

일본은 재정준칙으로 2010년에 법률이 아닌 내각 결정으로 재정관리전략을 채택하여 PAYGO 준칙[97]과 지출한도를 포함한 중기재정계획을 도입하였다. 다만 이 PAYGO 준칙은 일반적으로 절차적 규칙으로만 고려되어지기 때문에 재정준칙으로 포함하기 어려운 측면이 있다(백운기 2015: 39; Lledō et al. 2017: 43). 일본 정부는 의장을 총리로 하는 경제재정자문회의를 경제 · 재정정책의 추진 주체로 활용하고 있는데, 경제재정자문회의는 중장기 재정건전화 목표로 2018년까지 기초재정수지 적자규모를 GDP 대비 1%로 하향하고,

---

은 국회로부터의 감사요구에 따라 감사를 수행함에 있어 국회가 요구한 의도에 최대한 집중함으로써 국회의 심사 및 조사를 지원하기 위한 모든 노력을 기울이며, 국회의 충실한 결산 심사를 지원하기 위하여 적극적으로 국회에 보고서를 제출하기 위해 노력한다고 밝히고 있다(Board of Audit 2020: 18).

96) 결산행정감시위원회와 결산위원회 모두 국회법 제41조에 따른 상임위원회이다.

97) PAYGO 준칙에 대해서는 제3절 미국의 입법례에서 자세히 설명한다.

2020년까지 기초재정수지 균형을 달성하는 것을 제시했었다(국회예산정책처 2020: 215).

일본의 입법례를 평가해 보면, 회계검사원을 독립기관형 감사원으로 보는 의견(감사연구원: 2013)과 달리 회계검사원을 행정부에 속하는 독립된 기관으로 보면서, 회계검사원이 행정부의 통제 하에 있다고 보는 견해(Lienert and Jung: 2004)가 존재하는 것은 1946년 공포 일본국헌법에 따라 내각이 의회를 자유롭게 해산할 수 있는 내각우위형 의원내각제의 채택과 사실상 자민당 일당지배체제가 결합하여 야당의 행정부 통제 기능이 약하고, 국회에서 예산안이 1956년 이래 수정된 일이 없었다는 설명(유훈 외 2012: 171)이 있을 정도로 국회의 재정권한이 약하다는 점과 관련이 있는 것으로 보인다(김건오 2017: 50). 한편 국회법에서 중의원과 참의원에 예산위원회 외에 결산 심사를 전담하는 상임위원회인 결산행정감시위원회와 결산위원회를 각각 규정하고 있는 것은 결산 심사의 전문화 측면에서 바람직한 입법례로 보인다.

제3절 대통령제 국가의 입법례 분석 및 평가

이 절에서는 우리나라와 같은 대통령제 국가의 전형적 입법례인 미국의 입법례를 분석함으로써 우리나라의 결산 심의 및 감사권 관련 헌법 개정에 갖는 시사점을 살펴보고자 한다.

미국 정부책임처(Government Accountability Office, GAO)는 영국과 함께 의회 소속 감사원의 대표적 예이다. 1차 세계대전 후 국가채무 급증을 우려한 의회는 정부지출에 대한 보다 좋은 정보와 강한 통제를 추구하며 1921년 예산회계법(Budget and Accounting Act of 1921) 제301조로 2004년 정부책임처로 기관명이 변경된 회계검사원(General Accounting Office, GAO)을 정부 지출 조사를 위한 독립기구로 설립하였고,[98] GAO는 행정부로부터 독립하며 회계검사

98) 1921년 예산회계법은 입법부와 행정부 간에 거래(trade-offs)를 포함하고 있으며, 대통령에게 예산안을 편성하여 의회에 제출할 수 있도록 권한을 부여하고, 이를 지원하기 위해 관리예산처(the Office of Management and Budget, OMB)의 전신인 예산국(the Bureau of the Budget)을 재무부에 두는 대신 회계감사원을 의회 내에 설립하고 재무부

원장의 지시와 통제를 받는다고 규정되어 있다.[99] 정부책임처장(Comptroller General)은 특별 양원 위원회의 추천을 받아 대통령에 의해 상원 동의를 거쳐 임명된다(Kaiser 2008: 237－8). GAO는 처장의 권한으로 조사를 수행하기도 하나, 대부분의 GAO 업무는 의회, 위원회, 소위원회, 의원의 요구에 따라 이루어진다(Kaiser 2008: 26; Government Accountability Office 2019).[100]

GAO는 의회를 지원할 법적 의무가 있으며, 예산회계법 제312조는 정부책임처장은 하원 또는 세입, 세출승인 및 지출 소관 위원회의 요구에 따라 조사하고 보고하며, 조력할 의무가 있다고 규정하고 있다(감사연구원 2013: 105－8). Havens(1992)에 따르면 GAO의 초기 정착기(1921－1949)에는 준법감사 및 재무감사 등의 감사활동에 초점이 두어졌으나, GAO의 전환기(1966－1981) 동안 사업평가(program evaluation)와 정책분석에 초점을 두는 성과감사(performance audits)를 도입하여 사업평가가 GAO의 보편적인 활동으로 자리 잡게 되었고(205－59), 감사연구원(2013)은 미국에서 성과감사의 비중이 80%라고 밝힌 바 있다(31). 1970년 의회재조직법(Legislative Reorganization Act of 1970)에 따라 감사원이 연방사업에 대하여 비용편익분석을 할 수 있는 권한을 갖게 되었고, 의회는 위원회들에 대한 GAO의 조력을 확대하였으며, 1974년 의회예산 및 배정유보통제법(the Congressional Budget and Impoundment Control Act of 1974)은 GAO로 하여금 위원회의 사업평가를 지원하도록 하였다(Oleszek et al. 2016: 379－80). 2004년 인적 자원 개혁법 (Human Capital Reform Act of 2004)에 따라 의회의 감시인(watchdog)이자 조사부서(investigative arm)로 불리우는 GAO는 행정부의 사업에 대한 평가 등을 포함하는 기관의 새로운 책무를 반영하기 위해 정부책임처(Government Accountability Office)로 기관명이

로부터 회계검사 책무(comptroller and auditor duties)를 회계감사원으로 이전시킨다(Kaiser 2008: 4; 김건오 2017: 50).

99) 미국 연방법전(U.S.C.) 제31편 제702조는 GAO는 행정부로부터 독립한 미국 정부 기관이다라고 규정하고 있어 GAO가 의회 소속 기관이라는 명문상 법률 규정은 없으나, 1986년 대법원에서 감사원은 입법부의 한 기관이라고 판결하였고, 감사원 예산이 입법부 예산에 포함되어 있으며, GAO는 스스로의 임무를 소개하며 "GAO는 연방정부의 입법부 내에 있는 독립기관이다"라고 밝히고 있다(Government Accountability Office 2019; 감사연구원 2013: 19). 또한 GAO는 홈페이지에서 의회는 1921년 예산회계법을 통해 의회 소속으로 GAO를 설립했다고 밝히고 있다. 보다 자세한 설명은 다음 참고: https://www.gao.gov/dsp/3mission.html, 2020년 12월 2일 접속.

100) GAO의 경우 의회 요청 감사 비중이 2012년 기준으로 95%에 달한다고 한다(김난영 2013: 3).

변경된다(Kaiser 2008).[101] Oleszek et al.(2016)은 GAO의 분석은 의회 청문회나 비용절감을 가져오는 행정의 변화를 이끌어낸다면서, Bernie Sanders 상원의원이 GAO에 요청했던 보고서를 인용하면서 해군이 불필요한 부품에 많은 예산을 사용하고 있는 문제를 지적한 것이 그 사례라고 한다(394).

의회의 결산심의권을 포함하는 감사권에 관한 헌법적 근거는 미국 헌법 제2조제3항을 포함하는 헌법 그 자체라고 할 수 있다. 미국 학자들은 미국 헌법 제2조제3항에서 '대통령은 법률이 충실하게 집행되도록 유의한다'라고 규정하고 있는 데에서 볼 수 있듯이,[102] 헌법의 초안자들은 의회의 감사권이 헌법에 특별히 명시적으로 언급할 필요 없이 당연히 인정되는 의회의 근본적인 권한이라고 믿었다고 설명한다. 미국에서 예산법률주의에 따라 재정권을 포함하는 입법권은 법이 충실하게 집행되는가의 감독권을 함의한다는 것이며, 의회의 입법권, 재정권 및 행정부 활동에 대한 조사권 등이 헌법에 기초한 명시적이고 암묵적인 감사 권한 속에 포함된다고 본다(Oleszek et al. 2016: 377-8). 정부의 의회에 대한 결산 제출 의무를 규정한 1994년 정부관리개혁법(Government Management Reform Act of 1994) 제405조는 재무부가 다음 회계연도 3월 31일까지 관리예산처(OMB)와 협의하여 대통령 및 의회에 GAO가 감사한 재정보고서(financial statement)를 제출해야 한다고 규정하고 있다(허웅 · 최진혁 2015: 38-9; 국회예산정책처 2020: 51). 제출된 결산의 의회 심의 절차에 관하여 많은 문헌자료에서 미국은 다른 나라와 같은 의회의 결산심의가 없고, GAO에 의한 재무감사 및 성과감사 보고서와 재무부가 제출하는 재정보고서에 대해 의회가 검토한다고 설명한다(허웅 · 최진혁 2015: 104; 국회예산정책처 2020: 51). 하연섭(2014)이 미국 의회의 경우 결산은 그리 심각하게 취급하지 않고 의회의 결산승인 없이 결산보고만 하도록 되어 있다고 설명하는 것이 한 예이다(202). 그러나 위원회 중심주의를 취하는 미국 의회에서 다른 주요 선신국과 같이 일회적인 본회의에서의 결산승인 절차는 없으나, 결산 심사 자체가 없는 것은 아니며, 의회는 GAO의 지원을 받는 위원회

101) 이 밖에 성과감사 관련 법률을 살펴보면, 정부업무성과결과법(The Government Performance and Results Act of 1993, GPRA)과 GPRA 선진화법(the GPRA Modernization Act of 2010)은 의회의 정부 업무 성과평가를 지원하는 내용이다(Oleszek et al. 2016: 379-80).

102) 제2조제3항의 원문은 다음과 같다. The President shall take care that the laws be faithfully executed.

조사청문회 등을 통한 연중 상시 결산심사제도를 갖고 있다고 보는 것이 타당해 보인다. 결산 심사 결과 시정 필요사항에 대해서는 세출승인법안의 심의를 통한 해당 부처의 예산 삭감, 장관의 탄핵 또는 장관을 규탄하는 결의안을 통과시키는 방법 등을 통해 시정을 요구하고 그 이행 결과를 보고 받는다(Oleszek et al. 2016: 384-402). 그 예로 Coburn 상원의원의 제안으로 미국 의회는 GAO가 정부 내 중복사업을 줄여나가고 세금을 절약하는 것을 내용으로 하는 소위 '중복 보고서(duplication report)'를 매년 발간할 것을 법적으로 의무화하는 법률을 통과시켰고, 2011년 이후 매년 보고서가 발간되고 있다. 상원의 결산위원회라 할 수 있는 국토안보 및 정부업무 위원회(Committee on Homeland Security and Government Affairs)는 GAO의 '중복 보고서'를 주제로 정부책임처장을 증인으로 출석시켜 청문회를 개최하였다.[103] GAO는 2020년 중복보고서에서 10년간의 중복보고서를 통해 정부가 약 4,290억 달러를 절약할 수 있도록 도왔고(Government Accountability Office 2020a), 2018회계연도에 약 700편의 보고서를 발간했으며, 제안들 중 이행된 비율이 76%이었고, 의회 위원회 및 소위원회에서 98번의 증언을 하였다고 밝히고 있다(Government Accountability Office 2019). GAO가 오로지 의회만을 위해 감사를 실시한다는 점을 고려할 때(Lienert and Jung 2004: 106), GAO의 의회 제출 보고서를 통한 제안들 중 이행된 비율이 이렇게 높은 것은 위원회 청문회 등을 통한 결산 심사에 따른 행정부에 대한 시정조치 요구가 반영된 결과로 보인다. 허웅 · 최진혁(2015)은 미국 의회가 결산 보고서에 관해 논의하기 위해 청문회를 개최할 수 있으며, 보고서에 대해 질의할 수 있다고 설명한다(104-9).

소관 부처에 대한 감사를 수행하는 다른 상임위원회들과 달리[104] 범정부적인 사항에 대한 조사적 감사(investigative oversight)을 수행하는 하원의 감사 및 정부개혁위원회(Oversight and Government Reform Committee[105]))와 상원의 국

---

103) 2015년에 개최된 이 청문회의 주제는 "Reducing Unnecessary Duplication in Federal Programs: Billions More Could Be Saved" 이었고, 자세한 내용은 다음 동위원회 보도자료를 참고: https://www.hsgac.senate.gov/media/minority-media/hearing-statement-reducing-unnecessary-duplication-in-federal-programs-billions-more-could-be-saved, 2020년 12월 11일 접속.

104) 의회의 감사권을 공식화한 법률은 1946 의회재조직화법(the Legislative Reorganization Act of 1946)이며, 이 법은 위원회들이 행정부 기관들에 대한 상시적인 감독을 수행할 것을 요구했다(Oleszek et al. 2016: 378-9).

105) 위원회 홈페이지에서 위원회 스스로를 하원의 주요한 조사 위원회이고, 고유 소관뿐만

토안보 및 정부업무위원회[106]는 정부 전체에 걸쳐 비효율, 낭비 및 부패를 조사하는 기능을 수행한다(Oleszek et al. 2016: 379－80). 이 위원회들은 제2절제1관에서 살펴본 영국 하원의 공공회계위원회와 같이 양원의 결산위원회의 역할을 하는 것으로 보인다. 또한 양원 의사규칙을 통해 하원은 위원회에 감사소위원회(oversight subcommittees)를 두게 하였고, 하원과 상원은 위원회 심사보고서에 각각 중복사업이 있는지와 법제정에 따라 늘어나는 행정업무(paperwork)를 평가할 수 있는 규제영향보고(regulatory impact statement)를 포함하도록 하고 있다(Oleszek et al. 2016: 378－83). 미국 의회의 가장 전통적인 감독기능 수행 수단은 위원회의 청문회(hearings)와 조사(investigations)이다. 미국 양원의 위원회들은 다양한 방식의 조사를 연중 상시 수행하고 있는데 이 조사의 대부분은 예산 집행과 관련되어 있는 것이다. 조사청문회(investigative hearings)를 실시함에 있어 양원의 의사규칙은 위원회로 하여금 증인의 증언을 강제할 수 있는 소환장(subpoena)을 발부하거나 자료제출을 강제할 수 있는 권한을 부여하였다. 소환장에 따르지 않는 사람은 의회모욕죄(contempt)로 소환될 수 있으며 형사벌 또는 민사상 벌칙금(civil penalty)에 처해질 수 있고, 위증시 위증죄로 고발될 수 있다(Oleszek et al. 2016: 385－7).

헌법정신으로 재정권(Power of the purse)은 의회에 속하다고 이해되며, 이 재정권의 한 부분으로 미국 헌법 제1조제8항은 의회가 합중국의 신용으로 금전을 차입할 권한을 갖는다고 규정함으로써 의회에 연방부채에 대한 통제권한을 주고 있다. 다만 헌법에 재정준칙에 관한 규정은 없다. 부채한도(Debt Limit)을 정하는 입법은 하원 세입(Ways and Means)위원회와 상원 재정(Finance)위원회의 권한이며, 최근에는 2018년 초당적 예산법(Bipartisan Budget Act of 2018) 및 2019년 동법을 통해 부채한도를 늘리고 부채한도 적용을 유예한 바 있다(Congressional Research Service 2019; 국회예산정책처 2020: 45－6). 재정준칙에 관해 현재 시행되고 있는 최근의 법률을 보면, 재정준칙의 강제이행 수단으로

아니라 다른 상임위원회들의 소관에 속하는 어떠한 사항까지도 조사할 권한을 가진다고 밝히고 있다. 보다 자세한 설명은 다음 참고: https://oversight.house.gov/about, 2020년 12월 3일 접속.

106) 위원회 홈페이지에서 위원회 스스로를 상원 최고의 감사 위원회이고, 이전에 정부업무위원회로 알려졌으나, 2003년에 국토안보부의 감사업무를 맡게 되었다고 밝히고 있다. 보다 자세한 설명은 다음 참고: https://www.hsgac.senate.gov/about, 2020년 12월 3일 접속.

서 강제삭감(sequestration)[107] 절차를 담고 있는 2010년 PAYGO 법(The Statutory Pay−As−You−Go Act of 2010)과 2011년 예산통제법(Budget Control Act of 2011)이 있다(Keith 2010; Heniff, Rybicki, and Mahan 2011). 2010년 PAYGO 법은 의무지출과 세입법률에 대하여 PAYGO원칙[108]을 적용하여 일년 의회 회기 동안 관리예산처(OMB)는 입법이 이루어지면 각각 5년 및 10년의 기간에 걸쳐 PAYGO 요구의 위반이 있는지를 판단하여 위반이 있다면 대통령은 순적자증가를 상쇄하기 위하여 강제삭감 명령을 발동한다고 규정한다. 다만 의회는 이 강제삭감을 수정할 수 있는 권한을 갖는다. 2011년 예산통제법은 재량지출에 대한 한도(limits on discretionary spending)를 설정하는데, 2012회계연도부터 2021회계연도까지 국방 또는 비국방이라는 범주로 나누어 한도가 설정되고, 이 한도의 위반이 일어나면 대통령은 그 범주의 한도에 맞추어 강제삭감 명령을 내려야 한다(Kim 2012a: 17−8; 김건오 2012). 2011년 예산통제법에 따라 중기 종합 적자 감축안을 채택하는 데에 실패함에 따라 재량지출 및 의무지출에 대한 강제삭감이 2013년부터 이루어졌으며 매년 의회에서 여야간 합의에 의해 의무지출 및 재량지출의 강제삭감 내용이 변동되어져 왔다(Lledō et al. 2017: 76; Saturno 2020: 6; 국회예산정책처 2020: 52−4). 이 밖에도 상하원은 예산결의안에서 설정된 총지출한도, 위원회 할당액 등을 위반하는 경우 그 이행 강제수단으로 의사진행상의 이의제기(points of order)[109]를 사용한다. 의회예산법은 양원의 예산위원회가 의회예산처(CBO)의 보고서를 첨부한 입법의 재정영향점검(scorekeeping) 보고서를 내도록 하고 있는데, 이 보고서는 예산

107) 강제삭감(Sequestration) 절차는 사회보장 및 의료부조 등의 프로그램들이 강제삭감 절차에서 제외될 뿐만 아니라 의료보험 및 다른 보건 프로그램들은 강제삭감에 따른 지출감축 상한이 2%로 정해져 있기 때문에 이 같은 일부만 제외하고 정부예산을 일정 비율대로 삭감하는 조치로, 재량지출 한도를 넘어서거나 PAYGO 요구에 따른 삭감이다 (Lledō et al. 2017: 76; 김건오 2012; 국회예산정책처 2020; 53−4).

108) 의무지출 증가 또는 세입 감소를 내용으로 새로운 입법을 할 때는 반드시 이에 대응되는 세입증가나 다른 의무지출 감소 등 재원 조달 방안이 동시에 입법되도록 의무화함으로써 재정수지에 미치는 영향이 상쇄되도록 하는 준칙을 말한다.

109) 의사진행상의 이의제기는 본회의에서 의원이 본회의가 의사진행에 관한 규칙을 위반하고 있다고 이의를 제기하는 것으로, 이 경우 의장은 의사진행을 중지하고 이의제기가 이유가 있을 경우 이를 받아들이는데, 하원은 일반적으로 과반수의 찬성으로 특별규칙을 통과시킴으로써 이의제기에 따른 의사진행 중지에서 벗어날 수 있으나, 상원은 대부분의 경우 3/5 이상의 찬성으로 그렇게 할 수 있다(Schick 2007; Saturno 2020: 6; 김건오 2007: 67).

결의안 등의 위반을 이유로 하는 의사진행상의 이의제기에 활용된다 (Schick, 2007; Saturno 2020: 5; 김건오 2007: 67).

한편 이같이 미국이 운용하고 있는 재정준칙을 통해 연방부채와 재정적자에 대한 통제가 제대로 이루고 지고 있는 가에 대한 결산 심사 및 감사는 2020년에 발간된 GAO의 국가 재정 건전성에 관한 보고서(Government Accountability Office 2020b)에서 볼 수 있듯이 GAO, 의회예산처(CBO) 등 의회 지원기구의 지원을 받아 위원회 조사청문회 등을 통해 이루어진다.

미국의 입법례를 평가해 보면, Lienert and Jung(2004)은 GAO를 전적으로 의회에 의해 좌우되는 독립기관으로 본다(106). 미국 의회는 세계적으로 예를 찾아보기 힘든 강한 예산권한을 가지며(김건오 2017: 50－1),[110] 상응하는 결산 심의 및 감사권에 있어서도 마찬가지이다. 미국 의회를 지원하는 GAO의 권한도 마찬가지이며 Kaiser(2008)는 미국이 아마도 피감기관으로부터의 독립성, 권한, 소관, 기능, 자원에 있어 세계 각국의 감사원 중에서 최고의 순위를 기록한다고 설명한다(26).

제4절 이원정부제 국가의 입법례 분석 및 평가

대표적인 이원정부제 국가인 프랑스의 입법례 분석과 평가는 우리나라가 개헌을 통해 채택하려고 하는 정부형태 중에서 대통령제 다음으로 이원정부제가 선호되고 있고, 프랑스 헌법에서 감사원이 의회의 재정통제를 지원한다고 명문화하고 있다는 점에서 의의가 있다.

프랑스의 감사원은 회계법원(Cour des Comptes)이란 명칭에서 알 수 있듯이 독립기관형 감사원으로 분류됨과 동시에 행정법원의 일종인 회계법원으로 분류된다. 공공회계에 대한 재판관할권을 가진 회계법원으로서 사법권을 가지고 사법기능을 수행하며, 행정부를 감사하고 조언하며, 최고감사기구

110) 의회는 대통령에게 예산안을 제출하게 하고 있으나 이는 권고안에 불과하고, 의회는 독자적인 예산법안의 편성 및 제안권과 심의 및 확정권을 가지며 오로지 대통령의 거부권에 의한 제약을 받을 뿐이다(김건오 2017: 50－1).

(Supreme Audit Institution)로서 보고서를 통해 의회를 지원한다(Lienert and Jung 2004: 81; Cour des Comptes 2020a; 김명수 외 2009: 369). 감사원은 스스로의 독립성이 법원으로서의 지위에 기반하며, 신분 보장을 받는 상임 법관들(magistrates)인 감사관들의 독립성에서 기인한다고 설명한다(Cour des Comptes 2020a). 감사원장, 감사를 전담하는 각 부(Chamber)의 부장, 수석감사관 그리고 법정의 검사와 같은 역할을 수행하며 감사원 내 유일한 행정부의 대표자인 총검찰관은 국무회의를 통해 대통령이 임명한다(김명수 외 2009: 374).

감사원의 의회 지원 의무에 관한 근거 규정은 2008년 헌법개정을 통해 헌법 제47조의2제1항에 규정되었고, 감사원이 정부 활동의 통제에 있어 의회를 지원하며, 예산법의 집행과 사회보장재정법 적용의 통제와 공공정책의 평가에 있어 의회와 정부를 지원한다고 규정한다. 이 헌법 개정은 의회의 정부정책에 대한 통제 기능과 평가 임무를 강화하기 위한 것이며, 2001년 재정조직법(Loi organique relative aux lois de finances)[111] 제58조에서 규정하고 있는 의회의 의한 재정통제의 시도를 더욱 강화한 것이다. 동법제58조는 감사원이 재정법 집행 통제와 공공정책 평가[112]에 관한 양원의 재정위원회의 위원장과 총괄보고위원(rapporteur general)의 지원 요구에 응할 의무, 위원회 소관 기관의 재정 관리에 대하여 양원의 재정위원회가 요구하는 경우 조사를 실시하고, 그 결과를 8개월 내에 요구 위원회에 전달할 의무, 결산법안에 첨부될 결산검사를 수행할 의무 등을 규정하고 있다(김지영 2012: 26-35). 감사원은 의회 재정위원회의 총괄보고위원에게 감사 결과 중 예산법안 심사에 반영할 필요가 있는 내용을 요약한 예비결산보고서를 5월 이전에 제출하고, 10월 초의 예산법안 심의를 지원하기 위하여 본보고서를 9월에 제출한다(김명수 외 2009: 385). 2020년에 감사원은 의회 요구에 따라 15개의 조사를 수행하였다고 한다(Cour des Comptes 2020b).

결산에 관한 명시적 규정은 헌법에 없으나, 2008년 헌법 개정을 통해 제47조의2제2항에서 공공행정의 회계는 적법하고 적정해야 하며 그 관리, 자

111) 재정조직법의 성격을 보면, 프랑스에서 조직법은 헌법과 일반 법률의 중간에 위치하는 규범력을 가진다고 보며, 여러 조직법 중에서 재정에 관한 사항의 경우 재정조직법이 다른 조직법 보다 상위에 놓인다고 본다(김지영 2012: 6).

112) 감사원은 회계검사와 성과감사를 책무로 하며, 이 중 일정 분야를 성과감사사항으로 하여 그 감사 결과를 보고서로 발간한다(김명수 외 2009: 381).

산, 재정상황을 충실하게 보여주어야 한다고 규정하고, 제34조에서 공공재정 균형의 원칙 등을 명문화함으로써 결산의 중요성을 강조한 것으로 평가받고 있다(김지영 2012). 2008년 헌법 개정으로 감사원의 의회 지원 의무에 관한 제47조의2제1항을 규정한 것도 이와 같은 맥락이다. 결산 절차에 관해서는 재정조직법이 규정하고 있고 결산이 결산법률안의 형태로 승인된다는 점이 특징이다. 이 법 제37조는 결산법안의 내용을 규정하고 있어 별도로 결산법(la loi de règlement)이라고 칭하여지며, 제46조에 따라 정부는 결산법안을 예산집행 다음 연도 6월 1일까지 의회에 제출하여야 한다. 이 결산법안에 이 법 제58조에 따라 감사원은 결산검사보고서를 첨부하여야 한다. 또한 제41조는 예산법안이 직전년도 결산법안에 대하여 의회에서 제1독회 의결이 있기 이전에는 심의될 수 없다고 규정함으로써 6월 1일까지 결산법안이 제출된 후 10월 초에 예산법안 심의가 본격적으로 시작되기 전까지 기간을 확보하여 결산법안 심의 결과가 예산안 심사에 환류될 수 있도록 담보하고 있다. 결산법안은 재정위원회에서 심사하며, 이 법 제57조는 양원의 재정위원회의 예산 집행에 대한 감사 및 조사와 공공재정에 대한 평가에 관한 권한을 확대시켰다. 동조에 따르면 양원의 재정위원회는 예산 집행을 통제하고 공공재정과 관련된 문제를 평가하며 이러한 목적을 위해 위원장, 총괄보고위원, 특별보고위원 등은 서류 및 현장 조사와 청문회를 실시할 수 있다고 규정한다. 의회는 정부만이 발의권을 가지는 예산법안이 10월 첫째 주 화요일까지 제출되면 바로 심의되어야 하므로 10월 초까지는 본회의에서 결산법안을 승인해야 한다(김지영 2012: 34-83; 허웅 · 최진혁 2015: 52-6; 국회예산정책처 2020: 175-6).

2001년 재정조직법의 제정 과정에서 결산법의 중요성이 부각되는데 이 법의 제정 배경을 살펴보면, 제3공화국 및 제4공화국에서의 강한 의회와 약한 행정부 구도에 따른 정국 불안정을 타파하려 했던 제5공화국 헌법은 의회의 재정권한을 매우 약화시켰는데(김건오 2017: 56), 재정적자의 증가와 세수 확보를 위한 국민부담률의 증가 등이 의회의 재정통제권 강화 필요성을 부각시키는 계기가 됨에 따라 재정통제의 핵심 수단으로서 결산법이 재조명되었다. 이에 따라 2001년 재정조직법이 제정되면서 결산법안 심의 강화가 법제화된 것이며, 이 강화는 의원들에게 결산정보 제공의 강화와 결산 심의와 예산 심의의 연계 및 환류 강화로 이루어지고, 이러한 시도는 앞에서 설명한 2008년 헌법개정을 통해 더욱 강화된다(김지영 2012: 26–37).

프랑스는 독일과 함께 EU의 핵심 회원국으로서 EU의 재정준칙 내용은 제2절제2관 독일에서 설명한 내용과 같으므로 이 절에서는 생략한다. 프랑스는 2008년 헌법 개정을 통해 제34조로 공공재정 균형의 원칙을 규정하여, 프로그램법(des lois de programmation)[113]은 국가의 활동 목적을 결정하고, 공공재정의 다년간의 방향설정은 프로그램법에 의해 정해지며, 공공재정의 다년간의 방향설정은 공공행정의 회계균형이라는 목적에 부합되어야 한다고 규정하고 있다(김지영 2012: 59; 헌법재판연구원 2018: 35).[114] 자국 법률에 따른 재정준칙으로는 1998년에 법률에 따른 지출준칙과 2011년에 법률에 따른 수입준칙 등을 운용하였다. 수지준칙으로는 2012년에 EU의 신재정협약(New Fiscal Compact, 2013년 발효)에서 구조적 재정적자가 GDP의 0.5%를 초과할 수 없도록 하는 등의 균형재정준칙을 회원국의 국내법에 규정하도록 함에 따라, 구조적 재정수지준칙을 2012년 12월 재정조직법에 반영하여, 구조적 재정적자를 GDP대비 0.5% 이내로 하도록 규정하였다. 또한 공공재정프로그램법(Loi de programmations des finances publiques)은 구조적 재정수지(structural balance)의 중기적 목표를 설정하였다(Lledō et al. 2017: 30; 국회예산정책처 2020: 140–1; 정성호 2020).

프랑스의 입법례를 평가해 보면, 2001년 재정조직법 제정 및 2008년 헌법 개정을 통하여 의회의 재정통제권을 강화하고 결산 심의와 예산 심의의 연계성을 강화하며 감사원의 의회 지원 의무를 확대하려는 노력은 상원 재무위원회가 감사에 있어 의회와 감사원의 협력 방식이 전체적으로 유용하다는 평가를 하였던 것에서 볼 수 있듯이 일정 부분 성과를 거두었다(김지영 2012: 35). 그러나 예산법안에 대하여 총리가 하원에 신임투표를 부칠 수 있어 의회의 예산 수정권이 제약되는 등 의회의 재정권한을 크게 제한한 제5공화국 헌법은 여전히 의회의 결산 심의 및 감사권을 제약하는 요소로 보인다(김건오 2017: 54). 회계법원으로서 감사관 전원이 법관으로 구성되나, 법관이 행정공

---

113) 김지영(2012)은 2008년 헌법 개정에 따른 다년간의 프로그램법(la loi de programmation pluriannuelle)이 3년간에 걸친 공공행정에 있어서의 균형을 정한다고 설명한다(61).

114) 다만 Lledō et al.(2017)은 헌법 제34조의 공공재정 균형의 원칙 규정을 프랑스의 재정준칙으로 설명하고 있지 않다(30).

무원 등으로 충원되는 등 보통의 사법기관과 차이가 있음은 프랑스 감사원을 우리나라의 감사원 모델로 검토할 때 유의해야 점으로 보인다(차진아 2017: 121－2). 또한 신대통령제의 성격이 강하다고 평가받는 프랑스 대통령의 강력한 권한은 감사원에도 영향을 미쳐 감사원장, 각부의 부장 및 수석감사관은 의회와 관계 없이 대통령이 국무회의를 통해 임명하고, 선임감사관과 감사관은 총리와 재정부장관의 제청과 부서에 따라 대통령이 임명한다는 점과 감사원의 예산이 재정부 예산의 한 부분으로 되어 있는 점은 감사원의 실질적 독립성에 대한 한계로 작용할 수 있어 보인다(Lienert and Jung 2004: 81－2; Cour des Comptes 2020a; 김명수 외 2009: 374).

第5절 우리나라 결산 심의 및 감사권 관련 헌법개정안에 대한 검토

1. 재정민주주의 공고화를 위한 감사원의 소속 및 의회 지원 의무 검토

감사원의 소속에 관한 주요국 입법례를 보면 영국과 미국은 의회 소속형이고, 독일과 프랑스는 독립기관형이다. 다만 일본은 일반적으로 독립기관형으로 보나, 일본 회계검사원을 행정부에 속하는 독립된 기관으로 보면서, 행정부의 통제 하에 있다고 보는 의견(Lienert and Jung 2004)도 있다. 감사원의 의회에 대한 지원 의무에 관한 주요국 입법례를 보면 독일 기본법과 프랑스 헌법에 의무 규정이 있고, 영국과 미국은 법률에 근거한 의무 규정이 있으나, 일본은 법률에서 의무규정이 아니라 임의규정을 두고 있다.

각국의 통치구조 내지 정부구조(governmental structures)가 감사원의 유형 결정에 미치는 영향을 살펴보면, 정부구조와 감사원 소속 간에 직접적인 연관성은 없는 것으로 보이고(감사원 2017: 74), 정부구조와 함께 정당체계(party systems), 다수결주의(majoritarianism)와 협의주의(consensualism), 정치 및 행정 문화, 선거제도, 의회의 재정통제의 관행, 역사적 배경 등 다양한 요인들이 감사원의 유형을 결정하는 데에 영향을 미친다고 보여진다(Kim 2012b: 20－96; 감사연구원 2013: 9-13). 그 예로 같은 의원내각제 국가임에도 영국의 감사원은 불문헌법과 법률에 따라 의회 소속으로 의회 지원에 감사원의 역할이 집중되는 반면, 독일의 감사원은 기본법에 따라 독립기관으로 의회와 행정부를 동시에 지원하도록 그 역할이 규정되어 있다. 감사원과 의회 및 행정부와의 관계 역시 재정여건 등 다양한 요인들로부터 영향을 받으며, 그 예로 독일의 감사원은 1949년 기본법에 따라 감사결과를 행정부에만 보고하던 것을 경제불황에 대응한 의회의 재정통제 강화 필요성에 따라 1969년 헌법개정을 통해 의회에도 보고할 의무를 지게 되었다. 또한 프랑스의 감사원도 재정적자의 증가 등이 낳은 의회의 재정통제 강화 필요성에 따라 2008년 헌법개정을 통해 의회와 정부를 지원할 의무를 지게 되었다. 감사원의 바람직한 역할 및 기능과 의무 또한 이 같은 다양한 요인들로부터 영향을 받아 변화하는 만큼 세계최고감사기구(International Organization of Supreme Audit Institutions, INTOSAI)의 지적과 같이 감사원과 의회 및 행정부의 관계, 감사원의 기능과 의무 등을 헌법에 명시함으로써 헌법기관 간의 불필요한 갈등과 긴장을 최소화할 필요가 있어 보인다(감사연구원 2013: 16). 위 분석 결과를 종합하여 감사원의 유형을 분류해 보면, 첫째, 감사원의 의회와의 관계에 있어 감사원의 감사 수행시 자율권과 주도권을 인정하는 일본의 유형과 감사원에 의회 지원 의무를 부과하는 나머지 4개 국가의 유형으로 분류할 수 있고, 둘째, 감사원의 의회 및 행정부와의 관계에 있어 감사원이 의회를 지원할 의무만이 있는 미국 및 영국의 유형, 감사원이 의회와 행정부를 동시에 지원할 의무가 있는 독일과 프랑스의 유형 그리고 감사원이 의회와 행정부를 지원하는 것이 임의규정화 되어 있는 일본의 유형으로 분류할 수 있다.

대통령 소속하에 감사원을 둔 우리 헌법 제97조는 우리나라의 정치문화를 고려할 때 감사원이 대통령의 영향력으로부터 벗어나기 어렵고 이로 인해 대통령과 관련된 사안 등에 있어서 감사의 공정성을 확보하기 어려우며, 최고감사기구를 행정부 소속으로 하는 선진국 사례가 없음에도 국가재정 통제와 국책사업 평가 등 중요한 역할을 하는 감사원을 행정부 소속으로 두는 문제 등이 있어 개정의 공감대가 형성되었다. 헌법연구자문위원회(2009)의 보고서에서 제안한 국회 소속화 방안의 장점은 피감 대상인 행정부 소속이 아닌 국회 소속의 감사원은 감사기능의 독립성과 객관성을 확보하는 데 도움이 될 수 있고, 국회의 재정권한과 기능적으로 연계되어 시너지효과를 낼 수 있으며 감사원의 국회 지원을 통해 국회의 재정통제권 강화를 도모할 수 있다는 것이다(153-4). 이 방안이 적실성을 갖는 이유는 우리나라에서 재정민주주의의 중요 요소 중의 하나인 행정부로부터 독립한 감사기관에 의한 재정감사결과의 국회 보고의 원칙이 확립되어 있지 못하였다는 문제가 지적되어 왔기 때문이다(옥동석 2004; 김건오 2007: 71-3). 현행 헌법 하에서 감사원이 행정부로부터 실질적으로 독립적이지 못하고, 헌법 제99조에서 감사원이 결산 검사 결과를 국회에 보고하도록 하는 규정만을 두고 있을 뿐 현행 헌법은 감사원이 수행하는 결산 검사 외 그 밖의 감사결과의 국회 보고 의무 및 국회의 감사원에 대한 감사요구권에 따른 국회 지원 의무를 규정하지 않고 있다.

그런데, 2018년 대통령 제안 헌법개정안과 국회헌법개정특별위원회 자문위원회(2018)의 보고서는 감사원의 독립기관화 방안을 채택하고 있다. 감사원의 독립기관화 방안을 찬성하는 입장에서는 감사원의 국회 소속화 방안에 반대하는 논거로 첫째, 감사원이 국회의 영향력으로부터 벗어나기 어려워 정치적 중립성과 독립성 및 감사의 공정성에 대한 신뢰 확보에 어려움이 많을 것이라고 보면서, 미국에서 양당이 대립하는 상황에서 GAO의 정치적 중립성 논란이 발생한 적이 있음을 지적한다. 둘째, 국회와 행정부의 관계가 원만하지 않을 경우 행정기관의 감사 저항이 현재보다 강하게 나타날 우려가 있음을 제시한다(감사원 2017: 74; 국회헌법개정특별위원회 자문위원회 2018: 175). 이에 비해 감사원의 독립기관화 방안의 장점으로 첫째, 감사원이 어디에도 소속되지 않은 독립기관이 되는 것이 감사원의 직무상 독립성, 정치적 중립성 및 공정성을 확보하기에 보다 적합하고, 둘째, 국회와 행정부에 대한 균형 있는 지원이 가능하며, 셋째, 감사원의 소속 변경에도 불구하고 현 감사제도의 큰 변화 없이 감사 기능을 수행할 수 있다는 점을 지적한다(감사원 2017: 75; 국회헌법개정특별위원회 자문위원회 2018: 177).

그러나, 감사원의 독립기관화 방안을 찬성하는 입장에서는 국회 소속화 방안의 장점을 충분히 검토하지 않은 것으로 보인다. 국회헌법개정특별위원회 자문위원회(2018)의 보고서 등에서 국회 소속형의 단점이라고 주장하는 논거에는 다음과 같은 문제점이 있다고 본다.

첫째, 국회 소속형의 경우 국회 다수파로부터의 영향력으로 인해 감사원의 독립성과 정치적 중립성이 훼손된다고 주장하나(국회헌법개정특별위원회 자문위원회 2018: 176), 세계최고감사기구(INTOSAI)는 감사원의 독립성이 감사 대상기관으로부터 독립적이어야 함을 의미한다고 지적하였다(감사연구원 2013: 21).[115] 감사원의 독립성이 국회로부터 독립성을 의미하지 않는다는 것은 주요국 입법례에서 헌법 또는 법률로 감사원의 의회 지원 의무를 규정하고 있는 것에서도 확인할 수 있다.

둘째, 미국에서 의회 내 다수당이 예산승인권을 이용하여 GAO의 부통령과 관련된 감사에 압력을 행사한 사례나 감사대상 행정부처를 압박할 의도로 GAO를 이용한 사례를 들어 국회 소속형이 문제가 있다거나(국회헌법개정특별위원회 자문위원회 2018: 177), GAO가 의회 다수파에 의해 좌우되는 정치적 편향성에 대한 우려가 있다는 견해(차진아 2017: 139)가 있다. 이 Walker 회계검사원장과 Cheney 부통령 간 판례(Walker v. Cheney)를 보면, 2002년 GAO의 조사 중 정보 공개를 거부하는 부통령에 대해 원장이 정보 공개를 청구하는 소송 과정에서 상원 세출위원장이 원장에게 GAO의 예산 삭감을 위협하며 소송을 중단하게 만든 것이 일견 GAO의 독립성을 훼손한 것처럼 보일 수 있다. 그러나 분점정부(Divided Government) 상태에서 공화당이 행정부와 하원을 장악하고, 민주당이 상원을 통제하다가 의회선거 결과 상원까지 공화당이 장악하게 되는 단점정부 상태로 바뀌는 과정에서 제기된 위 소송은 GAO가 의회의 요구에 조력할 법적 의무가 있고, GAO의 예산확정권을 가지고 있는 의회의 요구를 현실적으로 따를 수 밖에 없다는 점을 고려하면, 의회 소속형 감사원의 한계를 보여주는 사례로 보기는 어려워 보인다. 감사원의 소속과 관계없이 다른 선진국의 경우에도 감사원의 예산을 실질적으로 결정하는 정부에 의해 감사원이 좌우되는 정치적 편향성에 대한 우려가 있을 수 있기 때문이다. 감사원이 의회의 다수파로부터 영향을 받는 것은 선출된 권력에 의한 감사원에 대한 민주적 통제로 볼 수 있어 문제가 없어 보인다.[116] 또한 의회 다

---

115) 세계최고감사기구는 감사원의 독립성과 관련된 원칙으로 감사원이 감사 대상기관으로부터 독립적일 때 임무를 객관적이고 효과적으로 수행할 수 있다는 원칙을 제시하고 있다(감사연구원 2013: 21).

116) 감사원의 중장기적 관점의 정책과 의회 다수파의 단기적인 관점의 정치적 이해에 따른 정책 간에 이견이 있을 경우 주요 선진국 감사원들은 전문성에 기초한 권고안(recommendations)을 제시하고 그 채택 여부는 의회가 결정하는 방식으로 해결하고 있다. David Walker 전 GAO 원장은 GAO의 독립성을 설명하면서 GAO가 입법부 소속이라

수파가 감사대상 행정부처를 압박할 의도로 GAO를 이용한 사례는 미국 국민이 분점정부 및 견제와 균형의 원칙을 지속적으로 선호해 왔고(Lipset 1991; 김건오 2017: 51), 이러한 선호가 반영된 선거결과에 따른 분점정부에서 GAO와 행정부처 간의 긴장 관계는 불가피해 보인다.

다만 감사원의 국회소속화 방안을 채택하는 경우에도 이 방안을 반대하는 입장에서 우려하는 국회로부터의 정치적 중립성 훼손 우려를 감안하여 국회헌법개정자문위원회(2014)가 제안한 것과 같이 감사원의 정치적 중립성은 보장된다는 규정을 헌법에 명문화할 필요가 있어 보인다(41).

감사원의 독립기관화 방안이 채택되는 경우 재정민주주의의 중요 요소인 독립된 감사기관의 국회 보고 원칙을 구현하고 국회의 재정통제권을 강화하기 위해 독일 기본법과 프랑스 헌법을 참고하여[117] 헌법에 국회가 감사원에 감사를 요구할 수 있고, 감사원은 이에 따라 감사를 수행하여 결과를 보고하며, 감사원이 국회를 지원할 의무를 규정할 필요가 있다고 보여지나, 2018년 대통령 제안 헌법개정안에는 이러한 의무 규정이 없다. 국회헌법개정자문위원회(2014)는 국회법 제127조의2에서 규정하고 있는 국회의 감사원에 대한 감사요구권을 헌법에 상향하여, 국회는 법률로 정하는 바에 따라 감사원에 대하여 그 직무범위에 속하는 사항에 대한 감사를 요구할 수 있도록 하는 헌법개정안을 제안한 바 있다(196–7).[118]

한편 이와 같이 국회의 감사원에 대한 감사요구권과 감사원의 국회 지원 의무를 헌법에 명문화하는 방안에 대한 반대 입장에서는 첫째, 감사 결과 보고의 의무화는 감사원의 과도한 정치화를 초래하고 독립성을 훼손할 수 있으

는 점이 행정부처로부터의 거리를 유지하게 하고, 15년인 원장의 임기가 장기적인 관점을 가질 수 있게 하며, 능력에 기반해 임용되는 직업공무원들로 인력이 구성되므로 독립성이 더 보장된다고 밝힌 바 있다. 보다 자세한 내용은 다음 참조: https://www.gao.gov/cg/2004/rollcall07192004.pdf, 2020년 12월 9일 접속.

117) 감사원의 국회 지원 의무 규정은 독일 기본법 제114조에서 감사원이 결산과 경제운용 등의 적법성과 효율성을 검사하고 의회에 직접 매년 보고하여야 한다고 규정하거나, 프랑스 헌법 제47조에서 감사원이 예산 집행, 정책 평가, 정부활동의 통제에 있어 의회를 지원한다고 규정한 것을 참고할 수 있을 것이다. 구체적인 조문화는 프랑스 헌법 제47조를 구체화한 재정조직법 제58조가 감사원이 재정 집행 통제와 정책평가 등에 관해 재정위원장 등의 지원 요구나 조사 실시 요구에 응할 의무와 결과 보고 의무 등을 규정하고 있는 것을 참고할 수 있다.

118) 차진아(2017)는 의회 다수파에 의해 좌우되는 정치적 편향성에 대한 우려로 이 같은 의견(국회헌법개정자문위원회 2014: 196)은 문제가 있다는 입장이다(139).

므로 보고를 감사원의 재량사항으로 하여야 하고, 둘째, 감사원이 국회 지원기관으로서의 성격을 가짐을 명문화하는 것은 감사원의 독립성과 감사 대상 설정 및 집행범위 등에 대한 자율성을 보장하는 전제하에 국민적 공감대를 더욱 확보한 이후에야 검토될 수 있다는 점을 지적한다(김남철 2019: 109-10).

감사원이 주요 선진국 감사원과 같이 재무감사 및 성과감사와 그 결과의 의회보고를 통해 의회의 재정통제 지원기관으로서의 임무를 감사원의 주요한 임무로 수행할 수 있도록 감사원의 기능에서 직무감찰기능을 분리할 필요가 있어 보인다. 주요 5개국의 최고감사기구(Supreme Audit Institution, SAI)는 모두 의회 지원을 주요한 기능이라고 밝히고 있고, 의회나 행정부를 위해 재무감사 및 성과감사 기능을 수행할 뿐이며,[119] 행정부 내부통제적 성격을 가지는 직무감찰기능을 수행하지 않음과 직무감찰기능을 수행하는 입법례로 대만과 이스라엘이 있을 뿐임(차진아 2017: 125)을 고려할 필요가 있어 보인다.[120] 국회 헌법개정자문위원회(2014)는 감사원의 기능에서 직무감찰기능을 분리하고, 직무감찰은 업무의 성격이나 조직의 독립성 요구의 정도가 다르므로 별도로 독립된 헌법기관인 감찰원을 두는 헌법개정안을 제안한 바 있고(40-1), 헌법연구자문위원회(2009)는 회계검사기능을 국회로 이관하고 직무감찰에 한하여 기능을 수행하게 되는 감사원은 헌법상 기관에서 법률상 기관으로 전환하는 방안을 제안하였는데(154), 후자의 방안 및 제헌헌법 하에서 정부조직법에 따라 대통령 소속기관으로 하였던 입법례에 따라 감찰원이 행정부 내부통제적 성격을 가짐을 고려하여 대통령 소속의 법률상 기관화하는 방안을 검토할 필요가 있어 보인다. 그럼에도 2018년 대통령 제안 헌법개정안은 직무감찰기능을 현행대로 유지하고 있는 문제가 있다고 본다. 2017년 감사원장은 국회 헌법개정특별위원회 회의에서 감사원의 독립기관화와 직무감찰기능 수행 유지 의견을 제시한 바 있다.[121] 감사원이 주요 선진국 감사원과 같은 재정분석 전문

119) 미국과 영국의 SAI는 각각 예산회계법과 감사원법에 따라 의회를 지원할 의무가 있고, 독일 기본법과 프랑스 헌법에 따라 독일과 프랑스의 SAI는 의회와 행정부를 동시에 지원할 의무가 있으며, 일본의 SAI는 회계검사원법에 따라 국회와 내각에 동시에 특별보고를 할 수 있다.

120) OECD(2016)는 SAI의 감사의 종류를 준법 감사(compliance audit), 재정 감사(financial audit), 성과감사(performance audit)의 세 개로 나누고 있고, 재정 감사(financial audit)의 대부분은 회계연도 결산 감사(annual financial audit)에 포함된 성과 정보와 관련되어 있다고 설명한다(134-5).

121) 2017년 2월 13일 국회 헌법개정특별위원회의 기관의견 청취 관련 감사원장 발제문 내

기관이 아니라 독립기관이 된 후에도 현재와 같이 직무감찰기능을 수행함으로써 권력기관[122] 내지 사정기관으로 남고 싶어하는 이유를 살펴보면, Niskanen(1971. 배득종 · 유승원 2014: 83 및 강윤호 외 2015: 74에서 재인용)이 관료는 자신의 효용극대화를 위해 권력 등을 목표로 자신의 예산 극대화를 추구한다고 지적한 바와 같이 감사원 공무원이 감사원이 권력기관 내지 사정기관으로 남음으로써 얻게 되는 이익 때문이라고 보며, 감사원 퇴직자에 대한 전관예우의 문제도 이 같은 견지에서 이해될 수 있다고 본다(김건오 2017: 58).[123]

한편 감사원의 직무감찰기능 수행 유지 입장에서는 첫째, 회계검사와 직무감찰 기능이 분리된다면 과거 심계원과 감찰위원회 간의 갈등과 감사 중복 및 행정기관의 수감 부담 가중이 반복될 우려가 있고, 둘째, 두 기능은 분리가 어렵고 상호 연관되어 수행되는 것이 효과적이며 분리될 경우 현재와 같은 종합적인 감사를 수행하기 어려워 감사제도의 실효성이 떨어진다는 점을 제시한다(감사원 2017: 73; 국회헌법개정특별위원회 자문위원회 2018: 178).

끝으로 감사원의 행정부로부터의 독립성 확보를 위해 국회헌법개정자문위원회(2014: 197)와 국회헌법개정특별위원회 자문위원회(2018: 22)의 제안대로 현행 헌법 제98조제3항에서 감사위원은 원장의 제청으로 대통령이 임명하도록 하고 있는 것을 대통령의 영향력을 줄일 수 있도록 감사위원은 법률이 정하는 독립적인 감사위원후보자추천위원회의 추천으로 국회의 동의를 얻어 대통령이 임명하도록 개정할 필요가 있어 보인다.

2. 국회의 재정통제 강화를 위한 결산승인제도 및 재정준칙 규정 검토

주요 선진국 입법례 중 기본법이나 헌법에 결산 제출제도를 규정하고 있는 예는 독일과 일본이 있고, 헌법에 의회의 결산승인제도를 규정하고 있는

용이다. 이 발제문의 자세한 내용은 감사원(2017) 참고.

122) 국회헌법개정자문위원회(2014) 활동결과보고서 중 직무감찰 범위가 확대될 경우 통제 불능의 권력기관이 될 우려가 있다는 지적이 있었다(178).

123) 감사원 고위 퇴직자에 대한 전관예우의 문제에 관한 다음 신문 기사 참고: 김성훈, “감사원 고위 퇴직자 ‘승승장구’…재취업률 ‘95.9%’”, 국민일보, 2018. 10. 5, http://news.kmib.co.kr/article/view.asp?arcid=0012737177&code=61111111&cp=nv, 접속일 2020년 12월 22일.

예는 없으나, 주요 선진국 의회들은 모두 본회의 심의 또는 위원회 심사를 통한 결산 심사 절차를 갖고 있다.124)

우리 헌법 제99조는 감사원이 결산을 검사하여 차년도 국회에 그 결과를 보고하여야 한다고만 규정하고 있을 뿐 정부가 결산을 국회에 제출하여야 하거나 결산이 국회의 심의대상이 된다는 규정은 없으나,125) 국가재정법 제61조에서는 정부의 결산 국회 제출 규정을 두고 있으며, 국회법 제84조에서는 결산을 국회 심의 대상으로 하고 있다. 결산심의 강화를 통해 예산안 심의에 유용한 정보를 환류시키고 재정집행의 적정성과 재정성과를 제고하기 위하여 국회헌법개정특별위원회 자문위원회(2018)의 보고서와 같이(172－4) 정부가 국회에 결산을 제출하도록 하고, 국회가 본회의 의결로써 결산을 승인하도록 하며, 국회법 제84조제2항의 내용을 헌법에 상향하여 결산의 심사결과 위법 또는 부당한 사항이 있는 경우에 국회는 본회의 의결 후 정부 또는 해당 기관에 변상, 징계조치 등 그 시정을 요구하고, 정부 또는 해당 기관은 시정요구 사항을 지체 없이 처리하여 그 결과를 국회에 보고하도록 규정할 필요가 있어 보인다.

더불어 결산 심사가 예산안 심사에 비해 관심을 덜 받아 왔고 일회성에 그쳤던 문제를 개선하기 위하여 예산법률주의 채택에 따른 예산법안 집행 상황 및 예산 확정시 집행조건 이행 여부 등에 대한 연중 상시 결산 및 감사 체계로 전환할 수 있도록 예산결산특별위원회의 상임위원회화를 위한 국회법의 개정이 필요해 보인다.126) 또한 미국 의회가 결산 심사 시 위원회 조사청문회를 실시하면서 증인 출석, 자료 제출 등을 강제하기 위해 의회모욕죄와 위증

---

124) 미국 헌법 제2조제3항은 대통령이 법률이 충실하게 집행되도록 유의한다고 규정하고 있는 데에서 볼 수 있듯이 미국학자들은 결산심의권이 헌법에 기초한 의회의 감사권한에 당연히 포함된다고 본다. 프랑스는 헌법 제47조의2제2항에서 공공회계의 적법성, 적정성, 충실성과 공공재정 균형의 원칙을 규정하고 제47조의2제1항에서 감사원의 의회지원 의무를 규정함으로써 결산심의의 중요성과 의회의 재정통제권 강화 필요성을 강조하고 있으며, 재정조직법에 따라 결산을 결산법률안의 형태로 승인하고 있다.

125) 제헌헌법(1948. 7. 17) 제95조는 정부는 심계원의 검사보고와 함께 결산을 차년도의 국회에 제출하여야 한다고 규정하였다.

126) 상임위원회화된 예산결산위원회의 소위원회인 결산심사소위원회가 영국과 독일의 공공회계위원회, 미국의 감사 및 정부개혁위원회와 국토안보 및 정부업무위원회 등과 같이 감사원의 지원을 받아 범정부적인 사항에 대한 연중 결산 심사 및 감사를 수행하는 결산위원회의 역할을 수행할 경우 결산 심사의 강화와 소속 위원들의 결산에 대한 관심도 제고를 기대해 볼 수 있을 것이다.

죄 고발을 활용하는 것을 참고하여, 위원회의 조사청문회 개최를 활성화하여 국회에서의 증언 · 감정 등에 관한 법률에 따른 불출석 등의 죄, 국회모욕의 죄, 위증 등의 죄 고발을 통해 결산 심사 및 감사의 실효성을 확보할 필요가 있어 보인다. 아울러 일회성에 그치고 있는 국정감사를 결산과 연계하기 위하여 국정감사 및 조사에 관한 법률 제2조가 국정감사 기간을 30일 이내로 제한하고 있는 부분을 삭제하여 상시 국감을 실시함으로써 국회의 재정통제권을 강화할 필요가 있어 보인다.

COVID－19 대응 등에 따른 재정지출 증가로 재정건전성에 대한 국민적 관심이 높아져가는 가운데 국회에 의한 국가채무와 재정적자 규모에 대한 통제 필요성이 커지고 있다.[127] 헌법연구자문위원회(2009)는 수입과 지출은 원칙적으로 차입 없이 균형을 이루어야 한다는 재정균형의 원칙과 국가부채 부담을 법률이 정하는 한도 내에서 하도록 하는 개정안을 제시했고(236－246), 헌법개정특별위원회 자문위원회(2018)는 헌법에 재정에 관한 장을 신설하면서 재정의 기본원칙으로 국가는 재정의 민주성, 건전성, 경제성을 확보하도록 규정하는 개정안을 제시하였다(147－9). 또한 2020년 10월 기획재정부는 한국형 재정준칙 도입방안에서 GDP대비 국가채무비율을 60%, 통합재정수지적자 비율을 3%로 하는 기준선을 정하여 발표하였다.[128] 이 같은 개정의견과 독일과 프랑스의 기본법 및 헌법을 참고하여[129] 헌법에 신규차입 없는 재정균형의 원칙을 규정하고, 국가채무 제한제도를 도입하여 국가채무와 구조적 재정수지 적자를 법률로 정하는 기준선 이내로 제한하며, 사후적 통제로 이 재정준칙의 한도를 넘는 차입을 통제하기 위해 이행 강제수단을 통해 차입을 감축하도록 하고, 자연재해 또는 비정상적인 긴급상황 등에는 국회 의결을 거쳐

127) GAO는 최고감사기구의 기능이 과거의 예산 집행에 대한 감독(oversight)에서 현재의 사업의 효율성에 대한 평가와 분석(insight)으로, 나아가 미래의 재정적자 문제 등 잠재적 현안들에 대한 예견(foresight) 기능으로 발전하고 있다고 했다(Government Accountability Office 2006: 24－5).

128) 이 방안은 EU의 재정준칙인 안정성장협약이 채무준칙과 수지준칙을 근간으로 하고 있는 것과 유사하다(국회예산정책처 2020: 140－1; 정성호 2020).

129) 독일 기본법 제109조제3항과 제115조제2항은 신규차입 없는 재정균형의 원칙을 규정하고, 국가채무 제한제도를 도입하여 차입수입과 구조적 재정적자를 명목 GDP의 0.35% 이내로 제한하며, 한도를 초과하는 차입은 경기상황을 고려하며 감축되도록 규정하되, 예외규정을 두고 있고(국회예산정책처 2020: 129－31), 프랑스 헌법 제34조는 공공재정 균형의 원칙을 규정하고 있다.

위 한도를 초과할 수 있도록 하는 예외규정을 둘 필요가 있어 보인다. 특히 미국의 2010년 PAYGO법 및 2011년 재정통제법을 참고하여 PAYGO 원칙의 적용과 재량지출의 한도 설정 및 재정준칙의 이행 강제수단으로 강제삭감 절차를 법률로 정하도록 할 필요가 있어 보인다.

한편, 헌법개정특별위원회 자문위원회(2018)는 다수의견으로 수지균형 원칙이나 정부부채 비율을 헌법에 규정하는 것에 경기침체 시 확장적 재정정책을 어렵게 하여 경기악화 등의 우려가 있다는 이유로 반대하면서, 국가가 재정의 건전성을 확보하도록 하는 규정만 채택하였다(147−9). 그러나 위에서 제안한 개정안은 헌법이 법률에서 정하도록 위임한 재정준칙과 그 이행강제수단의 구체적 내용을 정함에 있어 국회가 매년 관련 법안 심의를 통해 COVID−19와 같은 긴급상황 등의 경우 예외규정 적용에 있어서 유연성을 가지면서도 재정준칙의 실효성을 유지하게 함으로써 국회가 국가채무 제한제도를 신축적으로 운용하도록 하려는 것이다.[130]

제6절 정책 제안 및 결론

본 장의 목적은 의회의 결산 심의 및 감사권에 관한 영국, 미국, 독일, 프랑스 및 일본 등 주요 5개국 입법례 분석을 통해 결산 심의 및 감사권 관련 헌법개정안을 제시함으로써 헌법 개정 논의에 기여하는 것이다. 결산 심의 및 감사권 관련 헌법개정안의 네 가지 쟁점에 관한 주요국 입법례를 종합해 보면, 첫째, 감사원의 소속 문제의 경우 영국과 미국은 의회 소속형이고, 독일과 프랑스는 독립기관형이며, 일본은 일반적으로 독립기관형으로 보나, 행정부에 속하는 독립된 기관으로 보면서 행정부의 통제 하에 있다고 보는 의견이 있다. 둘째, 감사원의 의회에 대한 지원 의무는 프랑스 헌법과 독일 기본법에

130) 미국에서 1990년 예산준칙 이행법(Budget Enforcement Act of 1990)과 그 이후의 재정건전화를 위한 입법의 교훈은 국가채무 감축의 성공 여부는 재정준칙의 법제화 그 자체보다 그 재정준칙의 이행강제수단을 단기적으로 유연하면서도 중장기적으로 원칙에 부합하게 운용해 나가려는 의회와 대통령의 의지가 중요했다는 점임을 고려할 필요가 있어 보인다(김건오 2007: 63−7; Kim 2012a: 16).

의무규정이 있고, 영국과 미국에서 법률에 의무 규정이 있으나, 일본은 법률에 임의규정이 있다. 셋째, 독일 기본법과 일본 헌법에 결산의 의회 제출제도를 규정하나 헌법에 의회의 결산승인제도를 규정하고 있는 입법례는 없다. 그러나 주요 5개국 모두 본회의 심의 또는 위원회 심사를 통한 결산 심사 절차를 갖고 있으며, 미국 의회에서 결산 심의가 없다고 보는 견해가 있으나 본장은 본회의에서의 결산승인 절차는 없으나, GAO의 지원을 받는 위원회 조사청문회 등을 통한 연중 상시 결산심사제도를 갖고 있다고 보는 근거를 제시하였다. 넷째, 재정준칙의 규정은 독일 기본법과 프랑스 헌법에 규정이 있으며, 미국과 영국은 법률로 규정하나, 일본은 법률이 아닌 내각 결정으로 채택하고 있다.

위 네 가지 쟁점 관련 결산 심의 및 감사권 관련 헌법개정안을 검토해 보면, 첫째, 감사원의 국회 소속화 방안이 행정부로부터의 독립성을 확보할 수 있고, 감사원의 국회 지원을 통한 국회의 재정통제권 강화를 도모할 수 있다는 점에서 바람직해 보인다. 반면 감사원의 독립기관화 방안에서는 국회 소속화할 경우 감사원이 국회의 영향력으로부터 벗어나기 어려워 정치적 중립성 등을 확보하기 어렵다고 보며, 감사원이 어디에도 소속되지 않은 독립기관이 되는 것이 직무상 독립성 등의 확보에 적합하다고 본다. 따라서 국회 소속화 방안 채택시 감사원의 정치적 중립성 보장 규정을 헌법에 명문화할 필요가 있어 보인다.

둘째, 감사원을 독립기관화하는 경우 헌법에 국회가 감사원에 감사를 요구할 수 있고 감사원은 이에 따라 감사를 수행하여 결과를 보고하며, 감사원이 국회를 지원할 의무를 규정할 필요가 있어 보인다. 반면 이에 반대하는 입장에서는 보고의 의무화는 감사원의 과도한 정치화를 초래하고 독립성을 훼손할 수 있으므로 보고를 재량사항으로 하여야 한다고 본다. 또한 감사원의 기능에서 행정부 내부통제적 성격을 가지는 직무감찰기능을 분리할 필요가 있어 보인다. 반면 분리 반대 입장에서는 분리시 과거 심계원과 감찰위원회 간의 갈등과 감사 중복 및 수감 부담 가중이 반복될 우려가 있다고 본다.

셋째, 결산심의 강화를 통해 예산안 심의에 유용한 정보를 환류시키기 위하여 헌법에 정부가 국회에 결산을 제출하도록 하고, 국회가 본회의 의결로써 결산을 승인하도록 하며, 결산의 심사결과 위법 또는 부당한 사항에 대하여 정부에 그 시정을 요구하고, 정부는 시정요구 사항을 처리하여 그 결과를 국회에 보고하도록 규정할 필요가 있어 보인다.

넷째, 국회의 국가채무와 재정적자에 대한 통제를 위하여 헌법에 신규차입 없는 재정균형의 원칙을 규정하고, 국가채무 제한제도를 도입하여 국가채무와 구조적 재정수지 적자를 법률로 정하는 기준선 이내로 제한하며, 재정준칙의 한도를 넘는 차입을 이행 강제수단을 통해 감축하도록 하고, 비정상적인 긴급상황 등에는 예외규정을 둘 필요가 있어 보인다. 특히 미국의 2010년 PAYGO법 및 2011년 재정통제법을 참고하여 PAYGO 원칙의 적용과 재량지출의 한도 설정 및 강제삭감 절차를 법률로 정하도록 할 필요가 있어 보인다.

이상의 논의를 바탕으로 우리나라의 바람직한 결산 심의 및 감사권 관련 헌법개정안에 대한 제안을 요약하면, 첫째, 감사원의 국회 지원을 통한 국회의 재정통제권 강화를 위하여 감사원을 국회 소속기관으로 할 필요가 있다. 둘째, 감사원을 독립기관화하는 경우 감사원이 국회의 재정통제 지원기관으로서의 임무를 주요한 임무로 수행할 수 있도록 국회가 감사원에 감사를 요구할 수 있고 감사원은 이에 따라 감사를 수행하여 결과를 보고하며 감사원이 국회를 지원할 의무를 규정하면서, 감사원의 기능에서 직무감찰기능을 분리할 필요가 있다. 셋째, 국회의 결산 심의를 강화하기 위하여 정부가 국회에 결산을 제출하도록 하고, 국회가 본회의 의결로써 결산을 승인하도록 하며, 결산의 심사결과 국회의 시정요구권과 정부의 조치결과 보고 의무를 규정할 필요가 있다. 넷째, 국회의 국가채무와 재정적자 통제를 위하여 신규차입 없는 재정균형의 원칙을 규정하고, 국가채무 제한제도를 도입할 필요가 있다.

이 같은 개정안은 재정민주주의를 공고화하고 재정건전화에 기여하며 국회의 예결산 심의권 및 감사권을 강화하여 대통령의 권한 분산과 국회의 재정통제권 강화라는 헌법 개정 취지에 부합할 것으로 기대된다.

결산 심의 및 감사권 관련 헌법개정안에 관한 기존 연구들은 주로 감사원의 국회 소속화 방안의 단점을 부각하거나, 감사원의 국회에 대한 보고는 의무가 아닌 임의규정화가 타당하고 감사원의 국회 지원기관 명문화는 감사대상 설정 등에 있어 자율성 보장의 전제하에 국민적 공감대를 더욱 확보한 이후에야 검토될 수 있다는 등 감사원의 자율성을 강조하는 연구들(e.g. 김동만 2003, 차진아 2017, 김남철 2019)이 많았으나, 행정부로부터 독립한 감사기관에 의한 재정감사결과의 국회 보고의 원칙을 확립하는 것이 재정민주주의의 중요 요소라고 보거나, 감사원의 국회 소속화 방안 또는 결산승인제도의 도입을 주장하는 연구들(e.g. 옥동석 2004, 헌법연구자문위원회 2007, 국회헌법개정특별위원회 자문위원회 2018)이 나타나고 있다. 본 연구는 결산 심의 및 감사권 관련 헌법개정안 마련에 있어 국회의 재정통제권 강화 필요성을 지적하며 이 같은 선행연구에 힘을 보태었다. 향후 본 장의 주제와 관련된 연구 과제로 국회의 결산 심의 및 감사권에 관한 연구는 국회의 예산권에 관한 연구와 함께 이루어질 필요가 있어 보인다. 2018년 대통령 제안 헌법개정안과 같이 정부가 예산법안의 편성 · 제안권을 가지고 국회의 예산증액 제한 규정을 유지하면서 감사원을 독립기관화하는 경우에 감사원 예산에 대한 사실상의 결정권을 가진 행정부의 영향력으로 인해 감사원의 독립성 확보는 현실적으로 어려울 것으로 보이기 때문이다.

제3편

에필로그: 미국 재정건전화 입법과 시사점

제3편 에필로그: 미국 재정건전화 입법과 시사점

요 약

미국 재정건전화 입법 현황을 보면, 미국 의회는 각 정당의 선거 승리를 위한 경기부양과 급증하는 국가채무에 대응한 재정건전화 필요성의 딜레마 속에서 2010년 PAYGO법과 2011년 재정통제법 등 재정준칙의 이행강제 수단의 입법화 및 중복적이고 낭비적인 재정지출 및 조세지출의 감축을 통해 재정건전화 노력을 지속하고 있다.

우리나라에서 재정적자 및 국가채무의 관리가 중요한 이유는 글로벌 경제 위기 등 외부 충격에 취약한 수출의존형 경제구조를 갖고 있고, 저출산 · 고령화 추세에 따른 사회복지 지출 증가가 장기적으로 국가채무 증가를 가속화시킬 것이며, 미래 통일 시 발생할 수 있는 비용 등을 감안할 필요가 있기 때문이다.

미국의 재정건전화 입법에 대한 검토와 우리나라의 재정건전화 입법 필요성에 따라 세 가지 정책적 시사점을 도출해 볼 수 있다.

첫째, 현행 국가재정법 제7조 및 제91조 등에 따른 국가재정운용계획 및 국가채무관리계획 등 재정건전화를 위한 중기 재정계획 기간이 5년에 그치며, 재정목표를 달성하기 위한 이행강제 수단을 갖고 있지 않다. 미국의 예를 참고하여 이 계획기간을 5년에서 사안별로 5년 또는 10년 이상으로 확대하고, 재정 목표를 벗어나면 이를 달성하기 위한 이행강제 수단을 도입하는 입법을 검토할 필요가 있다.

둘째, 미국 의회 보좌조직을 롤 모델로 하여 국회 예산정책처와 위원회 전문위원실이 중장기 수입 및 지출 추계업무를 보다 잘 수행할 수 있도록 인력과 예산을 보강할 필요가 있다.

끝으로, 미국에서 재정건전화 입법들이 주는 교훈은 국가채무 감축의 성공 여부가 재정준칙의 법제화 그 자체에 달려 있다기보다는 그 새성준칙의 이행강제 수단을 단기적으로 유연하면서도 중장기적으로 원칙에 부합하게 운용해 나가려고 하는 의회와 대통령 등 정치권의 의지가 중요했다는 점이다. 아울러 우리나라에서 재정건전화 입법이 성공하기 위해서는 미국의 예에서 볼 수 있듯이 재정건전화 입법 여론 형성을 위한 국민들의 관심과 시민운동단체의 역할이 중요해 보인다.

제 1 장 2011년 예산통제법 제정 전까지의 미국 재정개혁의 연혁적 고찰1)

영국에서는 국가재정권을 놓고 의회와 왕권 간에 벌어졌던 수 백년 간의 투쟁의 산물로 의회가 법률로써 세금을 부과하고 지출을 승인할 권한을 가진다는 조세법률주의와 지출법률주의의 원칙이 확립되었다. 미국 헌법의 기초자들은 이 원칙들을 민주주의 정부의 기본적인 요소로 채택하였다. 미국 헌법은 의회의 예산관련 규정으로 법률에 의한 지출승인에 따라서만 자금을 지출할 수 있으며(제1조제9항), 의회가 세금부과권을 가진다고 규정하고 있다(제1조제8항). 또한 대통령의 예산 관련 규정으로 대통령의 예산 관련 법안에 대한 서명 및 거부권을 규정하고 있다(제1조제7항). 이 헌법 규정들 외의 미국의 예산과정에 대한 자세한 규율은 주로 의회의 입법을 통해 이루어졌다(Schick 2000: 9-10; Oleszek 2004: 40-41). 미국 의회의 재정개혁의 특징은 후술하는 의회 예산준칙 이행법과 그 이전의 입법들이 재정건전화를 위한 정치적 의지의 선언으로서의 성격을 갖는다는 것이다(Blöndal 2002: 8-9).

1. 행정부 주도의 예산과정의 폐해와 의회의 대응

가. 1921년 예산회계법과 대통령 주도의 예산과정

연방정부의 예산시스템에 관한 법률적 기초는 1921년 예산회계법(Budget and Accounting Act)에 의해 최초로 이루어졌다. 이 법은 대통령으로 하여금 매년 예산을 편성하여 의회에 제출하도록 요구한다. 이를 통해 행정부 주도의 예산편성 제도를 인정함과 동시에 재정민주주의의 한 요소로서 통합예산의 원칙을 확립한 것으로, 이전까지는 행정기관들이 의회에 직접 예산요구를 해

1) 이 절은 필자가 2006년 국회 법제실 법제현안(통권 제196호)에 게재한 "재정개혁 입법의 방향과 과제: 미국 재정개혁의 시사점을 중심으로" 중 제2장을 수정 · 보완한 것임.

왔는데 이를 금지했다. 아울러 예산회계법은 의회 소속 회계검사원(General Accounting Office)을 설치하여 지출과 기관운영을 조사하고 의회에 보고하는 등의 기능을 수행하도록 하였다. 이로써 재정민주주의의 한 요소로서 행정부로부터 독립된 감사기관이 재정집행을 감사하여 의회에 보고하는 원칙을 확립하였다(Schick 2000; Chan 2003: 190－91; 옥동석 2004).

1921년부터 1974년까지의 시기는 이전의 의회 우위의 예산과정 시대에서 대통령 우위의 예산과정 시대로 요약될 수 있다. 이 시기는 세계공황에 대응한 뉴딜정책의 추진, Johnson 대통령에 의해 1964년에서 1965년까지 추진된 '위대한 사회(Great Society)'를 위한 의료복지입법 등을 통해 행정부 주도의 정부부문의 비대화가 이루어지고 행정국가화가 진행된 시기이다. 학자들이 '제왕적 대통령제(imperial presidency)'라고 부를 정도로 대통령의 정책결정과정에서의 영향력이 컸던 시기이다(Schick 2000: 14－18).

나. 1974년 의회예산 및 배정유보통제법의 제정

닉슨대통령 취임 이후 전개된 분점정부(Divided Government)의 상황 속에서 인기 없는 베트남전쟁의 수행과 워터게이트는 의회에 있어 대통령의 지도력에 대한 신뢰성 위기를 가져왔으며 재정적자에 대한 국민의 태도를 바꾸어 놓았다. 민주당이 지배하는 의회와 공화당의 닉슨 대통령 간에 1972년에서 1973년까지 벌어진 세출의 우선순위에 관한 줄다리기와 대통령에 의한 수십억 달러의 예산 집행 거부는 1974년 의회예산 및 배정유보통제법(Congressional Budget and Impoundment Control Act, 이하 '의회예산법'이라 한다)의 탄생을 가져왔다. 의회예산법은 상하 양원에 각각 예산위원회를 신설하고 의회예산처(Congressional Budget Office)를 탄생시켰다 (Oleszek 2004). 이 법에 따라 양원의 예산위원회는 수입, 지출, 재정적자 또는 흑자 및 부채의 총액 그리고 지출을 20개의 기능별 범주로 할당한 예산결의안을 채택한다. 이 법이 제정됨으로써 의회는 더 이상 행정부에 의존하지 않고 자체의 경제전망, 사업 분석, 지출우선순위 그리고 수입과 지출을 변화시킬 것인가의 여부에 대한 독자적 판단에 따른 예산안을 갖게 되었다. 이를 가능하게 한 것은 예산심의 보좌기구인 의회예산처의 신설로 독자적인 경제전망과 사업의 비용추계 등이 가능해졌기 때문이다.

의회예산법은 균형예산을 강제하거나 적자예산을 담은 예산결의안을 금지하는 내용이 있지 않다. 다만 재정적자 규모에 대해 본회의에서 의결하므로 재정적자치가 감소하리라는 기대 속에서 입법이 이루어진 것이다.[2] 그러나 경기침체는 이러한 기대를 저버리게 한 주요한 요인으로 뽑히고 있다(Schick 2000: 17－20).

2. 1980년대 이후 예산통제법 제정 전 까지 재정건전화 입법 노력

가. 1985년 예산균형과 긴급적자통제법

의회예산법 제정 이후 예산상의 갈등을 증폭시킨 두 가지 요인은 분점정부의 상황과 경기침체였다.[3] 제1차 석유 파동으로 인한 1970년대 중반 이후의 경기침체는 만성적인 재정적자를 가져왔고 이후 의회의 재정개혁의 초점은 재정적자감축을 위한 입법에 맞추어 졌다. 1981년에 취임한 레이건대통령은 세율인하와 방위비 지출 확대 정책을 추진했는데 그 결과는 경기부진과 맞물려 연간 2천억 달러의 재정적자로 나타났다. 이러한 재정위기에 대처해 의회는 1985년 예산균형과 긴급적자통제법(The 1985 Balanced Budget and Emergency Deficit Control Act) 또는 그램－루드만－홀링스 법(Gramm－Rudman－Hollings Acts)이라고 불리는 법을 제정하였다. 이 법은 1986년부터 1990년까지 매년 지속적으로 재정적자를 감축하여 1991년에 균형재정을 달성하도록 하고, 예상재정 적자가 100억 달러 이상을 초과하면 자동으로 세출금액을 취소하는 예산강제삭감(sequestration) 절차를 수립하였다. 즉 의회가 재정적자목표를 충족시키지 못하면 대통령은 자동으로 지출의 취소 또는 유보를 통한 지출 축소를 하도록 한 것이다. 의회는 이 법이 대법원의 위헌결정을 받자 1987년에 이 법을 개정하여 균형재정의 목표연도를 1993년으로 연기하였다. 그러나 이 법의 제정 이후에도 매년 실제 재정적자는 예상치를 웃돌았다. 이 법이 갖고 있었던 결점은 법에서 실제 적자치가 목표범위 안에 있기를 요구한 것이 아니라

2) 미국 의회예산법도 위원회가 조정지침에 따르지 않을 경우에 필요한 제재수단을 마련하지 않고 있다. 그러나 상임위가 조정지침에 따르지 않을 경우 예산위원회가 의회 지도부와 협조하여 본회의 수정안을 통과시킴으로써 지침을 관철시키고 있다(김건오 2011).

3) 1969년과 2002년 사이 28년의 분점정부(82.4%) 시기가 있었고 2002년 선거 결과 들어선 단점정부가 2006년 선거 전까지 지속되었으나, 2006년 선거 결과 다시 분점정부가 형성되었다. 보다 자세한 설명은 Kim(2012b: 23) 참조.

예상목표 적자치가 각 회계연도의 시작 시점에 목표 범위 안에 있기를 요구했다는 점이다. 이 법은 그 회계연도 동안에 경기부진 등의 요인에 따라 재정적자가 증가하더라도 의회나 대통령에게 어떤 조치를 취하도록 요구하지 않았다. 이런 맹점을 이용해 예산추산의 조작과 회계상 요령이 이용되었다. 또한 이 법의 당초 의도가 무색하게 의회는 강제삭감 절차가 적용되어야 할 예산의 70퍼센트를 그 적용에서 면제시켰다. 비록 재정적자 감축에 약간의 효과는 있었지만 실패로 끝난 이 법의 의의는 정치인들에게는 세입이나 지출 결정에 있어 예산규칙을 통해 제한을 가할 필요가 있다는 발상의 전환을 가져왔다는 점이다(Schick 2000: 18－22; Oleszek 2004: 69－70).

나. 1990년 의회 예산준칙 이행법

예산균형과 긴급적자통제법이 기대에 못 미치고 1990년 7월의 예상 재정적자 추정치가 2,300억 달러를 넘어서자 의회는 1990년 의회 예산준칙 이행법(Budget Enforcement Act)을 제정하게 된다. 이 법은 세 개의 기본규칙을 가지고 있다. ①조정 가능한 적자/흑자 목표치, ②재량 지출의 상한(discretionary spending caps) 그리고 ③세입과 직접지출(direct spending)[4]에 있어 수입지출균형규칙(“pay－as－you－go” (PAYGO) rules)[5]이 그것이다. 의회 예산준칙 이행법의 규칙들은 처음에 1991회계연도부터 1995회계연도까지의 유효기간을 가졌으나 이후 1998회계연도까지, 다시 2002회계연도까지 그 유효기간이 연장되었다.

예산균형과 긴급적자통제법의 실패로부터 의회와 대통령은 고정된 매년의 적자한도치를 설정하는 것이 부질없다는 교훈을 얻었다. 그래서 의회 예산준칙 이행법에서는 대통령으로 하여금 매년 예산을 의회에 제출할 때 최대적자치를 조정할 수 있도록 하였다. 이렇게 함으로써 예산강제삭감(sequestration)[6]의 여지를 많이 감소시켰다.

---

4) 직접지출이란 매년 지출되는 자격지출(entitlements)을 포함해 일반적으로 지출승인법이 아닌 법률들에 의해 주어지는 예산 수권과 이에 따른 지출을 의미하며 의회 예산준칙 이행법은 이를 재량지출과 구별하고 있으며 수입지출균형규칙의 적용을 받는다 (Schick 2000: 291).

5) “pay－as－you－go”란 상응하는 세입증가나 직접지출의 감소가 이루어 진다면－이것이 “pay”임－세입을 감소시키거나 직접지출을 증가시킬 수 있다는 의미이다－이것이 “go”임 (Oleszek 2004: 71).

그림 5 **주요 범주별 미국 연방 지출 중 구성비율(2014 회계연도)**

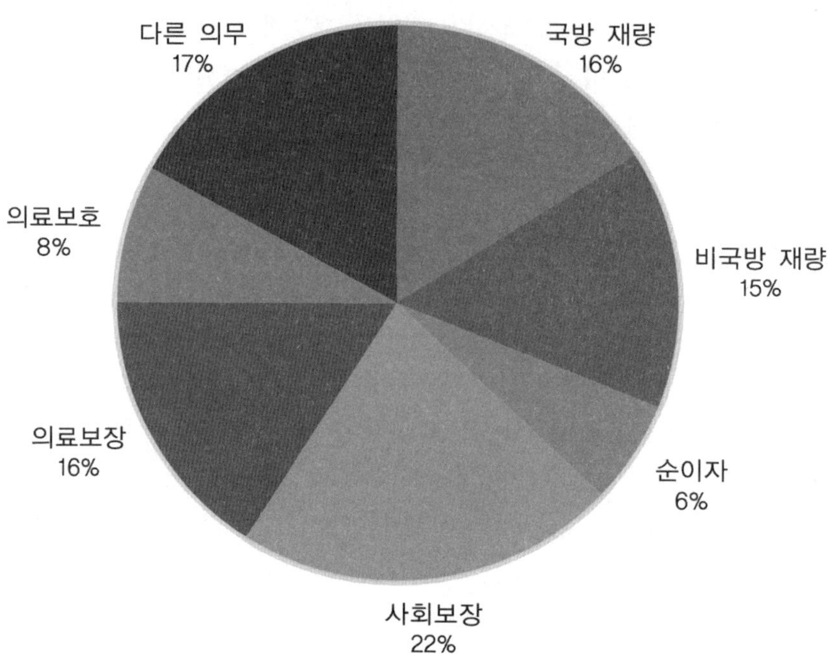

* 자료: Oleszek(2016) 53쪽 그림 2-1을 수정한 것임.
* 주: 구성비율에서 소수점 이하는 생략함.

2014회계년도 기준 재량지출은 [그림 5]에서 보듯이 비국방 재량지출(15%)과 국방 재량지출(16%)을 포함한 연방지출의 1/3 정도를 차지하며 대부분의 국방비, 연방행정기관들의 운영비 그리고 보조금 사업을 포함한다. 의회 예산준칙 이행법은 향후 5년간의 재량지출의 상한을 예산권한과 실제 지출예상액으로 나누어 설정한다.

의무지출은 [그림 5]에서 보듯이 사회보장(Social Security) 지출(22%), 의료

---

6) 예산강제삭감이란 재량지출의 상한선이나 수입지출균형(PAYGO) 규칙의 위반에 대응해 의회 예산준칙 이행법에 따라 예산재원을 취소 또는 보류하는 것을 말한다 (Schick 2000: 295; Oleszek 2004: 338).

보장(Medicare)과 의료보호(Medicaid) 지출(24%), 다른 의무 지출(17%) 그리고 순이자 지출(6%)을 포함한 연방지출의 2/3 정도를 차지하며 의무지출의 대부분은 매년 또는 영구 지출승인에 의해 재정이 지원되는 자격지출(entitlement) 프로그램으로 구성되며 의무지출은 일반적으로 매년의 지출승인이 아니라 수급기준과 지급공식에 의해 통제된다. 의회 예산준칙 이행법은 수입지출균형규칙에 따라 어떠한 수입감소나 의무지출의 증가도 다른 수입증가나 의무지출사업의 축소로 상쇄되도록 하고 있다. 의회 예산준칙 이행법에 따라 재량지출의 상한선이나 수입지출균형규칙의 위반 시 예산강제삭감 절차가 적용될 수 있는 데, 실제 예산강제삭감 절차는 매우 제한적으로 적용되었음에도 이 절차가 있음으로 해서 의원들로 하여금 스스로 자제하게 하는 효과가 있었다.

의회 예산준칙 이행법은 당초 목표보다 4년이나 빨리 1998년에 재정흑자를 달성하는 데 성공하였다. 그 주요 요인으로는 국방비 지출의 감소 등으로 재량지출의 한도가 대체로 지켜진 점, 의무지출의 증가도 의회가 대체로 수입지출균형규칙을 지킴으로써 억제된 점, 고소득층에 대한 세율인상 및 경기호황 등에 따른 세입증가를 들 수 있다(Schick 2000; Oleszek 2004: 70−71).

다. 짧았던 흑자 시대에서 다시 적자 시대로7)

1) 재정규율의 약화와 그 영향

1992년에 취임한 클린턴 대통령이 채택한 세금인상과 지출삭감의 정책조합은 장기적인 관점에서 재정균형을 가져오는 길을 연 것으로 평가된다. 그러나 1998년 이후 지속되던 4년간의 흑자 기조 이후 2001년 9.11 테러와 경기약화의 영향으로 2002년 재정수지 적자가 다시 나타나 2004회계연도에 최고치인 4,130억 달러의 적자를 기록했다. 비록 2004회계연도 이후 적자규모가 줄어들었으나 적자규모는 인구적 요인으로 인해 10년 쯤 후에는 급격하게 증가할 것으로 예상되는 상황이었다(Schick, 2007).

1998년 이후 재정수지의 흑자가 이루어지자 의회와 대통령은 전과 같이 강한 재정긴축의 필요성을 느끼지 않게 되었고 이에 따라 재정규율이 약화된

7) 이 제다목은 필자가 2007년 의정논총 제2권제2호에 게재한 "재정개혁 입법의 방향과 과제: 영국과 미국의 재정개혁의 시사점을 중심으로" 중 제2장을 수정 · 보완한 것임.

것이 2002년 이후 재정수지가 적자기조로 반전된 주요이유 중의 하나이었다.

재량지출의 상한을 지키면서 실질적으로 재량지출을 증가시키기 위해 다양한 전략들이 의회에 의해 구사되었다.[8] 그 중 대표적인 것이 긴급(emergency) 지출의 활용이었다.[9]

의무지출 증가의 2/3 이상이 세 분야, 즉 사회보장제도(Social Security), 의료보장제도(Medicare) 및 의료보호제도(Medicaid) 그리고 공공채무에 대한 이자에서 발생했다. 수입지출균형 규칙은 이 규칙의 적용을 받는 신규 의무지출 관련 입법에는 효과적이었지만 기존 법에 따른 의무지출 증가의 억제에는 효과적이지 못했다. 고령화 시대의 도래는 기존 법에 따른 연금 및 건강보장 관련 의무지출의 대폭적인 증가를 가져온다(Schick, 2000: 184−85). 이러한 의무지출의 증가를 통제하기 위해 의회는 조정(reconciliation)절차를 활용할 수 있지만 개개 의원들의 재선 전망과 의회선거나 대통령선거에 있어 정당 전체의 선거전망에 결정적인 악영향을 미칠 수 있는 의무지출의 축소를 의회가 추진하는 데는 많은 어려움이 따른다.[10]

아울러 의회는 1998년 이후 수입지출균형 규칙을 준수하면서도 실질적으로 세입감소를 가져오는 조세감면 입법을 추진하기 위해 다양한 전략들을 구사했다.[11]

끝으로 2002년 이후 2007년까지 큰 폭의 재정적자가 누적되었던 주요요인 중의 하나로 재량지출의 상한과 수입지출균형 규칙을 규정한 예산준칙 이

---

8) 다양한 전략들의 더 자세한 논의는 Schick (2000: 62−66) 참조.

9) 재량지출에 대한 지출 상한을 설정함에 있어 그 상한은 의회와 대통령이 그 수정에 합의할 때에만 변경할 수 있다. 그런데 의회와 대통령이 긴급 지출이라고 지정할 경우 예산준칙 이행법에 의해 부여된 제약의 예외를 인정받게 된다. 긴급지출이 자연재해대책비와 같은 진정한 긴급목적을 위한 것인가에 대해 어떠한 기준이나 평가도 요구되지 않기 때문에 대통령과 의회는 1999년과 2000년 긴급지출의 확대를 통해 재량지출을 증가시켰다. 이와 함께 의회는 재량지출의 상한 자체를 1999년부터 2002년 사이에 큰 폭으로 증가시켰다. 더 자세한 설명은 정문종 (2006: 9−10) 참조.

10) 미국 의회에 있어 정책결정과정을 이러한 시각에서 설명하는 분배이론(distributive the-ories)과 정당중심이론(party−centered approach)에 관한 자세한 논의는 Kim(2012b: 56−65) 참조.

11) 예를 들면 법안의 비용추계(scoring)가 통상 5년 또는 10년의 기간을 대상으로 하는 점을 이용해 단기적(5년에서 10년)으로 세입증가를 가져오지만 장기적으로는 세입감소를 가져오는 세법 개정을 활용했다. 이 밖의 다양한 전략들에 관한 논의는 Schick (2000: 147−48) 참조. 참고로 법안의 비용추계란 예산준칙 이행법의 의도에 따라 입법의 예산상의 영향을 측정하는 절차와 규칙을 말하며 법안이 재정에 있어 수입과 지출에 미치는 영향을 추계하는 것으로 이해할 수 있다.

행법의 효력이 1991회계연도부터 2002회계연도까지만 유지되었고 이후 동법의 효력이 상실됨에 따라 재정규율이 크게 약화되었다는 점을 들 수 있다(Schick, 2007: 32).

2) 2006년 중간선거 이후 예산통제법 제정 전 까지 예산개혁의 노력들

국방비 지출의 증가 외에도 미국의 재정을 위협하는 것은 사회복지 지출의 증가이다. 1946년에서 1964년 사이에 태어난 7,600만명의 베이비붐 세대의 은퇴에 따라 미국의 큰 세 가지 자격지출 프로그램인 사회보장제도(Social Security), 의료보장제도(Medicare), 의료보호제도(Medicaid)에 있어 폭발적인 지출증가가 이루어졌다. Oleszek(2007)는 세 프로그램이 이삼십 년 내로 수급대상자에게 지급할 현금의 부족 사태에 직면할 것으로 예상하였다(73).

이에 따라 많은 공화당과 민주당 의원들이 재정건전성 확보를 위해 자격지출 프로그램의 개혁을 지지하였다. Oleszek(2007)은 퇴직연령의 상향조정으로 지출률을 낮추거나 부유한 퇴직자들은 그들이 받는 혜택에 대해 세금을 내도록 자산실사를 함으로써, 사회보장제도에 따른 지출증가에 대처해 나갈 수 있다고 보았다. 그러나 의료보장 및 의료보호제도에 따른 지출증가의 경우 사회보장제도에 비해 훨씬 대처하기 어렵다고 보았다. 왜냐면 대부분의 미국 국민은 재정지출이 얼마가 소요되든지 질 높은 의료서비스를 원하고 있기 때문이라는 것이었다. 제108대 의회(2003-2005)에서 2003년에 입법화한 의료보장제도의 처방약 혜택 구상(prescription drug plan)은 이후 10년간 1조 달러 이상이 소요될 것으로 예상되고 있었는데, Oleszek은 작은 정부를 지향하는 공화당 출신 Bush 대통령과 공화당 지배 의회라는 단점정부 하에서 의료보장제도를 의회에서 채택하도록 설득했던 Johnson 대통령 시대 이후로 가장 큰 규모의 의료보장제도의 확장이 이루어졌음을 지적했다(2007: 74).

2006년 미국 중간선거에서 민주당이 상·하원 모두에서 다수당을 차지하게 된 데는 인기 없는 이라크전쟁 수행을 위한 국방비 지출의 증가 등에 따른 재정적자의 지속도 중대한 영향을 미쳤던 것으로 보인다. 계속해서 재정적자가 쌓여가는 가운데 의회의 지도부는 의원들의 재선과 대통령선거에서의 소속 정당의 승리를 위한 사회복지지출의 확대와 재정규율의 강화를 조율해야 하는 딜레마에 처하게 되었다.

부시 행정부하에서 감세정책[12]과 국방비 등에 있어 재정지출의 확대가 당시의 재정적자를 가져왔다고 믿었던 민주당은 수입지출균형원칙을 강조했던 만큼 민주당 지배의 의회에서 재정규율을 강화하는 방향으로의 재정개혁을 추진했다. 실제 제110대 하원(2007－2009)은 2002년에 예산준칙 이행법의 효력이 상실되었음에도 불구하고, 하원규칙을 개정하여 지출을 억제하고 재정규율을 추구하기 위한 방안으로 새로운 '수입지출균형원칙 의사진행상 이의제기(PAYGO point of order)'를 만들어 냈다.[13] 그리하여 의원이 새로운 세입감소나 의무지출 증가를 내용으로 하는 법안을 제안하면 그 의원은 재정적자가 늘지 않도록 반드시 다른 세입을 증가시키거나 의무지출을 감소시키는 방안을 제시해야만 했다. 또한 상원도 예산결의안에서 수용되지 않은 재정적자를 증가시키는 내용의 자격지출법안 또는 조세법안의 심의를 금지하는 '수입지출균형원칙 규칙(PAYGO rule)'을 만들어 냈다(Oleszek, 2007: 72).[14]

그러나 Faucher(2006)는 민주당이 상대적으로 보수적인 재정 운용을 선호해 왔지만 민주당 역시 재정지출 확대의 유혹을 견디지 못하고 소극적으로 대처할 경우 당시의 재정지출의 증가 경향이 지속될 수도 있다고 보았다. 2006년 미국 중간선거 이후 다시 도래한 분점정부 시대를 맞아 민주당 지배의 의회가 추진하였던 증세정책과 이라크 · 아프가니스탄 전비를 위한 지출의 적정 규모를 놓고 의회와 부시 행정부 간의 논쟁이 벌어졌었다. 또한 2008회계연도 예산안을 놓고 의회는 민주당이 중요시하는 교육 · 보건 · 노동 분야에서의 지출 확대를 담은 지출승인법안을 통과시켰고 이에 대응해 부시 대통령은 거부권으로 맞섰던 상황은 이 같은 맥락에서 이해될 수 있었다.[15]

---

12) 부시 대통령은 첫 번째 임기(2001－04)를 대규모 감세로 시작했고 추가적인 대규모 감세안이 2003년에 입법화되었다(Schick, 2007: 28－30).

13) 의사진행상의 이의제기(point of order)는 의원이 본회의가 의사진행에 관한 규칙을 위반하고 있다는 이의를 제기하는 것을 말하며 의장은 의사진행을 중지하고 이의제기가 이유 있을 경우 이를 받아들인다. 하원의 경우 과반수의 찬성으로 특별규칙을 통과시켜 이의제기에 따른 의사진행중지를 벗어날 수 있지만 상원의 경우 이러한 이의제기가 있을 경우 3/5 이상의 찬성으로 그렇게 할 수 있다 (Schick, 2000; Oleszek, 2004: 334).

14) 이 수입지출균형원칙 규칙은 3/5 이상의 찬성으로 이를 벗어날 수 있고, 2008년에 효력을 상실하는 것으로 되어 있었다(Oleszek, 2007: 72).

15) '부시－민주 "예산 갈등" 정면 충돌', 2007년 11월 14일 한겨레신문, http://news.media.daum.net/foreign/america/200711/14/hani/v18856017.html, 2007년 11월 24일 접속.

제 2 장 2010년 PAYGO법과 2011년 예산통제법 제정의 의의

1. 2010년 PAYGO법 제정의 의의[16)]

미국 공화당이 2010년 의회 선거에서 내건 '미국에의 서약(Pledge to America)'에는 '우리가 쓰는 1달러 중 41센트는 중국을 포함한 외국으로부터 그 대부분을 빌린 것이고, 3년 내로 하루에 10억 달러 이상을 이자로만 쓰게 될 것'이라는 내용이 있다. 미국 의회예산처(CBO)는 2010년 말 기준 미국의 국가채무는 9조 달러(GDP의 62.1%)를 넘는다고 밝혔다. 이런 이유로 유럽의 재정위기와 일본의 국가신용등급 강등을 바라보는 미국 정가의 최대 이슈 중 하나는 재정 적자와 국가 채무의 축소이었다. 2010년에 미국 의회는 수입지출균형법(PAYGO법)을 제정하였다.[17)] 미국 PAYGO법의 수입지출균형(PAYGO) 절차는 신규 의무지출이나 재정수입 법률에 따른 재정적자의 발생에 적용되며, 기존 의무지출이나 재정수입 법률에 따라 재정적자가 발생한 경우에는 강제삭감(Sequestration)절차가 적용된다.[18)] PAYGO 규칙을 위반한 의무지출법안을 통과시켜도 후술하는 강제삭감 절차에 따라 해당 지출은 삭감되게 된다. 미국의 PAYGO법은 PAYGO 규칙의 위반 여부를 한 해에 재정적자를 가져오는가로 판단하지 않고, 5년 또는 10년의 기간 중 한 기간에서라도 그 합산액이 재정적자를 가져오면 PAYGO 규칙의 위반으로 본다.[19)]

---

16) 이 제1관은 필자가 2011년 국회보(3월호)에 게재한 "재정건전화와 예산개혁의 과제" 중 일부를 수정 · 보완한 것임.

17) PAYGO법의 정식명칭은 "The Statutory Pay－As－You－Go Act of 2010"이다.

18) 미국 CBO는 PAYGO법에 따른 비용추계(scoring) 외에도 입법이 예산결의안의 재정목표에 미치는 영향을 측정하는 재정영향점검(scorekeeping) 업무를 수행하고 있으며, CBO의 비용추계와 재정영향점검 결과는 의사진행상의 이의제기(points of order)가 필요한가를 판단하는 기준이 된다.

19) 보다 자세한 설명은 Keith, Robert, 2010, "The Statutory Pay－As－You－Go Act of 2010: Summary and Legislative History", CRS Report for Congress, R41157,

한편 오바마 대통령은 초당적 성격의 대통령 소속 국가재정책임성·개혁위원회(The National Commission of Fiscal Responsibility and Reform)를 설립하였다. 2011년 1월에는 미국 하원이 신규 의무지출의 증가는 재정수입의 증가가 아닌 의무지출의 감소를 통해서만 상쇄되어야 한다는 '지출균형 규칙(CUTGO rule)'을 담은 의사규칙을 채택하면서, 강력한 지출삭감 의지를 밝혔다.[20] 오바마 대통령도 2011년 연두교서에서 비국방 재량지출의 5년 동결과 국방·의무 등 타 지출 분야에서 과다 지출의 삭감을 제안하였다.

또한 미국 의회 양당 지도부와 오바마 대통령의 지출 분야 재정적자 축소방안의 핵심으로 중복적이고 낭비적인 지출의 축소가 지적되었으며, PAYGO법은 의회 소속 정부책임처(GAO)가 중복 · 낭비지출을 없앨 수 있도록 지속적인 조사를 수행할 것을 규정하고 있다(김건오 2021: 17-8).

2. 2011년 예산통제법 제정의 의의[21]

미국의 국가채무는 금융위기 이후 경기침체에 대응한 경기부양용 재정지출의 증가와 아프가니스탄·이라크 전비의 증가 등에 따라 2009년 이후 급증하여 2011년 말 기준 10.1조 달러를 기록하였다.[22] 2011년에 국채발행 한도 증액 조정이 안 될 경우 국가부도에 처할 상황 속에서 오바마 대통령과 의회 간의 대타협이 이루어졌으며, 그 결과 예산통제법(The Budget Control Act of 2011)이 통과되었다.

오바마 대통령은 2011년 8월 2일 예산통제법에 서명하였으며, 이 법은 2012 회계연도부터 2021 회계연도에 걸쳐 재량지출의 상한(discretionary spending caps)을 설정하였다. 이에 따라 의회예산처(CBO)는 9,170억 달러의 지출이 축소될 것으로 추산하였다.[23] 이와 함께 2021 회계연도까지 1.2조 달

---

http://democrats.budget.house.gov/laws/CRS-stat-paygo.pdf, 14~15 참조.

20) 지출균형 규칙(CUTGO rule)에 따르면 후술하는 기존의 수입지출균형 규칙(PAYGO rule)과 달리 감세로 인한 재정수입의 감소를 다른 재정수입의 증가나 의무지출의 감소를 통해 상쇄시킬 의무가 없다. 따라서 이 규칙은 지출축소에만 집중하고 있다는 비판이 있다. 그럼에도 새롭게 하원을 장악한 공화당이 이 규칙의 제정을 추진한 것은 이를 통해 감세 및 지출축소의 정책방향을 뒷받침하려는 의도 때문이었던 것으로 보인다.

21) 이 제2관은 필자가 국회보 2012년 6월호에 게재한 "미국 재정건전화 입법의 현황과 시사점" 중 일부를 수정 · 보완한 것임.

22) Congressional Budget Office, "An analysis of the President's 2013 Budget", 2012.

러의 재정적자를 추가로 감축하는 조항을 담았다. 이 법에서는 재정적자 감축 위원회를 설치하고 이 위원회가 2012년 1월 15일까지 최소 1.2조 달러의 감축안을 마련하지 못할 경우 2013년 1월에 1.2조 달러의 자동 지출 감축 절차가 개시되도록 규정되어 있었다. 이 위원회가 감축안을 마련하지 못함에 따라 재량지출과 의무지출에 대한 강제삭감이 2013년부터 이루어졌다(김건오 2021: 20).

재량지출의 상한 설정을 살펴보면, 2012 및 2013 회계연도에는 안보(security)와 비안보(nonsecurity)라는 두 개의 범주로 나누어 한도가 설정되었고, 2014 회계연도 이후로는 재량지출이라는 하나의 범주에 대해 상한이 설정되었다. 이 상한이 특정 사업에 어떠한 영향을 미칠 것인가는 매년도 세출승인 과정(appropriations process)에서 의회와 대통령에 의해 설정된다. 관리예산처(OMB)의 강제삭감 최종 보고서(final sequestration report)가 이 상한이 초과되었음을 적시할 경우, 거의 모든 해당 지출 영역에 걸쳐 예산 의결에 대한 철회를 의미하는 강제삭감 절차(sequestration process)가 자동적으로 개시된다.

다음으로 자동 지출 감축 절차를 살펴보면, 이 절차에 따라 국방지출과 비국방지출 범주 사이에 균등한 지출 감축이 이루어진다. 이 국방지출과 비국방지출 범주 안에서 다시 재량지출과 의무지출 사이에 비례적으로 감축이 이루어진다. 의회예산처는 자동 지출 감축액 1.2조 달러에서 이자감소분 2,160억 달러를 제외하고 국방지출 및 비국방지출에서 각각 4,920억 달러가 감액되는 것으로 추계했다. 또한 국방지출의 대부분은 재량지출이 차지하고, 비국방지출 중 의무지출이 1,650억 달러, 재량지출이 3,280억 달러를 차지할 것으로 추계했다(반올림으로 합계에 차이가 있음).[24]

이같이 자동 지출 감축의 대부분을 재량지출이 차지하게 되는 이유를 살펴보면, 2011 회계연도 총지출에서 의무지출은 56.3%, 재량지출은 37.4%, 순이자는 6.3%를 차지했으며, 의료보험(Medicare)의 연방부담분, 사회보장(Social Security) 그리고 의료부조(Medicaid)는 전체 연방정부 지출의 43.4%를 차지하였다. 그럼에도 사회보장 및 의료부조 등의 프로그램들이 강제삭감 절차에서

23) Heniff, Bill Jr., Elizabeth Rybicki, and Shannon M. Mahan, "The Budget Control Act of 2011", CRS Report for Congress, 2011.

24) Congressional Budget Office, “The Budget and Economic Outlook: Fiscal Years 2012 to 2022”, 2012.

제외될 뿐만 아니라 의료보험 및 다른 보건 프로그램들은 강제삭감에 따른 지출 감축 상한이 2%로 정해져 있기 때문에 자동 지출 감축의 대부분을 재량지출이 차지하게 된다.

주목할 점으로 예산통제법에 따라 2012년 기준 재량지출의 상한 설정을 통한 4,500억 달러와 자동 지출 감축을 통한 4,920억 달러의 국방예산이 삭감될 예정이었다.[25] 공화당의 반대에 따라 감축 폭은 줄어들 것으로 예상되었지만, 예산통제법 제정 당시 2.1조 달러의 지출 감축 목표액 중 거의 절반 가량을 국방비 감축액에서 충당하는 데에 양당이 합의했을 정도로 국방비 감축의 불가피성에 대한 공감대가 형성되어 있었다는 점에서 상당 폭의 국방비 삭감이 예상되는 상황이었다.

자동 지출 감축의 이행은 의무지출의 경우 강제삭감을 통해 이루어지며, 재량지출의 경우 2013 회계연도에는 강제삭감을 통하여, 2014 회계연도부터 2021 회계연도까지는 이미 설정되어 있는 재량지출 상한의 추가적인 하향 조정(downward adjustment)을 통해 이루어진다. 이 법에서는 관리예산처(OMB)가 재량 지출 상한액을 하향 조정하도록 하고 있으며, 이 조정액에 따라 의회와 대통령은 매년 세출승인과정을 통해 사업별 삭감액을 정하게 된다. 이렇게 새롭게 조정된 지출상한이 지켜지지 않을 경우 강제삭감을 통해 이행될 수 있다는 점이 중요하다.

예산통제법 하의 2013년도 예산안 심의의 쟁점들을 살펴보면, 2013 회계연도 예산안의 심의에 있어 민주당과 공화당은 모두 예산통제법에 따른 재량지출의 상한 설정에는 이의가 없었다. 다만, 예산통제법은 2013 회계연도에 1조 470억 달러의 재량지출 상한을 규정하고 있었으나, 공화당이 장악하고 있는 하원 예산위원회가 보고한 예산결의안은 1조 280억 달러로 상한을 더 낮추고 있었다.[26]

1.2조 달러의 자동 지출 감축과 관련하여 여러 의원들로부터 적자감축을 위한 무자비한 접근법("meat ax" approach)이라는 평가가 있었으며, 자동 지출

25) Klingner, Bruce, *The Missing Asia Pivot in Obama's Defense Strategy*, Heritage Foundation, January 2012, http://www.heritage.org/research/reports/2012/01/the-missing-asia-pivot-in-obamas-defense- strategy.

26) Levit, Mindy R., "The Federal Budget: Issues for FY2013 and Beyond", CRS Report for Congress, 2012.

감축을 좀 더 사려 깊은 방안으로 대체입법하자는 공화당의 의견에 민주당과 오바마 행정부도 동의하였다.[27] 문제는 양당 간에 대안의 구체적인 내용을 놓고 이견이 많았다는 것이었다.

대안 마련에 있어 양당간에 가장 중요한 쟁점으로 수입 측면에서는 고소득층에 대한 증세를 들 수 있었다. 오바마 대통령은 연소득이 25만 달러 이상인 가구에 대해 2001년, 2003년 및 2010년에 만들어진 세금감면을 폐지하는 등의 부유층에 대한 증세를 주장하였던 반면, 공화당은 이에 반대하였다.

지출 측면에서는 국방과 사회복지 지출이 중요 쟁점이었다. 오바마 대통령은 전비 지출에 대한 상한 설정을 통해 절약된 예산을 일자리 창출을 위한 교통 인프라 구축과 교사, 경찰관 및 소방관 등의 고용을 위한 지방 정부 지원 등에 활용하고자 했다.[28] 이에 반해 공화당은 2013 회계연도 국방 지출에 있어 전년보다 110억 달러를 증액한 국방 세출승인법안을 제출해 놓고 있었다. 또한 오바마 행정부 예산안은 2013 회계연도에 9,010억 달러의 재정적자를 전망했던 반면, 공화당이 장악하고 있는 하원 예산위원회는 7,970억 달러의 재정적자를 목표로 하는 예산결의안을 보고하였다. 이와 같이 공화당은 국방비 감축에 반대하면서도 전체적인 지출을 삭감하려다 보니 사회복지비를 감축하려고 했다. 구체적으로 살펴보면, 하원 예산위원회의 조정 지침(reconciliation instructions)에 따라 여섯 개의 위원회들은 보조 영양 지원 프로그램(Food Stamp Program) 축소, 오바마 대통령의 의료보험 개혁법과 관련된 세액공제 폐지, 사회서비스 포괄보조금(Social Services Block Grant)의 폐지 등을 제안하였다.

---

27) Lawder, David., “House Republicans target social cuts to shield military", *Reuters*, May 7 2012,
http://www.reuters.com/article/2012/05/07/us-usa-budget-cuts-idUSBRE84604820120507.
28) Committee for a Responsible Federal Budget, "Analysis of the President's FY 2013 Budget", February 16 2012,
http://crfb.org/document/analysis-presidents-fy-2013-budget.

제 3 장 미국의 국가채무 통제를 위한 재정준칙 입법의 현황[29)]

가. 재정준칙에 관한 헌법상 근거

미국에서 헌법정신으로 재정권(Power of the purse)은 의회에 속하다고 이해되며, 이 재정권의 한 부분으로 미국 헌법 제1조제8항은 의회가 합중국의 신용으로 금전을 차입할 권한을 갖는다고 규정함으로써 의회에 연방부채에 대한 통제권한을 주고 있다. 다만 헌법에 재정준칙에 관한 규정은 없다. 부채한도(Debt Limit)를 정하는 입법은 하원 세입(Ways and Means)위원회와 상원 재정(Finance)위원회의 권한이며, 예를 들어 2018년 초당적 예산법(Bipartisan Budget Act of 2018) 및 2019년 동법을 통해 부채한도를 늘리고 부채한도 적용을 유예한 바 있다(Congressional Research Service 2019; 국회예산정책처 2020: 45-6).

나. 재정준칙에 관한 법률 및 양원 의사규칙

재정준칙에 관해 현재 시행되고 있는 최근의 법률을 보면, 재정준칙의 강제이행 수단으로서 강제삭감(sequestration)[30)] 절차를 담고 있는 2010년 PAYGO 법(The Statutory Pay-As-You-Go Act of 2010)과 2011년 예산통제법

29) 이 제3장은 필자가 2021년 국회예산정책처 예산정책연구(제10권 제1호)에 게재한 "국회의 결산 심의 및 감사권에 관한 연구: 주요국 입법례 분석을 중심으로" 중 일부를 수정 · 보완한 것임.

30) 강제삭감(Sequestration) 절차는 사회보장 및 의료부조 등의 프로그램들이 강제삭감 절차에서 제외될 뿐만 아니라 의료보험 및 다른 보건 프로그램들은 강제삭감에 따른 지출 감축 상한이 2%로 정해져 있기 때문에 이 같은 일부만 제외하고 정부예산을 일정 비율대로 삭감하는 조치로, 재량지출 한도를 넘어서거나 PAYGO 요구에 따른 삭감이다 (Lledō et al. 2017: 76; 김건오 2012; 국회예산정책처 2020; 53-4).

(Budget Control Act of 2011)이 있다(Keith 2010; Heniff, Rybicki, and Mahan 2011).

2010년 PAYGO 법은 의무지출과 세입법률에 대하여 PAYGO원칙[31]을 적용하여 일년 의회 회기 동안 관리예산처(OMB)는 입법이 이루어지면 각각 5년 및 10년의 기간에 걸쳐 PAYGO 요구의 위반이 있는지를 판단하여 위반이 있다면 대통령은 순적자증가를 상쇄하기 위하여 강제삭감 명령을 발동한다고 규정한다. 다만 의회는 이 강제삭감을 수정할 수 있는 권한을 갖는다.

2011년 예산통제법은 재량지출에 대한 한도(limits on discretionary spending)를 설정하는데, 2012회계연도부터 2021회계연도까지 국방 또는 비국방이라는 범주로 나누어 한도가 설정되고, 이 한도의 위반이 일어나면 대통령은 그 범주의 한도에 맞추어 강제삭감 명령을 내려야 한다(Kim 2012a: 17－8; 김건오 2012). 2011년 예산통제법에 따라 중기 종합 적자 감축안을 채택하는 데에 실패함에 따라 재량지출 및 의무지출에 대한 강제삭감이 2013년부터 이루어졌으며 매년 의회에서 여야간 합의에 의해 의무지출 및 재량지출의 강제삭감 내용이 변동되어져 왔다(Lledō et al. 2017: 76; Saturno 2020: 6; 국회예산정책처 2020: 52－4).

이 밖에도 상하원은 예산결의안에서 설정된 총지출한도, 위원회 할당액 등을 위반하는 경우 그 이행 강제수단으로 의사진행상의 이의제기(points of order)를 사용한다. 의회예산법은 양원의 예산위원회가 의회예산처(CBO)의 보고서를 첨부한 입법의 재정영향점검(scorekeeping) 보고서를 내도록 하고 있는데, 이 보고서는 예산결의안 등의 위반을 이유로 하는 의사진행상의 이의제기에 활용된다(Schick, 2007; Saturno 2020: 5; 김건오 2007: 67). 또한 가결된 법안은 위원회 보고서(committee report)와 함께 본회의에 제출되는데, 위원회 보고서에는 상하원 의사규칙에 따라 위원회가 실시하는 법안의 5년간 비용추계(단 의회예산처(CBO)에 의한 비용추계 등이 제출된 경우에는 생략 가능하다) 등이 포함되어야 한다(Oleszek et al. 2016: 383; 김건오 2021: 18). 아울러 하원 의사규칙에 따라 연방정부가 지방정부로 재정지원 없이 위임(unfunded mandates)하는 것에 대한 의회예산처의 비용추계, 쪽지예산(earmarks) 및 조세특례의 목록 등이 포함되어야 하며, 위원회 심사보고서에 이러한 내용을 담지 않은 법안에 대해서

31) 의무지출 증가 또는 세입 감소를 내용으로 새로운 입법을 할 때는 반드시 이에 대응되는 세입증가나 다른 의무지출 감소 등 재원 조달 방안이 동시에 입법되도록 의무화함으로써 재정수지에 미치는 영향이 상쇄되도록 하는 준칙을 말한다.

는 본회의에서 의사규칙을 위반하고 있다고 주장하는 의사진행상 이의제기가 문제될 수 있다(Sullivan 2007: 16−7).

한편 이같이 미국이 운용하고 있는 재정준칙을 통해 연방부채와 재정적자에 대한 통제가 제대로 이루고 지고 있는 가에 대한 결산 심사 및 감사는 2020년에 발간된 GAO의 국가 재정 건전성에 관한 보고서(Government Accountability Office 2020b)에서 볼 수 있듯이 GAO, 의회예산처(CBO) 등 의회 지원기구의 지원을 받아 위원회 조사청문회 등을 통해 이루어진다.

제 4 장 우리나라에의 정책적 시사점

이상에서 살펴본 미국 재정건전화 입법 현황을 보면, 미국 의회는 각 정당의 선거 승리를 위한 경기부양과 급증하는 국가채무에 대응한 재정건전화 필요성의 딜레마 속에서 2010년 PAYGO법과 2011년 재정통제법 등 재정준칙의 강제이행수단의 입법화 및 중복적이고 낭비적인 재정지출 및 조세지출의 감축을 통해 재정건전화 노력을 지속하고 있다(김건오 2012: 99; 김건오 2021: 17－20).

우리나라의 관리재정수지와 국가채무의 추이를 보면, 먼저 관리재정수지의 경우 정부가 관리재정수지를 발표한 2001년 이후로 흑자를 기록한 2002~2003년 및 2007년 등 3개 연도를 제외하고 2023년까지 지속적으로 적자를 기록했다(국회예산정책처 2024: 87－9). 다음으로 국가채무의 경우 OECD의 통계에 따르면 우리나라의 일반정부 총금융부채(General Government Gross Financial Liabilities)는 2010년 GDP 대비 32%에서 2023년 58.4%로 예상되어 증가 추세에 있다(국회예산정책처 2023: 112).

우리나라에서 재정적자 및 국가채무의 관리가 중요한 이유는 글로벌 경제 위기 등 외부충격에 취약한 수출의존형 경제구조를 갖고 있고, 저출산 · 고령화 추세에 따른 사회복지 지출 증가가 장기적으로 국가채무 증가를 가속화시킬 것이며, 미래 통일비용 등을 감안할 필요가 있기 때문이다(김건오 2011; 김건오 2012). 미국의 정부책임처(GAO)가 의회 소속 최고감사기구인 GAO의 기능이 과거의 예산 집행에 대한 감독(oversight)에서 현재의 사업의 효율성에 대한 평가와 분석(insight)으로, 나아가 미래의 재정적자 문제 등 잠재적 현안들에 대한 예견(foresight) 기능으로 발전하고 있다고 설명한데에서 알 수 있듯이(Government Accountability Office 2006: 24－5), 우리나라 국회의 감사 기능도 저출산 · 고령화 추세에 따른 지출 증가와 통일비용 등으로 대표되는 미래의 재정적자 문제 등 잠재적 현안들을 예측하고 국가 중장기 발전전략을 도출하는 데에 중점이 두어져야 할 것으로 보인다.

이상의 미국의 재정건전화 입법에 대한 검토와 우리나라의 재정건전화 입법 필요성에 따라 세 가지 정책적 시사점을 도출해 볼 수 있다.

첫째, 현행 국가재정법 제7조 및 제91조 등에 따른 국가재정운용계획 및 국가채무관리계획 등 재정건전화를 위한 중기 재정계획들이 그 계획기간이 5년에 그치며, 재정목표를 달성하기 위한 이행강제수단을 갖고 있지 않다. 미국의 예를 참고하여 위 계획기간을 5년에서 사안별로 5년 또는 10년 이상으로 확대하고, 재정목표를 벗어나면 이를 달성하기 위한 이행강제수단을 도입하는 입법을 검토할 필요가 있다. 미국의 2010년 PAYGO법이 의무지출 및 세입법률안이 통과되면 각각 5년 및 10년 기간에 결쳐 PAYGO 요구의 위반이 있는지를 판단하여 위반시 강제삭감명령을 발동함을 원칙으로 하고, 2011년 재정통제법은 향후 10년 동안의 재정목표를 달성하기 위한 재량지출의 상한 설정 및 강제삭감 절차를 규정하고 있음을 참고할 필요가 있다(김건오 2012: 104; 김건오 2021: 19－20).

둘째, 미국 의회 보좌조직을 롤 모델로 하여 국회 예산정책처와 위원회 전문위원실이 중장기 수입 및 지출 추계업무를 보다 잘 수행할 수 있도록 인력과 예산을 보강할 필요가 있다. 미국 의회예산처(CBO)는 예산통제법에 따라 의회가 지출 한도를 지킬 수 있도록 보좌하며, 한도 초과 시 강제삭감이 이루어질 수 있도록 통과된 세출승인법의 비용추계를 제공한다. 아울러 관리예산처(OMB)의 강제삭감 최종 보고서(final sequestration report)에 5일 앞서 자체 강제삭감 최종 보고서를 제출해야 한다. 그리고 미국 양원합동조세위원회(Joint Committee on Taxation) 스텝들은 독립적으로 세입법률안에 대한 세수추계를 담당하고 있다(김건오 2012: 104－5).

끝으로, 미국에서 재정건전화 입법들이 주는 교훈은 국가채무 감축의 성공 여부가 재정준칙의 법제화 그 자체에 달려 있다기보다는 그 재정준칙의 이행강제수단을 단기적으로 유연하면서도 중장기적으로 원칙에 부합하게 운용해 나가려고 하는 의회와 대통령 등 정치권의 의지가 중요했다는 점이다(Kim 2012a: 16; 김건오 2007: 63－7; 김건오 2021: 34－5). 아울러 우리나라에서 재정건전화 입법이 성공하기 위해서는 미국의 예에서 볼 수 있듯이 재정건전화 입법 여론 형성을 위한 국민들의 관심과 시민운동단체의 역할이 중요해 보인다. 미국에서 재정건전화 입법의 성공에는 의회와 대통령이 2010년 PAYGO 법과 2011년 재정통제법을 제정해야 한다는 여론 형성을 위해 노력한 '책임감 있는 연방 예산 위원회(Committee for a Responsible Federal Budget)'와 같은 시민운동단체의 역할이 컸음을 참고할 필요가 있다(Kim 2012a: 13-21).

■ 참고문헌 ■

감사원, “감사원 개편논의에 대한 의견,”「감사(계간)」 134호, 2017, 72－5쪽.

감사연구원, 「바람직한 감사원 像과 OECD 국가의 감사원: (Ⅰ) OECD 국가 감사원 비교 · 분석」, 감사연구원, 2013.

강원택. 대통령제, 내각제와 이원정부제: 통치형태의 특성과 운영의 원리. 고양: 인간사랑, 2006.

______, 「국회선진화법 평가와 발전방안」, 국회의원 원혜영, 국회의원 김세연 주최 세미나 토론 자료, 2016.

강윤호 · 민기 · 전상경, 「현대지방재정론」, 서울: 박영사, 2015.

고문현, 「의원입법 활성화에 따른 국회와 정부 협력 방안: 사회 이슈 법안 발의 및 통과 사례 분석」, 2018 입법 세미나 “입법과정의 국회－정부 협력 방안” 자료, 법제처, 2018.

고상근,“국회 법제사법위원회 체계·자구심사제도에 관한 연구－제19대 국회 체계자구심사 결과 분석을 중심으로－.” 「의정논총」 제12권 제2호, 2017, 5－42쪽.

국경복.“2007년도 예산안 분석”. <2007년도 예산안 토론회 자료>. 국회예산정책처, 2006.

국회법제실, 「법제 이론과 실제」, 국회법제실, 2019.

국회사무처. [참고자료] 권력구조의 형태, 주요 국가별 현황 및 학계의 평가, 헌법개정 연구자료집 7. 국회사무처, 2017.

_________, 「국회법 해설」, 국회사무처, 2021a.

_________, 「국회선례집」, 국회사무처, 2021b.

_________, 「국정감사 · 조사편람」, 국회사무처, 2021c.

국회입법조사처, 「주요국 사전 입법영향분석제도」, 국회입법조사처, 2020.

국회예산정책처. 프랑스 국가재정조직법. 국회예산정책처, 2005.

______________. 주요국의 예산제도. 국회예산정책처, 2012.

______________. 주요국의 재정제도. 국회예산정책처, 2016.

______________. 대한민국 재정 2017. 서울: 메이커뮤니케이션, 2017.

______________. 주요국의 재정제도. 국회예산정책처, 2020.

______________. 대한민국 재정 2023a. 서울: 경성문화사. 2023.
______________. 대한민국 지방재정 2023b. 서울: 경성문화사. 2023.
______________. 대한민국 재정 2024. 서울: 경성문화사. 2024.
국회헌법개정자문위원회,「활동결과보고서 Ⅰ」, 국회헌법개정자문위원회, 2014.
국회헌법개정특별위원회 자문위원회,「국회헌법개정특별위원회 자문위원회 보고서」, 국회헌법개정특별위원회, 2018.
권해호. 예산법률주의 도입방안 연구. 국회예산결산특별위원회, 2005.
기획재정부 예산실 (편). 한국의 재정. 서울: 매경출판, 2010.
김건오, "재정개혁 입법의 방향과 과제: 미국 재정개혁의 시사점을 중심으로,"「법제현안」 통권 제196호 국회사무처, 2006.
_______,"재정개혁 입법의 방향과 과제: 영국과 미국의 재정개혁의 시사점을 중심으로,"「의정논총」 제2권 제2호, 2007, 61－85쪽.
_______,"재정건전화와 예산개혁의 과제,"「국회보」 2011년 3월호, 2011, 95－99쪽.
_______,"미국 재정건전화 입법의 현황 및 시사점,"「국회보」 2012년 6월호, 2012, 102－105쪽.
_______,"국회의 예산 편성 · 제안 및 증액 수정권에 관한 연구: 주요국 입법례 분석을 중심으로,"「의정논총」 제12권 제2호, 2017, 43－66쪽.
_______,"국회의 결산 심의 및 감사권에 관한 연구: 주요국 입법례 분석을 중심으로,"「예산정책연구」 제10권 제1호, 2021, 1－42쪽.
_______,"국회 입법과정 개정논의에 관한 고찰: 주요국 입법과정 분석을 중심으로,"「법제」 통권 제698호, 2022, 41－80쪽.
김난영,「의회요청감사제도 해외사례 비교연구」, 감사원 감사연구원, 2013.
김남철,「독립기관형 감사원의 구성 및 운영에 관한 연구」, 감사원 연구용역보고서, 2019.
김동만,""회계검사기능의 국회이관에 관한 논의"에 대한 소고,"「중앙행정논집」 제17권 제1호, 2003, 77~94쪽.
김동욱,「국회선진화법의 성과와 개선과제는?」, 국회의원 원혜영, 국회의원 김세연 주최 세미나 발제자료, 2019.
김동욱 · 전대성 · 이민상,「국회선진화법 개선방안에 관한 연구」, 국회운영위원회 연구용역보고서, 국회운영위원회, 2016.
김명수, 문태곤, 문호승, 이영균 외 9인,「세계의 감사원」, 조명문화사, 서울, 2009.
김세연,「국회선진화법의 오해와 진실」, 설명자료집, 서울: 김세연의원실, 2014.
김세진. 예산법률주의에 관한 비교법적 연구. 한국법제연구원, 2010.
김인철. 豫算制度에 관한 硏究. 중앙대학교 법학과 법학박사 학위논문, 1997.

김종면. 재정권한 배분의 사례 및 시사점. 재정포럼, 제249호. 한국조세재정연구원, 2017.

김준경,"검증없는 졸속 의원입법에... 한국, 과잉규제 늪에 빠지다,"「매일경제」, 2021. 11. 10. 매일경제 홈페이지, <https://www.mk.co.kr/opinion/contributors/view/2021/11/1061366/, 접속: 2022. 8. 30>

김준석, "국회선진화법 개정 찬성: 여 · 야 갈등은 제도로만 해결되지 않는다,"「국회보」 통권 558호, 국회사무처, 2013, 82−84쪽.

김준석 · 박경미 · 이한수, 「국회선진화법 1년과 정치제도에의 함의」, 국회사무처 연구용역보고서, 한국의회발전연구회, 2013.

김지영, 「프랑스 결산법 연구」, 국회예산정책처 연구용역보고서, 2012.

김찬수 · 김민정, 「주요국 최고감사기구의 예산과정에서의 역할 비교연구」, 감사원 감사연구원, 2015.

김형섭, "독일과 오스트리아의 회계감사원의 재정통제 권한과 기능에 관한 비교법적 고찰,"「법과 정책연구」 제16집 제2호, 2016.

노재석, 「민주주의 입법과정론」, 서울: 오름, 2016.

박기영. 한국재정. 서울: 법우사, 2014.

박영도, 「입법학 입문」, 서울: 법령정보관리원, 2014.

박찬표, "국회 의사절차의 역사적 변화과정에 대한 연구:의사절차 변화의 유형적 특징과 배경," 「현대정치연구」 제9권 제1호, 서강대학교 현대정치연구소, 2016, 74~113쪽.

박태우 · 강장석, 「행정입법에 대한 국회 통제권 강화에 관한 연구」, 국회사무처 연구용역보고서, 2012.

법제처 · 한국법령정보원, 「일본의 의회제도」, 세종: 세계법제정보센터, 2019.

배득종 · 유승원, 「신재무행정」, 서울: 박영사, 2014.

백운기, 「Pay−go 등 재정준칙 도입방안, 2015~2019 국가재정운용계획 -총괄분야 −」, 국가재정운용계획 총괄분야 작업반 공개토론회자료, 2015.

성낙인. 헌법학. 서울: 법문사, 2015.

______. 헌법학. 서울: 법문사, 2020.

송동수, "감사제도의 독립성에 관한 비교법적 연구−한국 감사원과 독일 연방회계검사원을 중심으로−,"「공법연구」 제31집 제4호, 2003, 323−343쪽.

오연천. 『국가재정법 시대와 국회의 역할』 세미나 주제발표문. 『국가재정법 시대와 국회의 역할』 세미나 자료. 국회 예산결산특별위원회, 2006.

옥동석. 재정민주주의와 지출승인법. 한국조세연구원, 2004.

______. 재정민주주의와 국회의 재정통제권. 국회예산결산특별위원회, 2009.

______. 국회 재정권한 및 절차의 체계성 및 실효성 제고방안 연구, －국회법 및 국회예산법(가칭)을 중심으로－. 국회예산정책처, 2010.

유훈 · 조택 · 김재훈, 「재무행정론」, 서울: 법문사, 2012.

윤영진. 새재무행정학 2.0. 서울: 대영문화사, 2014.

음선필, "국회 입법과정의 분석과 개선방안 -제18대 국회를 중심으로－", 「홍익법학」 제 13권 제2호, 2012, 131－175쪽.

이명헌, 「독일의 재정제도」, 한국조세재정연구원, 2011.

이세정, 「국회의 법안심사과정에서의 정부의 역할 개선방안: 부처간 조정과 국회 법안심사 단계 참여를 중심으로」,"입법과정의 국회－정부 협력 방안"법제처 주최 2018 입법 세미나 자료, 2018, 73~91쪽.

이정희. 최근의 주요 예산이론들의 비교, 평가 및 발전방향에 관한 연구. 한국행정학보, 44(4), 2010, 103－130.

이창수 · 예승우. 예산법률주의 쟁점과 과제. 국회예산정책처, 2012.

이현출 · 전진영 · 김선화 · 유재민, 국회인사청문제도 개선방안. 국회입법조사처, 2010.

임성호, "국회선진화법 개정 반대: 다수와 소수의 조화와 '운용의 묘'로 극복 가능," 「국회보」 통권 558호, 국회사무처, 2013, 85－87쪽.

임송학, "일본의 내각법제국과 중의원 법제국을 다녀와서," 「법제」 통권 제590호, 법제처, 2007, 140－157쪽.

임종훈, 「한국입법과정론」, 박영사, 서울, 2012.

임종훈 · 이정은, 「한국입법과정론」, 박영사, 서울, 2021.

임재주, 「국회에서 바라본 미국의회」, 파주: 한울, 2012.

장선희 · 전광석 · 김배원 · 박종수. 행정부와 의회간 재정권한의 배분에 관한 외국입법례 연구. 한국법제연구원, 2006,

전학선. 프랑스의 재정관련 헌법조항을 중심으로, 주요국가의 재정법제 연구. 한국법제연구원, 2009.

정문종,"미국의 재정개혁 논의동향과 시사점", 『경제현안분석』 제11호, 국회예산정책처, 2006.

정성호, "유럽연합(EU)의 재정준칙,"「나라재정」 2020년 7월호, 2020, 4－15쪽.

정종섭. 헌법학원론. 서울: 박영사, 2016.

정종섭 · 황승흠 · 황성기. 국가재정에 관한 국회의 기능강화 방안에 관한 연구. 국회예산결산특별위원회, 2005.

주성훈. 「독일 연방의회 갈등 중재기구 원로회의」, 국회사무처, 2021.

차진아, "감사원의 독립성 강화를 위한 개헌의 방향과 대안,"「공법학연구」 제18권제 2호, 2017.

최웅선 · 최희숙, "체계 · 자구 심사 관련 국회법 개정에 관한 소고 －제21대 국회 전반기 계류 법안을 중심으로,"「입법과 정책」, 제13권 제3호, 2021, 147－176쪽.

최정인. "국회 위증 제재의 현황과 주요국 의회 사례". 「 이슈와 논점」 제771호, 국회입법조사처, 2014.

최종진, 「국회의 법안심사과정에서의 정부의 역할 개선방안: 의원발의 법률안에 대한 정부의 대응 · 지원을 중심으로」,"입법과정의 국회－정부 협력 방안"법제처 주최 2018 입법 세미나 자료, 2018, 105~111쪽.

하연섭. 정부예산과 재무행정. 서울: 다산출판사, 2014.

허영, 「헌법이론과 헌법」, 서울: 박영사, 2017.

허웅 · 최진혁, 「우리나라의 정부결산제도 현황 및 주요국의 국가결산제도 비교연구 최종보고서」, 기획재정부 연구용역보고서, 2015.

한국법제연구원, 「행정입법에 대한 국회 관여의 근거와 한계」, 한국법제연구원, 2019.

한국조세재정연구원, 「주요국의 재정준칙 운용 사례 -영국, 스웨덴, 독일, 스위스, 오스트리아, 브라질－」, 한국조세재정연구원, 2014.

헌법개정특별위원회 자문위원회. 헌법개정특위 자문위원회 경제재정분과 개헌보고서(안) (2017. 10. 20. 기준). 헌법개정특별위원회, 2017.

헌법연구자문위원회, 「국회의장 자문기구 헌법연구 자문위원회 결과보고서」, 헌법연구자문위원회, 2009.

헌법재판연구원, 「국가별 법령집: 프랑스 헌법 · 헌법재판소법」, 헌법재판소 헌법재판연구원, 2018.

홍성방, 독일의 재정관련 헌법조항을 중심으로, 주요국가의 재정법제 연구. 한국법제연구원, 2009.

홍성현 · 권나현. 영국의 재정제도. 한국조세연구원, 2010.

홍완식, "국회 법제사법위원회의 체계 · 자구 심사권에 대한 고찰,"「유럽헌법연구」 제33호, 2020, 227－257쪽.

[국외문헌]

Blöndal, J.R..“Budget Reform in OECD Member Countries: Common Trends", OECD Journal on Budgeting, vol. 2(4), 2003.

Board of Audit, Board of Audit of Japan 2020, Board of Audit, 2020.

Bowler, Shaun and David M. Farrell. “The Organizing of the European Parliament: Impacts of European Parliament Electoral Systems upon Legislator－Voter Relationships”, British Journal of Political Science, 25:2, 1995, pp. 219－243.

Bundesrat, Roles and functions, Bundesrat, 2022,
<https://www.bundesrat.de/EN/funktionen－en/funktionen－en－node.html, 접속: 2022. 7. 8>

Bundestag, The Committees of the German Bundestag, Deutscher Bundestag, 2019.
<https://www.btg－bestellservice.de/pdf/80155000.pdf, 접속: 2022. 7. 9.>

_________, Parliament, Deutscher Bundestag, 2022, < https://www.bundestag.de/en/parliament, 접속: 2022. 7. 8.> Bundesrat, Roles and functions, Bundesrat, 2022,
<https://www.bundesrat.de/EN/funktionen－en/funktionen－en－node.html, 접속: 2022. 7. 8>

_________, The Committees of the German Bundestag, Deutscher Bundestag, 2019.
<https://www.btg－bestellservice.de/pdf/80155000.pdf, 접속: 2022. 7. 9.>

_________, Parliament, Deutscher Bundestag, 2022, < https://www.bundestag.de/en/parliament, 접속: 2022. 7. 8.>

Bundesrechnungshof, The Bundesrechnungshof, Bundesrechnungshof, 2017. ac－cessed on March 11, 2020 from
https://www.bundesrechnungshof.de/en/bundesrechnungshof/booklet/book－let－the－bundesrechnunghof－pdf

Chan, James L.. “Government budget and accounting reforms in the United States", OECD Journal on Budgeting, vol. 2 Supplement 1, 2002.

Congress, Overview of the Legislative Process, Congress, 2022
<https://www.congress.gov/legislative－process 접속: 2022. 6. 15.>

Congressional Research Service, The Debt Limit Since 2011, CRS Report, 2019.

Cour des Comptes, WHO WE ARE AND WHAT WE DO: Cour des Comptes,

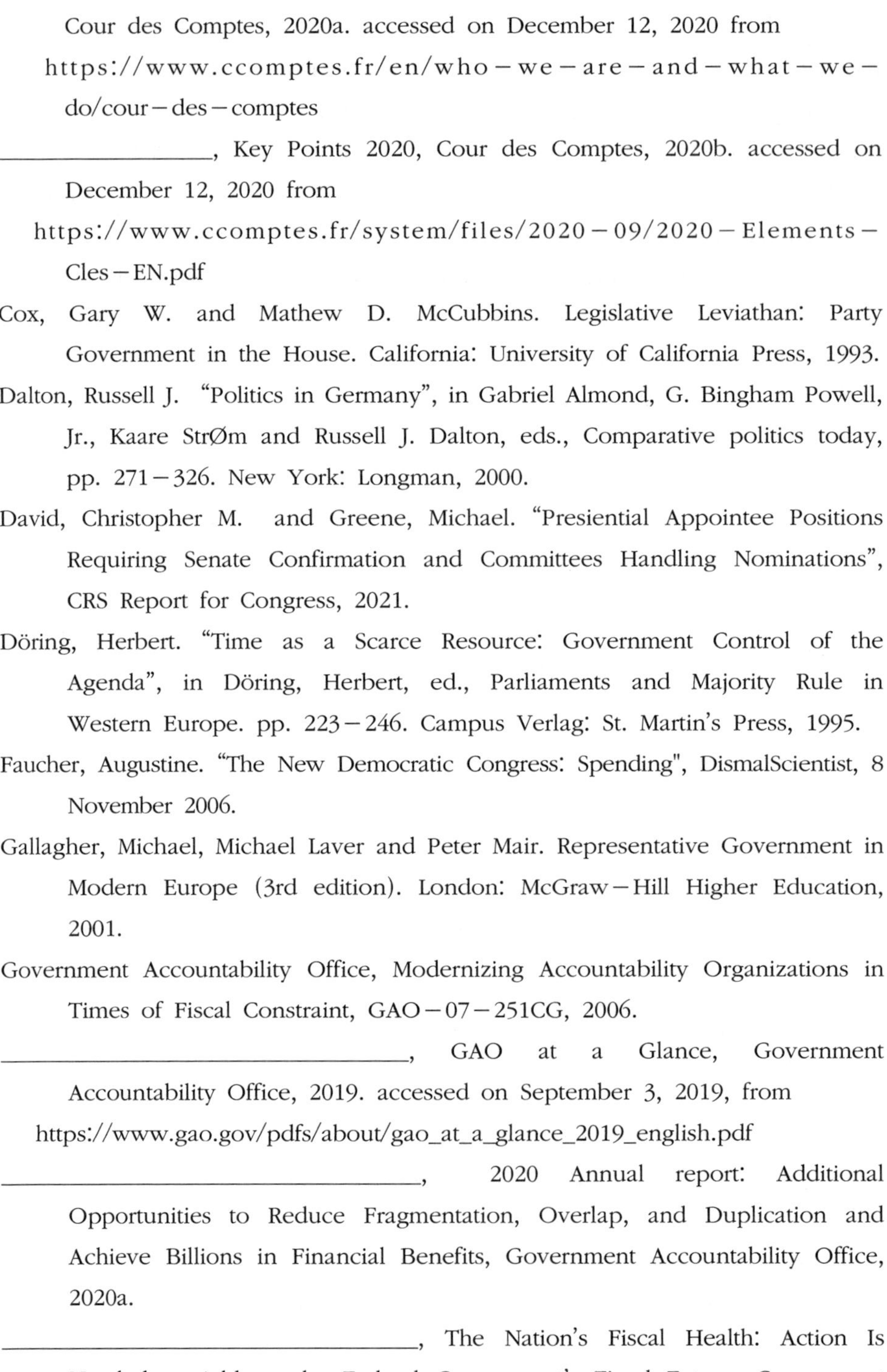

Cour des Comptes, 2020a. accessed on December 12, 2020 from https://www.ccomptes.fr/en/who-we-are-and-what-we-do/cour-des-comptes

__________, Key Points 2020, Cour des Comptes, 2020b. accessed on December 12, 2020 from https://www.ccomptes.fr/system/files/2020-09/2020-Elements-Cles-EN.pdf

Cox, Gary W. and Mathew D. McCubbins. Legislative Leviathan: Party Government in the House. California: University of California Press, 1993.

Dalton, Russell J. "Politics in Germany", in Gabriel Almond, G. Bingham Powell, Jr., Kaare StrØm and Russell J. Dalton, eds., Comparative politics today, pp. 271-326. New York: Longman, 2000.

David, Christopher M. and Greene, Michael. "Presiential Appointee Positions Requiring Senate Confirmation and Committees Handling Nominations", CRS Report for Congress, 2021.

Döring, Herbert. "Time as a Scarce Resource: Government Control of the Agenda", in Döring, Herbert, ed., Parliaments and Majority Rule in Western Europe. pp. 223-246. Campus Verlag: St. Martin's Press, 1995.

Faucher, Augustine. "The New Democratic Congress: Spending", DismalScientist, 8 November 2006.

Gallagher, Michael, Michael Laver and Peter Mair. Representative Government in Modern Europe (3rd edition). London: McGraw-Hill Higher Education, 2001.

Government Accountability Office, Modernizing Accountability Organizations in Times of Fiscal Constraint, GAO-07-251CG, 2006.

__________, GAO at a Glance, Government Accountability Office, 2019. accessed on September 3, 2019, from https://www.gao.gov/pdfs/about/gao_at_a_glance_2019_english.pdf

__________, 2020 Annual report: Additional Opportunities to Reduce Fragmentation, Overlap, and Duplication and Achieve Billions in Financial Benefits, Government Accountability Office, 2020a.

__________, The Nation's Fiscal Health: Action Is Needed to Address the Federal Government's Fiscal Future, Government

Accountability Office, 2020b.

Havens, Harry S.,"The Evolution of the General Accounting Office: From Voucher to Audits to Program Evaluations" in Carol H. Weiss, ed., Organizations for Policy Analysis, pp. 201−217. Newburyport Park, Calif: Sage Publications, 1992.

Heniff, Bill, Jr., Elizabeth Rybicki, and Shannon M. Mahan, "The Budget Control Act of 2011," CRS Report for Congress, 2011.

House of Representatives, The National Diet of Japan, The House of Representatives, 2022.

House of Lords, Bills and How They Become Law: Stages of legislation and types of bills, Explanatory notes to the Bill, HL Bill 26−En, House of Lords, 2011.

Kaiser, Frederick M.,"GAO: Government Accountability Office and General Accounting Office,"CRS Report for Congress RL30349 Congressional Research Service, 2008.

Keith, Robert, "The Statutory Pay−As−You−Go Act of 2010: Summary and Legislative History," CRS Report for Congress, 2010.

Kim, Kun−oh, Fiscal Consolidation and Budget Reform in Korea: The Role of the National Assembly, Santa Monica: RAND Corporation, 2012a. http://www.rand.org/pubs/occasional_papers/OP348.html.

_____________, Democratic Consolidation and Parliamentary Institutionalisation: the Case of South Korea, 1988−2005, with Special Reference to Implications for Urban Policy, Charleston: CreateSpace Independent Publishing Platform, 2012b.

Kingdon, John W. Agenda Alternatives and public policies, New York: HaperCollins College Publishers, 1995.

Kogan, Richard and Reich, David "Introduction to Budget 'Reconciliation'," Center on Budget and Policy Priorities, 2022. <https://www.cbpp.org/ sites/de−fault/files/atoms/files/1−22−15bud.pdf, 접속: 2022. 7. 7.>

Lienert, Ian. British Influence on Commonwealth Budget Systems: The Case of the United Republic of Tanzania. International Monetary Fund, 2007.

Lienert, Ian and Jung, Moo−Kyung, "The Legal Framework for Budget Systems: An International Comparision,"OECD Journal on Budgeting, Volume 4 Issue 3, 2004.

Lijphart, Arend. Patterns of Democracy: Government Forms and Performance in Thirty－Six Countries. New Haven: Yale University Press, 1999.

Lipset, Seymour Martin, "American Exceptionalism Reaffirmed", in Shafer, Byron E., ed., Is America Different?, pp. 1－45. New York: Oxford University Press, 1991.

Lledō, V., Yoon, S., Fang, X., Mbaye, S., and Kim, Y., Fiscal Rules at a Glance, IMF, 2017.

Longley, Lawrence D. and Roger H. Davidson. "Parliamentary Committees: Changing Perspectives on Changing Institutions", in Lawrence D. Longley and Roger H. Davidson, eds., Journal of Legislative Studies: Special Issue on the New Roles of Parliamentary Committees, 4:1, 1998, pp. 143－62.

McKay, William and Johnson, Charles W., Parliament and Congress: Representation and Scrutiny in the Twenty－first Century, Oxford: OUP, 2010.

National Assembly, The National Assembly in the French Institutions, National Assembly, 2018.

_______________, Role and powers of the National Assembly, National Assembly, 2022, <https://www2.assemblee－nationale.fr/langues/welcome－to－the－english－website－of－the－french－national－assembly#node_9511, 접속: 2022. 7. 8.>

National Audit Office, An introduction to the National Audit Office, National Audit Office, 2020a.

____________________, Annual Reports and Accounts 2018－19, National Audit Office, 2020b.

Niskanen, W. A. Jr., Bureaucracy and Representative Government, Chicago: Aldine Altherton, 1971.

Norton, Philip,"Parliaments: A Framework for Analysis", in Philip Norton, ed., Parliaments in Western Europe, special issue of West European Politics, 13:3, 1990, pp. 143－152.

______________. "Nascent Institutionalisation: Committees in the British Parliament", in Lawrence D. Longley and Roger H. Davidson, eds., Journal of Legislative Studies: Special Issue on the New Roles of Parliamentary Committees, 4:1, 1998, pp. 143－162.

____________. "The United Kingdom: exerting influence from within", in Knut

Heidar and Ruud Koole, eds., Parliamentary party groups in European Democracies : political parties behind closed doors, London: Routledge, 2000.

Norton, Simon D. and L. Murphy Smith, "Contrast and Foundation of the Public Oversight Roles of the U.S. Government Accountability Office and the U.K. National Audit Office," Public Administration Review, Sept./Oct. 2008.

Jowell, Jeffrey and Oliver, Dawn. The Changing Constitution. Oxford: OUP, 2011.

OECD—See Organisation for Economic Cooperation and Development.

Organisation for Economic Cooperation and Development. Budgeting Practices and Procedures in OECD Countries. OECD Publishing, 2014.

______________________________, "Supreme Audit Institutions and Good Governance: Oversight, Insight and Foresight,"in series: OECD Public Governance Reviews, 2016.

Oleszek, Walter J. Congressional Procedures and the Policy Process. Washington, D.C.: CQ Press, 2004.

Oleszek, Walter J., Mark J. Oleszek, Elizabeth Rybicki, Bill Heniff Jr., Congressional procedures and the policy process, Tenth Edition, CQ Press, Washington DC, 2016.

Parliament, How are laws made?, UK Parliament, 2022.
<https://www.parliament.uk/makinglaws/, 접속: 2022. 2. 21>.

Polsby, Nelson W., "The Institutionalization of the US House of Representatives", American Political Science Review, 62:1, 1968, pp 144−168.

____________,"Legislatures", in Fred I. Greenstein and Nelson W. Polsby, eds., Handbook of Political Science Volume 5: Governmental Institutions and Processes, pp. 257−320. London: Addison−Wesley, 1975.

Rogers, Robert and Walters, Rhodri, How Parliament Works, London: Pearson Education Limited, 2006.

Rybicki, Elizabeth. "Senate Consideration of Presidential Nominations: Committee and Floor Procedure (RL31980)", CRS Report for Congress, 2023.

Saalfeld, Thomas,"Bureaucratisation, coordination and competition: parliamentary party groups in the German Bundestag", in Knut Heidar and Ruud, Koole, eds., Parliamentary party groups in European Democracies : political parties behind closed doors, London: Routledge, 2000.

Saturno, James V. "A Brief Overview of the Congressional Budget Process", CRS

Report for Congress, 2020.

Schick, Allen. The federal budget: politics, policy, process, Washington, D.C.: The Brookings Institution, 1995.

_____________. The federal budget: politics, policy, process, Washington, D.C.: The Brookings Institution, 2000.

_____________. The federal budget: politics, policy, process, Washington, D.C.: The Brookings Institution, 2007.

Shaw, Malcom, "Conclusions" in John D. Lees and Malcom Shaw, eds., Committees in Legislatures: A Comparative Analysis. pp. 361－434. Oxford: Marin Robertson & Company Ltd, 1979.

______________, "Parliamentary Committees: A Global Perspective", in Lawrence D. Longley and Roger H. Davidson, eds., Journal of Legislative Studies: Special Issue on the New Roles of Parliamentary Committees, 4:1, pp. 225－251, 1998.

Shepsle, Kenneth A. and Barry R. Weingast. "The Institutional Foundations of Committee Power", American Political Science Review, 81:1, 1987, 85－104.

Smith, Steven S., and Christopher J. Deering, Committees in Congress, Washington DC, Congressional Quarterly Press, 1984.

Strøm, Kaare,"Parliamentary Committees in European Democracies, in Lawrence D. Longley and Roger H. Davidson, eds., Journal of Legislative Studies: Special Issue on the New Roles of Parliamentary Committees, 4:1, 1998, pp. 21－59.

Sullivan, John V., How Our Laws Are Made, GOVERNMENT PRINTING OFFICE, WASHINGTON, 2007.
<https://www.govinfo.gov/content/pkg/CDOC－110hdoc49/pdf/CDOC－110hdoc49.pdf,접속: 2022. 6.15>

Wildavsky, Aaron. The politics of the Budgetary Process. Boston: Little, Brown & Co, 1964.

Weingast, Barry R. and William J. Marshall. "The Industrial Organization of Congress; or, Why Legislatures, Like Firms, Are not Organized as Markets", Journal of Political Economy, 96:1, 1988, pp, 132－163.

■ 사항색인 ■

S

T

U

W

[저자 약력]

➢ 학 력

• 안양고등학교

• 서울시립대학교 도시행정학과

• 서울대학교 행정학 석사

• 영국 맨체스터대학교 정책학 박사

➢ 주요 경력

• 국회 과학기술정보방송통신위원회 수석전문위원(현)

• 농림축산식품해양수산위원회/과학기술정보방송통신위원회/교육문화체육관광위원회 전문위원

• 법제실 경제법제심의관

• 미국 RAND 연구소 비지팅 펠로

• 기획재정위원회 입법조사관/행정실장

• 예산결산특별위원회 입법조사관/총괄팀장

• 국회예산정책처 기획협력담당관

• 국회입법조사처 정치의회팀장

• 법제실 경제법제과장/재정법제과장/법제관

• 의사국 의안담당

• 입법고시 13회 합격

➢ 주요 논문

• 국회의 예산 편성·제안 및 증액 수정권에 관한 연구(2017)

• 국회의 결산 심의 및 감사권에 관한 연구(2021)

• 국회 입법과정 개정논의에 관한 고찰(2022)

• Fiscal Consolidation and Budget Reform in Korea(2012)

• Democratic Consolidation and Parliamentary Institutionalisation(2012)

국회 입법과정론

1판 1쇄 인쇄 2024년 9월 1일
1판 1쇄 발행 2024년 9월 7일

지은이 김 건 오
펴낸이 노 은 이
펴낸곳 법 우 사
주 소 경기도 광명시 하안로284 1217동 401호
전 화 (02) 876-2261
팩 스 (02) 875-2263
e-mail lawbookok@naver.com
등 록 2023.1.10. 제390-2023-000002호

ISBN 978-89-97060-75-7 93340 정가 20,000원